Alexander Müller

IT'S IN YOU.

VISIONEN, ERFOLG, ERFÜLLTES LEBEN

FBV NXTLVL

Bibliografische Information der Deutschen Nationalbibliothek

Die Deutsche Nationalbibliothek verzeichnet diese Publikation in der Deutschen National-
bibliografie. Detaillierte bibliografische Daten sind im Internet über https://dnb.de abrufbar.

Für Fragen und Anregungen

info@m-vg.de

Wichtiger Hinweis

Ausschließlich zum Zweck der besseren Lesbarkeit wurde auf eine genderspezifische Schreib-
weise sowie eine Mehrfachbezeichnung verzichtet. Alle personenbezogenen Bezeichnungen
sind somit geschlechtsneutral zu verstehen.

Originalausgabe
1. Auflage 2024
© 2024 by Finanzbuch Verlag, ein Imprint der Münchner Verlagsgruppe GmbH
Türkenstraße 89
80799 München
Tel.: 089 651285-0
Fax: 089 652096

Redaktion: Thomas Meyer, Dr. Manuela Kahle
Umschlaggestaltung: Mike Hilzinger, Maria Verdorfer
Umschlagfoto: Patrick Reymann - der Momentesammler
Satz: inpunktwo, Wilnsdorf (www.inpunktwo.de)
Druck: GGP Media GmbH, Pößneck
Printed in Germany

ISBN Print 978-3-95972-736-5
ISBN E-Book (PDF) 978-3-98609-430-0
ISBN E-Book (EPUB, Mobi) 978-3-98609-431-7

Weitere Informationen zum Verlag finden Sie unter

www.finanzbuchverlag.de

Beachten Sie auch unsere weiteren Verlage unter www.m-vg.de

INHALT

Für Joshua, Amelie und Noah

VORWORT

VON DIETER LANGE

Wenn dich ein langjähriger hochgeschätzter Reisegefährte auf dieser *Journey of Life* bittet, ein Wort vor die seines Buches zu setzen, sagst du da begeistert Ja?

Der Respekt vor den Erfahrungen eines großartigen Unternehmers und dessen Unternehmungen, die ich teils unmittelbar erleben durfte, lässt mich zögern. Ein Buch mit dem Titel *IT'S IN YOU* bedingt erst eine eigene Reflektion, es benötigt eine Übereinstimmung, ob es sich richtig anfühlt. Diese Reflektion allerdings ergab ein klares Ja! Betonst du das IN YOU, so weißt du intuitiv – aus dieser Stille, diesem kontemplativen Sein, aus deiner inneren Tiefe ist alles geboren.

Alexander schreibt aus diesem Angekommen-Sein (lat. *adventura*), von dort, wo er schon immer war, wie wir alle. Meist sind wir es unerkannt, wir haben vergessen, dass wir vollkommen sind.

Und so ist sein Buch, wie alle wirklich guten Bücher, für uns ein Spiegel, betroffen machend und erlösend zugleich. Für mich lebt Alexander Müller hoch authentisch, was R. M. Rilke so treffend formulierte: »Ich lebe mein Leben in wachsenden Ringen, die sich über die Dinge ziehn. Ich werde den letzten vielleicht nicht vollbringen, aber versuchen will ich ihn.«

Wie es für alle sein darf, die ein erfülltes Leben führen möchten, ob Unternehmer, Pionier oder Rebell, ist für Alexander der Weg das Ziel; reich an dem, was folgt, Ziele, Meilensteine. Gemäß L. Stevenson: »*It's better to travel hopefully than to arrive.*«

Und damit sind wir bei den Inhalten dieses Buches, Dramen – echte Dramen in stetem Wechsel mit ungeahnten, oft ungeplanten Höhenflügen. Der sicherste Platz für ein Schiff ist der Hafen – nie sein Thema.

Stattdessen fahren wir mit ihm hinaus in diesem Buch – ja, zeitweise über den Horizont hinaus – und gewinnen das, was für mich die Essenz des Buches ist: Zuversicht, Urvertrauen, das große Ja, die Akzeptanz dessen, was Leben nun einmal ist – die Hingabe an das Spiel, das wir nicht gewinnen, nur spielen können. Die Hingabe an das Spiel, in dem »Verstehen« den Trostpreis bekommt, »Pura Vida« oder »Erleben« den Hauptpreis. Die Krise ist immer eine Chance. Im Chinesischen ist es gar das gleiche Wort. Die Chance ist da, wo wir die großen Schlachten des Lebens austragen sollten. It's in YOU.

Ja, wir lieben die, die an uns glauben. Die große Frage aber ist: Glaubst du an dich?

Hier findest du einen Autor, der nach vielen Irrfahrten etwas gefunden hat – IN sich, denn nur Sucher suchen da draußen. Alexander hat es mit viel Herzblut und kaum stillbarer Leidenschaft und so oft gegen alle Widerstände geschafft. Er hat »Angst vor« ... in »Liebe zu« ... verwandelt. Dies zeitweise hautnah miterleben, ein wenig auch mitgestalten zu dürfen hat mir über viele Jahre tiefe Erfüllung gegeben. Genauso wie Teil der Greator-Family, mit so unfassbar inspirierten, kreativen und, ja, liebevollen Menschen zu sein. Es ist einmalig, wie man unmittelbar vor einem Auftritt bei großen Events hinter der Bühne eine völlig entspannte, heiter gelassene und herzliche Stimmung spürt. Einmalig.

So wünsche ich dir nun, lieber Leser, in diesem Buch dem hoch authentischen Menschen Alexander Müller zu begegnen, der uns dahin führt, wo wir schon immer waren, IT'S IN YOU.

Herzlichst,
Dieter Lange

Einleitung:
Was in mir war und rausmusste

Warum der Schritt aus der Komfortzone so wichtig ist • Warum
du für dieses Buch Verstand und Herz und Offenheit brauchst •
Und was ich mir überhaupt einbilde, so ein Buch zu schreiben

Es gibt zwei Gründe, warum ich dieses Buch geschrieben habe. Der Erste
ist, dass ich zu viele Menschen erlebe, die hinter ihrem Potenzial zurück-
bleiben. Das größte Potenzial, das in uns steckt, ist, glücklich und erfüllt zu
leben. Ich bin davon überzeugt, dass ein erfülltes Leben Ziel jedes Menschen ist. Ein Leben, das im Einklang mit den eigenen wahren Werten und
Visionen ist. Und dass jeder dieses Leben erreichen kann, wenn er sich
seiner eigenen Kraft bewusst ist.

Ich glaube, dass ein erfülltes Leben viel mehr umfasst als nur äußere Erfolge wie den Firmenparkplatz, ein großes Haus oder ein eindrucks-
voll gefülltes Bankkonto. Zwar können äußere
Erfolge und ein erfülltes Leben Hand in Hand
gehen, doch ich bin zutiefst davon überzeugt,
dass es vor allem darum geht, eine tiefere Verbindung zu sich selbst und den Menschen herzustellen, die einem wichtig sind. Ein erfülltes
Leben bedeutet, sich selbst zu akzeptieren und
zu lieben, anstatt dem Druck zu erliegen, den Erwartungen anderer zu entsprechen. Es bedeutet,

> *Ein erfülltes Leben bedeutet,
> sich selbst zu akzeptieren
> und zu lieben, anstatt dem
> Druck zu erliegen, den Er-
> wartungen anderer zu ent-
> sprechen. Es bedeutet, sich
> Zeit für sich selbst zu neh-
> men und zu reflektieren, wer
> man wirklich ist und was
> man im Leben wirklich will.*

sich Zeit für sich selbst zu nehmen und zu reflektieren, wer man wirklich ist und was man im Leben wirklich will.

Erfüllung geht Hand in Hand mit innerem Frieden, der zu wahrer Zufriedenheit führt. Dazu gehört auch, Niederlagen oder Phasen, in denen es wirklich nicht rundläuft im Leben, zu akzeptieren und zu überwinden. Im besten Sinne gestärkt aus ihnen hervorzugehen. Ich habe gelernt, dass Erfolg und Misserfolg in *Wellen* kommen. Dass das Leben auch Krisen bereithält. Große und kleine. Doch ich bin mir auch sicher: Die Gründe für diese Krisen liegen sehr oft in uns. In der Art und Weise, wie wir denken, fühlen und dann auch handeln. Auch darin, wie wir uns selbst behandeln. Zugleich aber liegt auch die Kraft, diese Krisen zu überwinden, in uns. Wenn wir im Leben die Balance halten, wenn wir eine starke Verbindung zu uns selbst und zu unseren Visionen aufbauen, also zu dem, was wir selbst tief in unserem Inneren wollen, dann eröffnen wir uns Zugriff auf eine unglaubliche Schöpferkraft. Diese Schöpferkraft steckt in uns allen. Das ist meine Überzeugung.

Ich wünsche mir, dass du beim Lesen der verschiedenen Kapitel einen Eindruck davon bekommst, wie sehr jeder Einzelne von uns sein Leben positiv beeinflussen kann, wenn wir uns unsere Schöpferkraft bewusst machen und sie zum Leben erwecken. In uns allen liegt unerschöpfliches Potenzial, ein großartiges Leben zu führen. Ich bin wirklich zu 100 Prozent davon überzeugt, dass wirklich JEDER seine Vision eines besseren Lebens und eines besseren Ichs verwirklichen kann, auch wenn ich weiß, dass viele Bücher das oftmals inflationär als leere Phrase benutzen, weil es sich eben gut anhört. Das ist das Versprechen dieses Buches. Ich habe bewusst keinen *How-to*-Ratgeber geschrieben. *It's in you* sind stattdessen Geschichten eines Mannes, der auszog, den Menschen das Potenzial der Persönlichkeitsentwicklung näherzubringen.

Persönlichkeitsentwicklung bündelt für mich enormes – auch handfestes – Wissen. Und es ist eine Lebensphilosophie, die ein neues Verständnis des eigenen Lebens entwickelt. Ich möchte diesem Wissen und diesem Verständnis mit dem vorliegenden Buch den Platz in unserer Wahrnehmung einräumen, den sie meiner Überzeugung nach verdienen, aber noch nicht erlangt haben. Wir lernen im Verlauf unseres Lebens unglaublich viel. Wir häufen dabei Wissen an, dass in unserem Leben kaum Relevanz hat. Manchmal lernen wir es nur, um es bei Prüfungen abrufen zu können. Unser Bildungssystem vermittelt uns unglaublich viele Fakten und Informationen, manchmal aber sollten wir uns fragen, welchen Einfluss sie tatsächlich auf unser tägliches Leben haben. Vielleicht ist ein Großteil des schulischen Wissens nur dazu da, unser intellektuelles Fundament zu stärken und uns zu helfen, in verschiedenen Lebensbereichen offener zu sein. Was man uns definitiv nicht beibringt, ist, warum manche Menschen erfolgreicher und glücklicher im Leben sind als andere. Wir lernen nichts über Glück oder Achtsamkeit oder darüber, wie wichtig innere Balance ist. Hinzu kommt, dass vieles von dem, was wir zu wissen glauben, inzwischen veraltet ist. Wissenschaft ist der aktuelle Stand des Irrtums – diesen Satz wirst du im Verlauf dieses Buches noch öfter lesen.

Unser Wissen entwickelt sich also, ohne dass wir als Individuum davon Kenntnis nehmen. Langsam erst sickern neue Informationen in unser Alltagswissen ein; auch die Zusammenhänge zwischen emotionalem Wohlbefinden und körperlicher Gesundheit. Dass zum Beispiel Rückenschmerzen vielmehr mit Psyche und weniger mit Anatomie zu tun haben. Überhaupt wird ganz langsam erst sichtbar, wie wichtig emotionales Wohlbefinden für sämtliche Aspekte unseres Lebens ist, was eigentlich nicht verwundern sollte. Denn materiell geht es uns im Großen und Ganzen so gut wie nie zuvor in der Menschheitsgeschichte, gleichzeitig aber gibt es deutliche Hinweise darauf, dass die Anzahl psychischer Erkrankungen in der westlichen Welt zunimmt.*

Umso seltsamer ist es, dass wir so wenig darüber wissen, wie wir diesen Zustand des emotionalen Wohlbefindens erreichen können. Dabei gibt es enorm viel Wissen, das meiner Meinung nach das Fundament für ein glückliches und erfülltes Leben bilden kann, uns aber nicht beigebracht wird.

Was bedeutet »emotionales Wohlbefinden« überhaupt? Es ist lediglich eine sehr verstandesmäßige Umschreibung für »glücklich sein«. Glück, Zufriedenheit und Erfüllung. Aber das ist es doch, wonach wir im Grunde unseres Herzens alle suchen. Was wir sein wollen. Aber darüber reden wir nicht. Wir sprechen stattdessen von Erfolg, Zielerreichung, Umsetzung. Aber diese Dinge bedeuten nicht das Gleiche wie Glück. Erfolg ist etwas anderes

---

*   *Themenseite: Psychische Erkrankungen* (2023, 24. Mai). Statista. *https://de.statista.com/ themen/1318/psychische-erkrankungen/#topicOverview*

als Glück. Und du spürst vielleicht, dass es bei der Suche nach Glück nicht reicht, dich auf deinen Verstand zu verlassen. Und so ist es auch. Ich bitte dich, dieses Buch mit dem Verstand *und* mit dem Herzen zu lesen. Und ich warne an dieser Stelle bereits vor: Möglicherweise wehrt sich dein Verstand sogar, einige der in den folgenden Kapiteln beschriebenen Zusammenhänge zu begreifen. Denn es gibt Dinge und Zusammenhänge, die eben nicht zum Alltagswissen gehören. Noch nicht. Manches wirst du schon gehört oder an anderer Stelle gelesen haben, manches ist vielleicht gänzlich neu für dich. Begriffe wie »Balance«, »Visionieren«, »Schöpferkraft«, »männliche und weibliche Energie« irritieren dich vielleicht noch. Ich bitte dich offenzubleiben. Denn es wird sogar noch viel verrückter. Versprochen.

Persönlichkeitsentwicklung hat viele Facetten. Facetten, die deinen Verstand erreichen, auch Facetten, die du mit dem Herzen aufnehmen darfst. Vielleicht hast du anderes erwartet? Vielleicht hast du eine Menge praktischer Tipps erwartet, wie du schnell und einfach unternehmerischen Erfolg kreierst? Darum geht es mir nicht. In diesem Buch geht es um eine ganzheitliche persönliche Entwicklung. Es ist eine Einladung.

Für diese Entwicklung arbeiten wir bei Greator. Weil es vermessen ist anzunehmen, dass jeder Leser weiß, was Greator ist: Greator ist die größte deutschsprachige Plattform für Persönlichkeitsentwicklung und Coaching. Wir organisieren Speaker-Events, Online-Kurse, Coaching-Programme, Ausbildungen und mehr. Und es ist meine persönliche Herzensangelegenheit. Seit 2015 darf ich dieses Unternehmen als CEO führen und ich bin Miteigentümer. Warum es meine Herzensangelegenheit ist? Es gibt zwei für mich bedeutsame Bereiche in meinem Leben. Der eine ist Unternehmertum. Ich liebe es. Ich bin gerne Unternehmer. Der andere ist Persönlichkeitsentwicklung, die ich bereits sehr früh kennenlernen durfte. In Greator kommen beide Bereiche zusammen, gehen eine Verbindung ein. Deshalb möchte ich die besten Experten auf die großen Bühnen bringen, möchte ihr Wissen verbreiten, das Wissen der Dieter Langes, Tony Robbins und Robert Betzes dieser Welt.

Mit 15 Jahren besuchte ich das erste Mal ein Seminar für Persönlichkeitsentwicklung. Es hat mich gepackt und seitdem nicht mehr losgelassen. Auch diese Geschichte wird ihren Platz in diesem Buch bekommen.

Es ist die Perspektive, aus der ich dieses Buch geschrieben habe. Aus meinen eigenen Erfahrungen heraus. Natürlich aus der Perspektive eines Unternehmers. Aber noch viel stärker aus der Perspektive eines Vaters von drei Kindern, eines Sohns, eines Partners – aus der Perspektive eines Menschen, der gerne reist, genießt und es liebt, die Welt zu erkunden: Wie hat Persönlichkeitsentwicklung mir in den verschiedensten Entwicklungen meines Lebens geholfen, wie haben mich diese Erfahrungen geprägt? Ich möchte dir meine ganz persönliche Sicht auf die Dinge erzählen.

Genau das möchte ich eigentlich schon seit einigen Jahren. 2019 habe ich einen ersten Versuch unternommen zu schreiben. Ich habe abgebrochen. Immer kam etwas dazwischen. Immer war da etwas am Horizont, was noch mitgenommen werden wollte. Lass mich das noch erleben. Dann bin ich bereit, ein Buch zu schreiben.

Ich glaube, dass viele Leute dieses Gefühl kennen. In jeder Branche und in jedem Themenbereich gibt es diejenigen, bei denen der Knoten irgendwie geplatzt zu sein scheint, die im Jahresrhythmus Bücher herausbringen. Und es gibt Menschen wie mich, die danebenstehen und staunen. Sie warten und warten und denken, dass sie noch nicht so weit sind. Aber mal ehrlich, ist man jemals wirklich bereit, ein Buch zu schreiben, wenn man ständig darauf wartet, was da noch kommt? Wie für viele Dinge im Leben gibt es auch für ein Buch keinen idealen Zeitpunkt. Wenn wir alle auf den idealen Zeitpunkt warten würden, ein Kind zu bekommen, um nur ein Beispiel zu nennen, wäre die Menschheit vermutlich schon längst ausgestorben.

2020 und 2021, während der Covid-Krise, geriet ich mit meinem Unternehmen in eine tiefe Krise. Und ich fand den Weg wieder heraus. Heute ist dieses Unternehmen erfolgreicher denn je. Die intensiven Erfahrungen, die ich in dieser Krise gemacht habe, gaben letztlich den Ausschlag, es endlich zu wagen: zu schreiben.

Für wen ist dieses Buch? Für dich. Vielleicht suchst du nach mehr Erfolg, willst einfach mehr vom Leben, weil du, wie Tony Robbins es ausdrücken würde, »*hungry for more*« bist. Vielleicht hast du bereits den materiellen Erfolg, den du dir wünschst, und was fehlt, ist Erfüllung. Du möchtest vielleicht Lebensstandard um Lebensqualität ergänzen. Du bemerkst, dass das

Prinzip des »Höher, Schneller, Weiter« dich zwar weit gebracht hat, aber noch irgendetwas kommen darf. Du bist bereit, nach einer tieferen Bedeutung in deinem Leben zu suchen; vielleicht sogar, weil du persönliche oder berufliche Herausforderungen hast, weil du mit »höher, schneller, weiter« vor die Wand gefahren bist. Dann, so hoffe ich, ist dieses Buch für dich eine willkommene und interessante Reise.

Dieses Buch ist keine Autobiografie und überhaupt keine Aufforderung, meinen Weg zu kopieren, das geht eh nicht und das sollst du auch nicht tun. Jeder darf und muss seinen eigenen Weg finden. Aber dieses Buch soll Inspiration und Motivation sein, dir zu erlauben, dich intensiver mit dir selbst zu beschäftigen. Es ist eine Einladung, dein Inneres zu erforschen und zu entdecken, wie viel Potenzial für Glück und Erfüllung in dir schlummert. Und ich weiß, dass dieses Potenzial vorhanden ist. Ich weiß, dass es einen Weg gibt, wie du dein Leben ganz bewusst selbst gestalten kannst. Dieser Weg führt nach innen – *it's in you.*

Für mich war der Prozess des Schreibens eine sehr intensive Art der Auseinandersetzung mit mir selbst. Statt nur aufzuschreiben, was ich bisher gelernt habe, was der ursprüngliche Plan war, war der Prozess des Schreibens über viele Monate ein weiterer Erkenntnisprozess. Ein Lernprozess zu dem Potenzial, das in uns allen liegt, wie wir Visionen, Erfolg und ein erfülltes Leben miteinander verbinden können.

Wenn man darüber spricht oder schreibt, wie man glaubt, dass das Leben funktioniert, über das, was man bei seinen Mentoren gelernt hat, überlegt man intensiv, wo und wie man diese Dinge eigentlich selbst gelebt hat, wie viel man verstanden hat. Habe ich selbst überhaupt genug verstanden? Das ist die große Frage, die sich einem immer wieder stellt. Ich bin nicht der weise, alte Mann,

> *Ich glaube, es liegt in der Natur des Menschen, wachsen zu wollen.*

der alles durchblickt und bereits der Erleuchtung entgegengeht. Wenn du aber reflektierst, wie du selbst angefangen hast, Gelerntes umzusetzen, wenn du deine eigene Geschichte betrachtest wie auf dem Seziertisch, gehst du automatisch in die Tiefe und konfrontierst dich mit deinen Stärken, vor allem aber mit deinen Schwächen. Gleichzeitig ist es wie immer im Leben, wenn man etwas Neues macht. Verlässt man seine Komfortzone, und dieser Schreib-prozess lag definitiv außerhalb meiner Komfortzone, kommen die Selbst-zweifel. Wer bin ich überhaupt, dass ich so ein Buch schreibe? Wer bin ich, dass ich mir einbilde, Menschen Ratschläge geben zu können? Darf ich mich hier als Experte präsentieren? All die Dinge, mit denen man nicht im Reinen ist, kommen in diesen Momenten hoch. Hinzu kommt, dass Schreiben ein un-erbittlicher Spiegel ist. Der Prozess, ein Buch zu schreiben, macht dir schnell klar, wo du selbst noch einmal hinfassen darfst. Es ist ein ständiges Sich-Er-innern, was eigentlich die Essenz ist. Und die Essenz ist: Wenn ich in meiner Mitte und Kraft bin, fühle ich mich gut. Das sind Momente voller Schöpfer-kraft. Dann mache ich Dinge ganz bewusst und trotzdem, und deswegen fal-len sie mir leicht. Sobald ich nur im Verstand und aus meiner Mitte gefallen bin, werden die Dinge anstrengend. Alles kostet mehr Energie und frustriert viel schneller. Mit jeder Zeile ist mir aufs Neue bewusst geworden, worauf es ankommt: sich Ruhezeiten zu nehmen, Frieden zu machen in Beziehungen, die einen prägen, immer wieder zu schauen, warum es diesen Unfrieden in deinem Leben gibt. Ob es einzelne Konflikte sind oder ob es Unzufrieden-heiten mit Situationen gibt: in Beziehungen, in den Finanzen, in der Firma, wo auch immer. Immer wieder darauf zu schauen, was die eigenen Anteile daran sind. Sich zu fragen: »Wie habe ich mich selbst in diese Situation ge-bracht und was kann ich jetzt für mich ändern, um Akzeptanz und Frieden zu erreichen?« Sich immer wieder klarzumachen: »Was will ich wirklich?« Und schließlich die entsprechenden Konsequenzen ziehen und Entscheidungen treffen. Vielleicht ganz neue Entscheidungen. Niemand, ich jedenfalls nicht, sagt, dass das einfach ist. Im Gegenteil. Es ist anstrengend. Ob Arbeit an der Persönlichkeit oder Arbeit an einem Buch über Persönlichkeitsentwicklung: Mit beiden ist es wie mit jeder Sache, die außerhalb deiner Komfortzone liegt. Wenn du mittendrin bist, denkst du dir häufig: »Um Gottes willen, was mache ich hier eigentlich? Ich hätte mir so ein entspanntes Leben machen können.« Die eigene Komfortzone zu verlassen ist nicht immer schön. Am Ende aber wird sich auch bei dir ein Gefühl einstellen: *Geil, dass ich es gemacht habe.* Es war ungemütlich, es war außerhalb der Komfortzone, aber es hat mich wachsen lassen; und ich glaube, es liegt in der Natur des Menschen, wachsen zu wollen.

Dieses Buch war eine Vision von mir. Und das ist der zweite Grund, warum ich es geschrieben habe. Es war in mir. Ich wollte es tun. Ich habe mir seit 2019 vorgenommen, ein Buch zu schreiben, das Menschen, so hoffe ich, bewegt. In diesen vier Jahren bis zur Veröffentlichung – und in all den Jahren davor – lagen jede Menge kleine und große Krisen, kleine und große Erfolge. Und wenn du dieses Buch in den Händen hältst, dann ist meine Vision – zumindest der erste Teil von ihr – Realität geworden. Ob es dich bewegt und inspiriert, liegt jetzt bei dir. So ist es mit allen anderen Visionen auch. Wenn du sie realisiert hast, fühlt es sich richtig gut an und man ist gewachsen.

Ich möchte dich motivieren und einladen, in deine eigene Vision einzutauchen und deine Komfortzone zu verlassen. Deine eigene Vision zu definieren und Realität werden zu lassen. Denn am Ende wirst du eben nicht die Dinge bereuen, die du getan hast, sondern die, die du nicht getan hast, aber tun wolltest. Das, was wir am meisten bereuen, werden Visionen sein, die wir nicht gelebt haben; wenn wir uns nicht getraut haben und wenn wir die eigene Komfortzone nicht verlassen haben.

> *Das, was wir am meisten bereuen, werden Visionen sein, die wir nicht gelebt haben; wenn wir uns nicht getraut haben und wenn wir die eigene Komfortzone nicht verlassen haben.*

Denn nur außerhalb dieser Zone ist Wachstum möglich. Im Weg stehen uns unsere Angst und unsere Zweifel: Was bilde ich mir ein, das zu machen? Was bilde ich mir ein, auf Mallorca leben zu können? Was bilde ich mir ein, eine tolle Beziehung führen zu können? Was bilde ich mir ein, meinen Traumjob zu finden und davon leben zu können? Warum ich? Was ist das für ein Egotrip von mir? Was, mein Hobby zum Beruf machen? Schuster, bleib bei deinen Leisten und sei doch froh, dass du einen sicheren Job hast!

Wir alle hören diese Stimme. Du bist nicht der Einzige, der den nächsten kleinen Schritt möglicherweise bereits für eine Nummer zu groß für sich hält. Mach ihn trotzdem. Fang an. Geh in deine Vision, auch wenn es manchmal wehtun wird. Am Ende aber wirst du gewachsen sein, für deinen nächsten Schritt. Hin zu einem glücklicheren, erfolgreicheren und erfüllteren Leben. Dieses Leben wartet auf uns alle. Es ist auch in dir.

KAPITEL 1

KAP HOORN

Was mich glücklich macht und was mich krank gemacht hat •
Was ich richtig in den Sand gesetzt habe und warum das Leben
manchmal Stürme bereithält • Warum das gar nicht immer schlecht
ist und was Buddha dazu sagen würde

Jeder von uns hat seine persönliche Hölle. Und ich steckte gerade tief in meiner eigenen fest. In diesem Sommer im Jahr 2021 durchlebte ich die tiefste Krise meines Berufslebens. Alles, was ich beruflich aufgebaut hatte, alles, was mich so stolz machte und mich in meinen Augen definierte, schien in sich zusammenzufallen – und mich mit unter den Trümmern zu begraben. Ohne die Hilfe großartiger Menschen wäre ich verschüttet worden.

Ich bin Unternehmer. Mein Vater war Unternehmer. Von Kindheit an habe ich Dinge aufgebaut, vorangetrieben, gemacht. *Machen* ist das, was mich glücklich macht, was meinem Leben einen Sinn gibt. Genauer gesagt: erfolgreich machen! Das ist es, was mich glücklich macht. Nenn es, wie du willst: Aufbauen, Machen, Kreieren – vielleicht sogar etwas erschaffen. So, wie ich Greator erschaffen habe. Aber in diesem Sommer »machte« ich nur noch. Mehr vielleicht als jemals zuvor. Nur Erfolg hatte ich nicht mehr. Ganz im Gegenteil. Ich saß in meinem Büro und hatte mein Telefon in der Hand. Es ging nicht mehr. Ich wollte, nein, ich musste den Insolvenzanwalt anrufen. Ob es »uns«, mein Unternehmen Greator, nächste Woche noch geben würde? Ich wusste es nicht.

Ich blickte mich um und sah an den Wänden die Bilder unserer größten Erfolge. Barack Obama vor 15 000 Menschen in der Lanxess Arena, Bilder meines Teams auf dem Höhepunkt der Begeisterung, großartig eingefangen. Momente des Glücks. Überhaupt, mein Team. 150 Menschen, die mir vertrauten, die alles für Greator gaben. Diesen Menschen hatte ich etwas vorgemacht, genau wie ich mir selbst etwas vorgemacht hatte: Wir schaffen das! Ich schaffe das! Aber ich schaffte es nicht. Mein Körper wusste es vor mir. Während ich in unseren wöchentlichen Mitarbeitermeetings noch versuchte, Zuversicht auszustrahlen, und *die* Strategie verkaufte, die uns durch das kleine Wellental wieder ganz nach oben tragen würde, wehrte er sich mit aller Macht. Druck, Stress, Schlaflosigkeit – da musst du durch, dachte ich. Als ich nicht reagierte, reagierte mein Körper, indem er krank wurde, so richtig. Die Situation ging mir im wahrsten Sinne des Wortes an die Nieren. Ein letzter Aufschrei.

Ich wählte die Nummer des Anwalts. Ich redete. Und nach einem langen Gespräch verspürte ich nichts als Erleichterung. Ich war dabei, meine Hölle hinter mir zu lassen.

Wie konnte es überhaupt zu dieser Beinahe-Insolvenz kommen, nachdem wir mit dem Unternehmen jahrelang auf der Welle des Erfolgs schwammen? Immer weiter und immer ganz oben auf dem Wellenkamm surfend. Unsere Anfänge waren ähnlich bescheiden wie bei nahezu jedem Start-up. Greator hieß damals noch GEDANKENtanken und Gründer Stefan Frädrich hatte die Idee der Rednernächte entwickelt. An einem einzigen Abend gab es von den angesagten Speakern der Szene eine Fülle von Perspektiven und Impulsen für die persönliche Entwicklung. Stefan hatte eine großartige Idee ins Leben gerufen. Vielleicht war ein Grund, warum er als einer der Ersten das Potenzial dieses Formats erkannt hatte, der, dass er einer von ihnen war. Stefan war und ist im Grunde seiner Persönlichkeit ein Impulsgeber. Inspirierend und motivierend. Die ersten Events liefen mit ein paar Hundert Teilnehmern gleich erfolgreich. Auch die Videos von den Abenden »klickten sich« gut. Aber Stefan ist kein typischer Unternehmer. Er ist ein Kreativer, der es liebt, mit seinem Wohnmobil durchs Land zu fahren, Eindrücke aufzunehmen und in sehr erfolgreiche Bücher und Vorträge zu verwandeln. Das

Administrative, das mit der Organisation verbunden war, die Personalverantwortung – all das ging ihm entsprechend schnell auf die Nerven. Ich dagegen liebe es, Dinge voranzutreiben, Teams aufzubauen und zu begeistern. Und die Idee der Rednernächte begeisterte mich genauso wie die Idee, dieses Potenzial weiter auszuschöpfen. Den besten Experten eine Bühne, eine Plattform bieten und dadurch eine Community aufbauen zu können, aus und für Menschen, die wachsen wollen. Ich sah hier die Möglichkeit, das Wissen der besten Experten, wie man ein selbstbestimmtes, glückliches und am Ende auch erfolgreiches Leben führen kann, mit mehr Menschen teilen zu können, als wir es uns bisher erträumt hatten. Ich wusste ja, wie wertvoll Persönlichkeitsentwicklung ist. Zwar hatte ich die zwei großen Bereiche, die mein Leben bestimmen, Unternehmertum und Persönlichkeitsentwicklung, schon als angestellter Geschäftsführer beim großartigen Robert Betz zusammenführen können, aber die eine große Plattform, die fehlte eben im deutschsprachigen Raum noch. Als Stefan fragte, ob ich an Bord kommen wolle, gab es für mich keine Zweifel. Na klar wollte ich. Ich stieg nicht nur als Gesellschafter ein, sondern übernahm als CEO die operative und strategische Führung. Ich entwickelte neue Geschäftsideen, während ich parallel unser Kernbusiness vorantrieb. Mehr und mehr setzte ich auch meine eigenen Ideen von Persönlichkeitsentwicklung um, bis dann im Mai 2020 die Umbenennung der Plattform in Greator erfolgte.

Bei GEDANKENtanken lag der Fokus zunächst auf immer größeren Speaker-Events. Unser erstes großes Ziel war es, 4000 Menschen zu einer Vortragsveranstaltung in eine Halle zu bringen. So etwas hatte es in Deutschland noch nicht häufig gegeben. Während des Vorverkaufs mussten wir die Sitzplatzkapazität immer weiter steigern. Im November 2018 kamen schließlich 15 000 Menschen in die Lanxess Arena. Ausverkauft! Und das war nun wirklich einzigartig. So ein Event hatte es wirklich noch nie gegeben. Das Verrückte war, dass es danach so weiterging. Die nächste Herausforderung war jetzt, diesen Erfolg zu wiederholen. Ich bin großer und bekennender Fußballfan und im Sport ist es ja ähnlich. Du kannst mal – mit viel Glück – Meister werden. Zumindest gab es Zeiten in der Bundesliga, als das noch möglich war. Aber ein Topverein bist du erst, wenn es dir gelingt, diesen

Erfolg zu wiederholen. Wir arbeiteten an unserem »Königstransfer«. Wen wollten wir dazu auf die Bühne holen? Wer hatte den Namen, aber – und das war noch wichtiger – auch wirklich etwas zu sagen? Wir brauchten ein absolutes Highlight. Der König der Redner war Barack Obama. Es schien jedoch nahezu unmöglich, den Ex-Präsidenten nach Deutschland zu holen. Gar nicht so sehr wegen seines Honorars im oberen sechsstelligen Bereich, sondern wegen seines Terminkalenders. Doch dann bekamen wir von Obamas Büro sehr kurzfristig einen Termin angeboten. Könnte das klappen? Würden wir es schaffen, in der Kürze der verbleibenden Zeit alles auf die Beine zu stellen? Wir sagten den Termin trotz heimlicher Zweifel spontan zu. Diese Chance konnten wir nicht verstreichen lassen. Wir arbeiteten Tag und Nacht. Jeder im Team war am Limit. Und wir schafften es tatsächlich. Für viele, die dabei waren, war es ein Event, wie man es nur einmal im Leben erlebt. Wieder war die Lanxess Arena ausverkauft. Und jetzt wird es vollends verrückt. Denn wir schafften es nicht nur diese beiden Male, die Halle vollzumachen, wir schafften es drei Mal. Das war der endgültige Beweis, dass wir mit dem, was wir taten, richtig lagen. Denn einmal ausverkaufen, das kann Glück gewesen sein. Beim zweiten Mal hatten wir mit Barack Obama ein gewaltiges Zugpferd, das viele Menschen ansprach, die sonst vielleicht nicht zu einer solchen Veranstaltung gekommen wären. Aber drei Mal? Innerhalb nur eines Jahres füllten wir drei Mal die Lanxess Arena mit jeweils 15 000 Besuchern. Und als ob das noch nicht genug gewesen wäre, haben wir quasi nebenbei auch noch die Olympiahalle in München mit 10 000 Menschen gefüllt. Ebenfalls ausverkauft! Klar, wir arbeiteten alle sehr viel zu dieser Zeit, aber es schien uns auch alles zu gelingen, was wir anpackten.

Dabei zeigte sich längst, dass in der ursprünglichen Idee – möglichst vielen Menschen Zugang zu Inspiration und Motivation zu geben – noch mehr steckte, als immer größere und spektakulärere Veranstaltungen zu organisieren. Die Leute wollten mehr als singuläre Events. Der Wunsch nach einer tieferen Begleitung im Alltag wurde immer deutlicher an uns herangetragen. Angestoßen durch die Inspiration unserer Redner manifestierte sich bei vielen Menschen der Wunsch nach nachhaltiger Veränderung. Wir entwickelten mit den besten Experten intensive Coaching-Programme – an die sich im nächsten Schritt fast zwangsläufig auch Coaching-Ausbildungen anschlossen. Es entwickelte sich eine Community. Gleichzeitig gelang es uns, über das Internet eine nie erträumte Reichweite aufzubauen, um mehr und mehr digitale Produkte im Bereich von Persönlichkeitsentwicklung und Coaching anzubieten. Das Internet wurde Teil unserer Vision, und auch hier hatten wir viel schneller viel größere Erfolge, als wir es anfangs auch nur erhofft hätten. Allein die Videos auf unserem YouTube-Kanal generierten mehrere Millionen Views pro Monat, die Zahl der Abonnentinnen und Abonnenten schoss in die Höhe. Wer YouTube kennt, weiß, welche Aufwärtsspirale solch eine Resonanz auslöst. Wir waren auch in diesem Bereich auf dem Weg nach oben und konnten so den reichweitenstärksten deutschsprachigen Kanal für Persönlichkeitsentwicklung aufbauen.

Durch unsere großen Erfolge, vor allem in so kurzer Zeit, wurden wir nicht allein bei unserer Zielgruppe zunehmend bekannter, sondern auch in der Finanzwelt. Bis dahin hatten wir uns komplett selbst finanziert. Wir reinvestierten unsere Gewinne und wuchsen aus eigener Kraft. Genau so, wie wir es wollten: langfristig und nachhaltig. Dann klopfte mit HV Capital ein echtes Schwergewicht der Venture-Capital-Szene an die Tür. Für uns eine Bestätigung unseres Wegs, denn HV Capital hatte mit frühen Investments bei Zalando, Delivery Heros oder auch Flixbus schon oft einen guten Riecher bewiesen. Wir fühlten uns nicht nur bestätigt und geschmeichelt, der mit dem Einstieg verbundene Kapitalzuwachs steigerte auch unsere Möglichkeiten. Wir stellten laufend neue Leute ein und kamen kaum hinterher, immer größere Visionen zu entwickeln. Unser Ziel war nicht allein, uns zu internationalisieren, sondern mehr und mehr zur Tech-Company zu werden. Ich wollte das Unternehmen zu einem digitalen Anbieter umbauen, weg von einem Veranstalter im herkömmlichen Sinn. Ich sah in den digitalen Formaten das größte Zukunftspotenzial. Auf der Höhe des Erfolgs von GEDANKENtanken beschloss ich den Strategiewechsel.

Diese Erfolge errangen wir mit einem Team, dessen Commitment traumhaft war. Und ich spreche hier nicht vom Wunschdenken eines CEOs, der sich am Kaffeeautomaten einen Überblick verschafft. Die mit dem Employee Net Promoter Score gemessene Mitarbeiterzufriedenheit lag tatsächlich bei einem außergewöhnlich hohen Wert. Als letzte Bestätigung wurden wir von Great Place to Work – der globalen Autorität beim Thema Kultur am Arbeitsplatz – aus mehreren Tausend Bewerbern zu Deutschlands bestem Arbeitgeber unserer Größenordnung gewählt. Wir feierten das mit einer Riesenparty bis in den frühen Morgen. Ich konnte mir kaum vorstellen, wie es für Greator überhaupt noch besser laufen sollte. Wir wurden ebenfalls auf europäischer Ebene ausgezeichnet. In Stockholm! In derselben Venue, in der die Nobelpreise verliehen werden! Was sollte uns denn noch aufhalten können?

Dann kam Covid und schickte die Welt, in der wir unterwegs waren, ins Homeoffice. Aber hey, wir surften auf der perfekten Welle, was machte es da schon, wenn jetzt ein kleines Tal kam? Wir hatten den Plan, wir hatten die Menschen, wir würden wieder Erfolg haben.

Nur war Covid kein kleines Tal. Die Pandemie entwickelte sich zu einem Abwärtsstrudel, mit einer Sogkraft, die ich im Rausch des Erfolgs wohl auch unterschätzt hatte.

Es gibt Unternehmen, große und erfolgreiche Unternehmen, die vollständig remote funktionieren, in denen die Mitarbeiter über die ganze Welt verteilt sind und die trotzdem produktiv und erfolgreich arbeiten. Der Unterschied zu uns war, dass diese Unternehmen von Anfang an ihre gesamte Kultur auf den Prozess der Remote Collaboration ausgelegt hatten. GitLab ist so ein Beispiel, ein Unternehmen mit 1600 Mitarbeitern verteilt auf über 60 Länder. Wir waren (und sind) anders. Wir lebten vom Austausch, vom Miteinander, von der Motivation, die wir aus der direkten Zusammenarbeit auf unserem »Campus« – in Wahrheit eine umgebaute Etage in einer ehemaligen Krawattenschneiderei – mit den Kolleginnen und Kollegen ziehen. Dieser Campus repräsentierte in seiner Architektur und seiner Ausgestaltung, wie ich immer arbeiten wollte. Hell, offen, mit viel Raum für die Menschen und die Ideen, die sie antreiben. Es war mein Traumbüro. Es war so, wie ich es haben wollte. Alles stand für Austausch. Für Augenhöhe. Unsere mit »Meeting- und Businesskultur« viel zu nüchtern beschriebene Atmosphäre der persönlichen Zusammenarbeit lag jetzt am Boden. Und obwohl es mir in dieser Zeit nicht bewusst war, tat ich alles, um diese Kultur, die uns so erfolgreich gemacht hatte, weiter zu zerstören. Ich wollte mich von diesem Virus nicht ausbremsen lassen. Statt in den Winterschlaf zu gehen, wie viele andere Unternehmen, setzte ich weiter auf personelles Wachstum. Das Risiko, das darin lag, war mir bewusst. Zu diesem Zeitpunkt war Greator noch ein Veranstalter, der stark abhängig war von Events. Aber Live-Events waren auf absehbare Zeit nicht mehr möglich, das hatte ich inzwischen kapiert. Umso mehr forcierte ich die Transformation zu einer international ausgerichteten digitalen Plattform. So erfolgte im Mai 2020 auch die Umbenennung von GEDANKENtanken in Greator. Wir brauchten schließlich einen Unternehmensnamen, der auch international funktionierte. Ich stellte weiterhin Mitarbeiter ein, die unseren Wandel vom Live- zum Online-Anbieter vorantreiben sollten. Schöne Theorie: Die neuen Mitarbeiter hätten Greator produktiver machen sollen, indem sie mit Hochdruck digitale Produkte entwickeln und auf den Markt bringen sollten. Von den 150 Mitarbeitern, die auf dem Höhepunkt dieser Entwicklung für Greator arbeiteten, hatte ich zwei Drittel während Covid eingestellt.

Meine Strategie ging nicht auf. Die Pandemie zog sich immer länger hin, die Wirtschaft ging immer tiefer in die Knie. Heute kann ich diese Entwicklung nicht mehr als bequeme Entschuldigung heranziehen. Ich hatte Fehlentscheidungen getroffen, denn ich hatte Fehleinschätzungen vorgenommen. Und davon nicht zu wenige. In der Summe einfach zu viele. Das waren zu viele neue Mitarbeiter in zu kurzer Zeit. Wir schafften es unter diesen Umständen nicht, ihnen die Greator-DNA einzupflanzen. Wie auch, wenn einige von ihnen unser Büro nicht einmal betreten konnten. Die Kommunikation verkomplizierte sich. Alles dauerte viel länger. Die Reibungsverluste wurden größer und nicht jedes Produkt, das wir entwickelt hatten, zündete am Markt.

Von Woche zu Woche geriet das Unternehmen tiefer in die Krise. Und riss mich mit. In dieser Phase beschlichen mich das erste Mal Gedanken, dass es richtig schiefgehen könnte. Meine Hölle tat sich vor mir auf. Greator könnte scheitern. Ich könnte scheitern. Und das konnte und durfte nicht sein. Verzweifelt kämpfte ich gegen diese verbotene Option an. Noch mehr Tech, noch schnellerer Wandel, noch schneller Unabhängigkeit von den Live-Events. Niemand wusste, was die Pandemie als Nächstes bereithielt und mit welchen Maßnahmen darauf reagiert wurde. Meine Rolle im Unternehmen wandelte sich. Ich wurde zunehmend zu einem Feuerwehrmann, der versuchte, auf unserem leckgeschlagenen Schiff die sich in immer kürzerer Folge auftuenden, immer größer werdenden – finanziellen – Löcher zu stopfen. Gleichzeitig gab ich den zuversichtlichen CEO und versuchte, mit Hilfe von aberwitzigen Online-Formaten unsere Kultur als Team zu erhalten. Aber irgendwie, irgendwann war unser Spirit über Bord gegangen und wir strampelten und strampelten, um an der Oberfläche zu bleiben. Unsere virtuellen Weihnachtsfeiern, Kochshows und womit wir nicht alles die Server zum Glühen brachten. Es waren im Nachhinein gesehen pure Verzweiflungstaten, die bei allem Aufwand den sich abzeichnenden Niedergang im besten Falle verlangsamten. Als die Lockdowns endlich vorbei waren, befanden wir uns bereits in der unternehmerischen Krise. Für uns aber war der Grund des Wellentals noch nicht erreicht, und so verzweifelt wir versuchten, wieder nach oben zu kommen, es funktionierte nicht.

Langsam wurde das Geld knapp. Zwar hatte es auch während Covid immer wieder neue Finanzierungsrunden gegeben und wir waren weiterhin erfolgreich darin, Investoren von der Zukunft unseres Geschäftsmodells zu überzeugen. Während wir die ersten Investoren aufnahmen, obwohl wir nicht auf das zusätzliche Kapital angewiesen waren, hatte sich die Situation nun umgekehrt. Es gelang mir, neue Investoren zu überzeugen. Aber war ich selbst noch überzeugt? Als Unternehmer musste ich optimistisch sein, gleichzeitig schlichen sich Zweifel ein. Hin- und hergerissen, später fast zerrissen zwischen diesen beiden Polen, rieb ich mich auf. Ich zweifelte, ob das Unternehmen gerettet werden konnte, und gleichzeitig begann ich, an mir zu zweifeln. War ich noch der Richtige? War ich gut genug für den Job? Bin ich überhaupt gut genug? In einer Situation, in der ich all meine Klarheit und Zuversicht gebraucht hätte, grub ich mir mit diesen Gedanken mein eigenes tiefes Loch. Was bliebe von mir übrig, wenn von

Greator nicht mehr übrig bliebe als ein hämisches »Ich hab's euch gleich gesagt, der kann es nicht«?

Ich rieb mich auf, während ich meine professionelle Rolle als CEO ausfüllte. Ich gab den Kapitän auf der Brücke, der das Schiff souverän durch den Höhepunkt des Sturms navigiert. Dass dieser eigentliche Höhepunkt noch kommen würde, ahnte ich nicht.

Ich suchte einen Ausweg, für mein Business und für mich. Aber wenn du mitten im Sturm bist, dann fällt es dir oft schwer klarzusehen. Die Bücher, die du gelesen hast, die Seminare, die du besucht hast – wenn du all dein Wissen am nötigsten brauchst, verwehrt dir der Stress den Zugriff auf die Lösung. Ich wusste in diesem Moment keine Lösung. Was ich aber noch wusste, war, dass es eine Lösung geben muss. Dieses Wissen war seit meiner Jugend unauslöschlich in mir verankert, so tief, dass ich es auch in dieser Situation nicht verloren hatte.

Als ich 15 Jahre alt war, besuchte ich, mehr aus Neugier als aus echtem Interesse, das erste Mal ein Seminar für Persönlichkeitsentwicklung. Mein Vater, von dem ich später noch erzählen werde, machte damals eine ähnliche Krise durch und suchte sich Hilfe bei einem Coach. Und ich ging mit. Ohne viel zu kapieren, was wir in den neun Tagen dort genau machten, nahm ich für mich ein paar Sachen mit auf meinen weiteren Lebensweg. 1. Es war für mich eine unglaublich intensive und prägende Erfahrung der Klarheit und des »bei sich seins«. 2. Sich coachen lassen und Hilfe zu holen ist völlig ok. 3. Ein Coaching kann unglaublich hilfreich und klärend sein.

Ich habe dieses Gefühl der Klarheit seitdem nie mehr vergessen, war es für mich doch der Startschuss, mich immer wieder auf die Suche zu begeben. Auf die Suche nach Ruhe und innerem Frieden. Tatsächlich habe ich seit diesem unglaublich intensiven ersten Mal in schwierigen Phasen immer wieder Coachings in Anspruch genommen. Es ist die Idee hinter Greator und die Idee, an die ich glaube: Ich glaube, in krisenhaft erlebten Momenten brauchen wir Menschen, andere Menschen, die uns stärken und unterstützen. Und genau an diese mächtige Kraft, die in einem Coaching liegen kann, erinnerte ich mich. Klarheit und Ruhe, Heilung von dieser Zerrissenheit zwischen professionellem Optimismus und inneren Selbstzweifeln. Ich wandte mich schließlich an Francisco Medina. Viele kennen Francisco als Schauspieler. Aber seit über 20 Jahren ist er außerdem ein herausragender Coach für persönliche Entwicklung, dem neben Kollegen aus Film und Fernsehen auch Profisportler und Top-Executives vertrauen. Mit ihm sprach ich zum ersten Mal offen über meine Zweifel und Ängste. Ich erzählte, wie ich gerade um Greator und dabei auch um mich selbst kämpfte. Auch davon, welche Verletzungen ich in diesem Kampf davontrug. Irgendwann fragte er mich sehr direkt: »Wer bist du ohne all das hier? Ohne das Machen und das Erschaffen?« Und meine instinktive und ehrliche Antwort bestand aus nur einem Wort: »Nichts. Ich bin dann nichts.« Wow, ich war weit gekommen. 20 Jahre Persönlichkeitsentwicklung und dann diese Erkenntnis. Mir wurde schlagartig klar, dass ich durch all den Stress die Verbindung zu mir selbst verloren hatte. Was bliebe noch, wenn es nichts mehr gäbe, womit ich mich identifizieren und was ich nach außen darstellen könnte? Bliebe wirklich nichts? Ich wusste es nicht. Dieser Weg zurück zu mir selbst, auf dem Francisco mich begleitete, war ein intensiver und schmerzhafter Prozess, in dem ich neu herausfinden musste, wer ich wirklich war. Was bliebe ohne Greator von mir übrig?

Das Paradoxe an der Situation war, dass ich mich mit diesem Prozess quasi bereits selbst auf das Schlimmste vorbereitete, aber gleichzeitig versuchte, mit allem, was ich hatte, die Firma zu retten. Ich kämpfte. Aber die Situation spitzte sich immer weiter zu. Und irgendwann konnte ich nicht mehr. Ich hatte auf allen Ebenen alles versucht, was mir möglich gewesen war. Ich arbeitete an mir, ein großartiger Coach arbeitete mit mir und ich arbeitete mit einem Team, das immer noch toll mitzog. Aber wir kamen einfach nicht auf den grünen Zweig. Ich war verzweifelt, ich gab auf. »Dann«, so sagte ich mir, »ist das halt so.«

Von dem Moment an, in dem ich bereit war, meine Situation anzunehmen, wurde vieles so viel leichter. Ich wählte die Nummer des Anwalts. Ich redete. Und nach einem langen Gespräch verspürte ich nichts als Erleichterung. Während des Gesprächs mit dem Anwalt spürte ich, dass nichts in mir zerbrach. Ich war noch da. Ich war noch wer. Etwas in mir trug mich immer noch. Es ist schwer zu beschreiben, aber die Situation fühlte sich komplett anders an, als ich sie mir ausgemalt hatte.

Heute, in der Rückschau, weiß ich, dass es erst meine Akzeptanz des Unausweichlichen war, die mir diesen Anruf ermöglichte. In diesem lapidaren Satz: »Dann ist es halt so«, lag der erste Schritt heraus aus der Krise. Es klingt pathetisch, aber es stimmt: In diesem Moment nahm ich mein Schicksal an. Im Buddhismus heißt es, dass Akzeptanz der Schlüssel zum Glücklichsein ist. Wenn wir die Notwendigkeit loslassen, externe Faktoren kontrollieren zu wollen, und diese so akzeptieren, wie sie sind, können wir unsere Energie auf die Dinge konzentrieren, die wir kontrollieren können. Ich hörte auf, gegen etwas zu kämpfen, nämlich gegen den Niedergang unserer Plattform. Wer gegen etwas kämpft, der liebt nicht. Lieben kannst du nur, wenn du für etwas kämpfst. Und dafür hatte ich jetzt endlich wieder Ressourcen.

Ohne die Hilfe von Francisco hätte ich noch viel länger und noch verzweifelter gegen etwas gekämpft. Erst seine Fragen haben mich in die Lage versetzt, meine Situation anzunehmen. Auch das ist auf den ersten Blick paradox. Denn man könnte auch sagen, dass die ganze Coacherei nichts gebracht hat. Aber das ist ein falsches Verständnis von Coaching. Ein Coach ist kein Berater, der dir sagt, tu dies, tu das und dann wirst du Erfolg haben. So arbeiten Unternehmensberater, die dein Shopfloor Management verbessern oder irgendwelche Management-Methoden in deinem Unternehmen etablieren. Die Lösungen eines Beraters kommen von außen. Ein Coach arbeitet mit dir die Lösungen heraus, die in dir liegen. In meinem Fall hieß die Lösung, die Situation anzunehmen.

Ein Coach arbeitet mit dir die Lösungen heraus, die in dir liegen.

Das Gespräch mit dem Insolvenzanwalt, das ich so lange vor mir hergeschoben hatte, war nüchtern und professionell. Aber was hatte ich denn eigentlich erwartet? Vorwürfe? Der Alptraum eines Unternehmers ist für den Insolvenzanwalt das Tagesgeschäft. Für mich hatte der Gedanke etwas Beruhigendes. Ich wusste mich in guten Händen. Er erläuterte mir in sachlichem Ton die nächsten Schritte. Ähnlich würde mir wahrscheinlich ein Herzchirurg, wäre ich Patient, eine bevorstehende schwierige OP erklären. Okay, würde der Chirurg vielleicht sagen, die Überlebenschancen sind nicht besonders hoch, aber das und das werden wir tun, so soll die OP verlaufen. Und ich würde denken: Alles klar, das habe ich verstanden, mehr kann man nicht machen. Ich erteilte den Auftrag, die Insolvenz vorzubereiten. Gleichzeitig erstellte ich im Kopf eine erste Checkliste, was für mich jetzt zu tun war, wenn ich die Insolvenz doch noch abwenden wollte.

Im Wesentlichen waren drei Dinge zu erledigen. Und das extrem schnell. Punkt eins: Ich musste innerhalb der nächsten Tage mehrere Millionen Euro besorgen. Das allein schien mir schon utopisch, denn es hatte ja auch während Covid weitere Finanzierungsrunden gegeben und es war bereits klar, dass die bisherigen Investoren wahrscheinlich kein weiteres Geld nachschießen würden.

Punkt zwei: Die bisherigen Investoren bei Laune halten und neue finden. Ich brauchte jetzt praktisch über Nacht einen überzeugenden Businessplan für die Rettung von Greator und musste die Geldgeber anschließend davon überzeugen, meinem neuen Plan zu folgen. Ein Plan, der *dieses Mal aber wirklich* funktionieren würde. Aber ganz ehrlich? Noch war ich ja nicht einmal selbst davon überzeugt.

Punkt drei war der härteste: Denn selbst wenn ich frisches Geld auftreiben und die bisherigen Investoren hinter meinen Rettungsplan bekommen würde, müsste ich die Mannschaft neu aufstellen und mich von jedem zweiten Mitarbeiter trennen. Ich hatte bereits 50 von ursprünglich 150 Mitarbeitern entlassen. Jetzt noch mal 50! Klar, in solchen Situationen gibt es immer Mitarbeiter, die genug haben, die ihre Chance anderswo suchen wollen. Und das ist völlig okay. Aber meine Mannschaft zeigte immer noch volles Commitment. Keine meiner Aufgaben fiel mir so schwer und ich kann auf diese Erfahrung in Zukunft wirklich verzichten. Wir waren nicht mehr so eng wie zu Start-up-Zeiten. Dennoch kannte ich jeden Einzelnen. Das hier war etwas ganz anderes, als wenn ein Sanierer am runden Konferenztisch beschließt, dass 20 000 Mitarbeiter den Konzern verlassen müssen, die am Ende nur noch anonyme Kostenstellen sind. Aber natürlich war mein Schmerz am Ende sicher nicht so groß wie der Schmerz derjenigen, die es getroffen hatte.

Außerdem wollten wir ja weiter Events organisieren und großartige neue Produkte entwickeln. Wie sollten wir das mit 50 Mann schaffen?

Realistisch betrachtet waren unsere Perspektiven schlecht. Und noch etwas kam dazu. Ich stürzte mich zwar mit neuer Energie wieder in die Arbeit, denn ich wollte mir nicht vorwerfen müssen, diese letzte, winzige Chance ungenutzt gelassen zu haben, aber die Frage, ob ich es kann, verschob sich immer mehr in Richtung, ob ich es will. Wollte ich das Ganze hier überhaupt noch? Ich fühlte immer noch eine innere Zerrissenheit. Zwar wusste ich genau, was ich zu tun hatte. Aber glaubte ich wirklich an den Businessplan? Und konnte ich mir vorstellen, dass jemand noch einmal Millionen in Greator investieren würde? Es fühlte sich noch nicht richtig an. Ich spürte, dass es Zeit würde, sich wieder Unterstützung durch einen Coach zu holen.

Meine Wahl fiel auf Dieter Lange, einen Coach und Speaker, mit dem ich schon lange zusammenarbeite und den ich auch als Mensch sehr schätze. Dieter coacht seit Jahren Unternehmer und Unternehmerinnen, DAX-Vorstände und Olympiasieger. Jetzt nahm ich seine Dienste das erste Mal für mich persönlich in Anspruch. Mir war klar, dass meine Herausforderung mich nicht nur als Privatmensch betraf, sondern dass ich auch als Unternehmer Unterstützung brauchte. Dieter Lange steht wie kaum ein anderer Coach für Ganzheitlichkeit. Er ist in der Unternehmenswelt zu Hause und kann dich dabei unterstützen, so gut wie jede Business-Situation klar zu analysieren. Dabei ist er kein Berater, wie ich ihn weiter vorne beschrieben habe. Er ist Coach durch und durch. Denn sein klarer Blick aufs Geschäft ist nur die eine Seite. Er erkennt die Zusammenhänge zwischen Wirtschaft, Menschen und Systemen. Und er stellt die entscheidenden Fragen, die dir ganz neue Perspektiven eröffnen. Für einen ganzheitlichen Blick auf meine Situation benötigte ich beides, ich benötigte Dieters einzigartige Stärke.

Im Coaching analysierten wir gemeinsam, wie Greator überhaupt so tief in die Krise geraten konnte. Denn die Pandemie war der Auslöser, aber sicher nicht die Ursache. Ich hatte zu viel gewollt, hatte zu viel Veränderung in zu kurzer Zeit durchgesetzt. Dadurch war etwas ins Rutschen gekommen, was für den Erfolg von Greator unabdingbar war. Unser ganzes Energiesystem war gestört und schließlich zusammengebrochen. Auch meine Rolle als Feuerwehrmann wurde aus dieser Perspektive viel klarer. Denn wenn alles fragil geworden ist und die Energie nicht mehr zirkuliert, braucht es einen, der überall hinrennt und dem System neue Energie zuführt. Diese Aufgabe hatte ich zwar bis an meine mentalen und körperlichen Grenzen ausgefüllt. Aber natürlich fehlten mir und dem Unternehmen diese Energie an anderer Stelle. Für Unternehmergeist, Ideenreichtum und den unerschütterlichen Glauben an die eigene schöpferische Kraft hatte ich keine Power mehr. Viel entscheidender für das Gelingen der nächsten Schritte aber war etwas anderes. Auch wenn ich hoffte, dass wir uns mit der kleineren Mannschaft eines Tages wieder finden würden, lebten wir nicht mehr die Greator-DNA. Das, was das Unternehmen in den frühen Phasen erfolgreich gemacht hatte, war durch das schnelle Wachstum verschüttet worden. Es war fraglich für mich, ob wir es einfach wieder ausgraben und freilegen konnten. Konnte ich dieses Feuer neu entfachen?

Dann stellte mir Dieter eine entscheidende Frage: »Was willst du im Moment wirklich?« Ja, was wollte ich eigentlich? Ich wusste ziemlich genau, was ich nicht mehr wollte: das hier! Nicht mehr kämpfen, nicht mehr zweifeln müssen. »Das habe ich dich aber nicht gefragt«, lautete seine Antwort. »Die Frage lautete: ›Was willst du wirklich?‹« Ja, was wollte ich denn stattdessen? Es ist Dieters Talent und Kunst, diese Dinge zu klären. Sie gemeinsam mit dem Coachee, in diesem Falle mit mir, herauszuarbeiten. Ich sehnte mich nach den Wurzeln zurück. Ich wollte noch einmal mit einem überschaubaren Team coole Produkte entwickeln und auf den Markt bringen. In einem Unternehmen, in dem es wieder familiärer zugeht und jeder jeden kennt. Wo ich meine persönlichen Stärken einsetzen und nah an den Leuten sein kann. Nachdem mir diese Dinge bewusst geworden waren, begleitete mich Dieter beim nächsten Schritt. Er stellte Fragen wie: »Glaubst du, dass du das schaffen kannst? Wie fühlt es sich für dich an, diesen Weg zu gehen? Und hast du da überhaupt Lust drauf?«

Schon während ich über unsere Gespräche nachdachte, machte es Klick. In diesen Momenten spürte ich wieder die Energie. Ja, dachte ich nur, ja, ja, ja! Wenn es wieder so kommen würde, wie ich es mir vorstellte, wie geil wäre das! Gleichzeitig wusste ich, so einfach geht es ja nicht – und dieser Gedanke überwog das gute Gefühl. Und das formulierte ich gegenüber Dieter auch so. »Niemand«, sagte er, »hat behauptet, dass es leicht sein würde.« Wieder erlebte ich einen dieser Momente von großer Klarheit, die man oft nur mit der Hilfe eines Mentors erreicht. Diese Klarheit kristallisierte sich in der entscheidenden Metapher, die Dieter mir mit auf den Weg gab und die mich seitdem nicht mehr losgelassen hat: »Du umsegelst gerade Kap Hoorn«, brachte er es auf den Punkt. »Du bist mit deinem Schiff schon weit gesegelt, einige heftige Stürme liegen hinter dir, du und dein Team sind müde, aber um diesen gefährlichen Felsen musst du noch herum. Es gibt für dich keinen anderen Weg.« Es ist nur dieser eine letzte Sturm, dann kommt die Südsee, das Paradies. Durch einen letzten großen Sturm musste ich also noch hindurch. Und Dieter schickte mich mitten hinein.

Bis zur Eröffnung des Panamakanals im Jahr 1914 war die Route um Kap Hoorn die schnellste Schiffsverbindung von Europa an die amerikanische Westküste. Gleichzeitig war es die gefährlichste Passage der Welt. Auf dem Grund vor Kap Hoorn liegen über 800 Schiffe, die bei der Umrundung gescheitert sind. Wo vor Feuerland, an der letzten Spitze des südamerikanischen Kontinents, Atlantik und Pazifik aufeinanderprallen, gibt es brutale Strömungen und extreme Windbedingungen. Die Bedingungen auf und unter Wasser sind tückisch. Aber wenn du da durch bist, wenn du diese Herausforderung gemeistert hast, dann liegt der Südpazifik offen vor dir. Der Weg in die paradiesische Inselwelt der Südsee mit ihren weißen Stränden und kristallklarem Wasser ist dann frei. Wenn ich dorthin wollte, musste ich um Kap Hoorn herum. Eine Passage, die sowieso schon zu den gefährlichsten Routen der Welt gehört. Und ich musste sie noch dazu bei stürmischem Wetter auf mich nehmen. Um diese Herausforderung anzunehmen, musste ich mir 100 Prozent sicher sein, wozu ich diese Reise antrete. Dieter hatte diese Antwort aus mir herausgekitzelt: »Was willst du hinter Kap Hoorn?« Denn es reicht einfach nicht zu sagen, dass du dir wünschst, die Krise wäre vorbei. Dann liegt dein Fokus immer noch darauf, gegen etwas zu kämpfen. Aber deine ganze Kraft entfaltet sich erst, wenn du für etwas kämpfst. Erst wenn du weißt, wo du nach dem Ende der Krise sein willst, kannst du dich mit allem, was du hast, auf den Weg machen. Dieses große Ziel zu kennen, statt nur zu sagen, dass die Krise vorbei sein soll, war jetzt wichtig. Und ich kannte es. Ich spürte es förmlich körperlich. Jenseits dieses tödlichen Archipels lag mein Ziel: das neue alte Greator. Ein Greator, das ich wieder mit Begeisterung zu neuen, noch größeren Erfolgen führen würde. Erschaffen,

Kreieren, Visionen umsetzen. Das tun können, was ich liebe. Dass ich das Alte loslassen und lernen musste, mein »Scheitern« zu akzeptieren, war eine unglaublich wichtige Lektion auf dem Weg zu neuen Erfolgen. Aber erst das Bild, das Dieter mir zeigte, ermöglichte mir, wieder mit voller Kraft anzupacken.

Ich war voller frischen Mutes und bereit, diese Herausforderung anzunehmen und zu meistern. »Was muss ich dafür tun?«, fragte ich. »Erst einmal muss das Schiff leichter werden, um nicht zu kentern. Dann brauchst du die richtigen Charaktere an Bord. Du benötigst Menschen um dich herum, die Verantwortung übernehmen, dich unterstützen und auf die du dich verlassen kannst.« Jetzt war ich mir sicher. So schmerzhaft es auch war. Bei Greator die Teamgröße zu halbieren war der richtige Schritt. Denn die Frage war: Wer kann und will noch einmal durch diesen letzten Sturm? Es mussten Menschen sein, die meine Vision und mein Ziel teilten. Dieter benutzt dafür das Bild des Nordsterns. Die Frage nach dem eigenen Nordstern kann man umformulieren: »Wie, wo, mit wem und von was will ich konkret leben und arbeiten?« Um Kap Hoorn zu meistern, brauchten wir denselben Nordstern.

Nach einem erneuten Downsizing hatte ich diese Menschen an Bord.

Eine weitere wichtige Frage lautete, ob ich für eine solche extreme Passage ausreichend vorbereitet wäre. Hatte ich die notwendigen Kenntnisse und Fähigkeiten für diese herausfordernde unternehmerische Situation? Das war Dieters Analogie für den wasserdichten Businessplan, den ich gerade erstellte. Und, aye, dass ich diese Fähigkeiten hatte, darüber war ich mir wieder sicher. Weil ich jetzt wieder selbst überzeugt war, gelang es mir auch, mit gutem Gewissen einen neuen Investor zu begeistern.

Wir haben den Turnaround geschafft. Es ging schneller, als ich zu träumen gehofft hatte. Auch das war ein Learning: Wenn die Sturmfront auf dich zurast, denkst du, du kommst nie wieder raus. Aber wenn du im Sturm bist, bist du viel schneller durch das schlechte Wetter, als du gedacht hast. Das heißt nicht, dass es nicht heftig wird.

> *Wenn die Sturmfront auf dich zurast, denkst du, du kommst nie wieder raus. Aber wenn du im Sturm bist, bist du viel schneller durch das schlechte Wetter, als du gedacht hast. Das heißt nicht, dass es nicht heftig wird.*

Das nicht. Es wird dich richtig schütteln und du wirst all deine Kraft benötigen. Aber plötzlich siehst du, wie der Himmel aufklart, und spürst, wie sich das Meer beruhigt. Der Wind lässt nach. Du bist durch!

Heute, zwei Jahre nach diesen dramatischen Monaten, ist Greator erfolgreicher als jemals zuvor. Das meine ich nicht nur wirtschaftlich. Zwar war 2023 unser wirtschaftlich erfolgreichstes Jahr. Aber vor allem haben wir mit unseren Inhalten noch nie so viele Menschen erreicht wie heute. Noch nie haben so viele Menschen mit unseren Coaching-Programmen Unterstützung auf dem Weg in ein selbstbestimmtes Leben erfahren können. Die besten Experten helfen uns dabei, das Leben von Tausenden Menschen positiv zu beeinflussen. Auch wenn ich ein optimistischer Mensch bin, hätte ich diese Entwicklung vor zwei Jahren nicht für möglich gehalten. Sie war es wert, durch einen Sturm zu gehen, der uns beinahe hinabgerissen hätte.

Diese Entwicklung hat mir persönlich über viele Dinge die Augen geöffnet: Erst am Kap Hoorn entfaltest du dein volles Potenzial. Eine Krise kann dich darauf zurückwerfen, wer du in der Tiefe bist und was du wirklich in deinem Business – oder einem anderen Lebensbereich – willst. Das stärkt dich am Ende in deiner Vision. Denn wenn deine Vision die Krise überlebt, wenn du ihr unter schwierigsten Bedingungen vertraust, dann wirst du mit neuer Stärke aus dieser Krise hervorgehen.

Eine Krise kann dich darauf zurückwerfen, wer du in der Tiefe bist und was du wirklich in deinem Business – oder einem anderen Lebensbereich – willst. Das stärkt dich am Ende in deiner Vision. Denn wenn deine Vision die Krise überlebt, wenn du ihr unter schwierigsten Bedingungen vertraust, dann wirst du mit neuer Stärke aus dieser Krise hervorgehen.

Ich weiß, dass sehr viele Leser ähnliche Krisen kennen. Jeder von uns hat seine eigene Hölle, jeder von uns muss durch seinen eigenen Sturm. Vielleicht steckst du gerade in deiner Hölle fest? Im Job, wie ich damals, in einer verfahrenen Beziehung? Ich will dir Mut machen. Du hast es in der Hand, wieder glücklich und erfolgreich zu sein. Und du musst deinen Weg nicht alleine gehen. Es sind Menschen da draußen, die sich an deine Seite stellen.

Ich vergleiche Glück und Erfolg immer noch mit einer Welle. Ständig in Bewegung, mal auf, mal ab. Ich habe beides erlebt und ich weiß jetzt, wenn wir finden, was uns im Inneren antreibt, dann werden die Wellenberge unserer Möglichkeiten immer größer und höher als die Wellentäler sein – und die Folge davon sind Erfolg und Erfüllung. Und auch wenn das Wort »Erfolg« in diesem Kapitel genau 31 Mal vorkommt und »Erfüllung« nur 3 Mal, werde ich auf die Frage, was mir heute wichtiger ist, Erfolg oder Erfüllung, immer antworten: Erfüllung. Warum ich das heute so empfinde, erfährst du in diesem Buch.

> *Wenn wir finden, was uns im Inneren antreibt, dann werden die Wellenberge unserer Möglichkeiten immer größer und höher als die Wellentäler sein – und die Folge davon sind Erfolg und Erfüllung.*

KAPITEL 2

VON ERFOLG ZU ERFÜLLUNG

Warum Erfolg mehr ist, als ein Firmenparkplatz oder eine teure Handtasche • Warum du mit doppelt so viel Geld nicht doppelt so glücklich bist und was mich glücklich macht • Wie es dazu kam, dass ich Autovermieter war, und warum ich einmal Bürobote für das Bauamt spielen musste

Was ist denn eigentlich Erfolg? Was ist Erfüllung und was ist der Unterschied zwischen diesen beiden? Es gibt gar nicht wenige Menschen, denen zum Thema Erfolg als Erstes Dinge einfallen, wie einen Ferrari zu fahren, eine teure Uhr oder die Handtasche von Louis Vuitton am Handgelenk zu haben. Andere sehen sich in einer Villa am Meer. Wieder andere denken an den Erfolg ihrer eigenen Firma, für den sie täglich arbeiten. Oder einfach nur daran, wie viel Geld sie gerne auf dem Konto hätten. Manche würden gerne in Bali leben. Oder es sich leisten können, nicht mehr zu arbeiten und nur noch ihren Hobbys nachzugehen. Immer stellt sich die Frage, ob sie das alles *wirklich* wollen. Und warum.

Im Laufe der Jahre haben die unterschiedlichsten Menschen ihre Vorstellung von Erfolg mit mir geteilt. Und viele kommen über Äußerlichkeiten nicht hinaus. Das ist auf den ersten Blick verständlich. Denn Erfolg hat in unserer Kultur viel mit Symbolen zu tun, mit dem, was andere sehen können. Erfolg hat mit Einfluss, Anerkennung und materiellen Sicherheiten zu tun. Erfolg bezieht sich fast immer auf unsere Außenseite. Aber ist Erfolg im Leben wirklich an Äußerlichkeiten ablesbar? Geben uns Äußerlichkeiten Erfüllung? Ich glaube nicht. Auf die Frage »Was willst du wirklich?«, muss deshalb sinnvollerweise die Frage folgen: »Warum willst du das eigentlich?« Denn jedes materielle Besitztum steht für etwas. Bleiben wir bei dem Wunsch nach einer teuren Uhr. Die Frage ist also: Was verbindest du mit deinem Symbol? Viele Menschen haben darüber noch nie nachgedacht. Wenn ich nicht lockerlasse und immer weiter und weiter nachhake, läuft es am Ende letztlich bei allen auf eines hinaus: Sie wollen sich glücklich und erfüllt fühlen. Und viele Menschen denken, wenn ich erst diese Uhr habe, wenn ich den Firmenparkplatz habe, wenn ich mir dieses und jenes leisten kann, dann bin ich glücklich. In Wahrheit haben sie nur mehr Geld. Das ist nichts Schlechtes. Aber was sie wirklich glücklich macht, wissen diese Menschen nicht. Dass es nicht allein Geld ist, was uns glücklich macht, zeigt ein ganz einfaches Gedankenexperiment. Stell dir vor, du bekommst für deine Arbeit einen Stundensatz von 50 Euro. Glaubst du, du bist mit 100 Euro Stundensatz doppelt so glücklich?

Für andere Menschen wiederum bedeutet daher, erfolgreich zu sein, ihrer Berufung folgen zu können. Immer mehr Menschen wird es wichtig, dazu beizutragen, die Welt zu einem besseren Ort zu machen. Ihren Erfolg messen sie daran, wie gut ihnen das gelingt und welche Spuren sie hinterlassen. Ich könnte Hunderte weitere Beispiele nennen, so groß ist das Spektrum möglicher Antworten. Worauf es jedoch immer hinausläuft, ist der Wunsch nach einem tiefen Gefühl von erlebter Glückseligkeit. Glückseligkeit hört sich vielleicht ein bisschen outdated an. Aber es ist eben mehr als Freude. Beide Emotionen unterscheiden sich in ihrer Natur und Dauerhaftigkeit. Freude bezieht sich typischerweise auf einen momentanen Zustand intensiver Emotionen, der mit einem bestimmten Ereignis oder Erlebnis verbunden ist. Glückseligkeit ist ein stabilerer und langfristigerer emotionaler Zustand. Glückseligkeit bezieht sich nicht nur auf äußere Umstände, sondern auf einen kontinuierlichen Zustand innerer Erfüllung.

Dieses Gefühl kann sich unterschiedlich äußern, etwa als Freiheit, Verbundenheit, Liebe, Wärme, Anerkennung, Zufriedenheit oder Selbstbestimmung. Alle diese Worte kommen jedoch aus dem Verstand, und mit dem Verstand lassen sich Gefühle in letzter Konsequenz nicht beschreiben. Deshalb sind alle Worte, die ich hier verwenden kann, lediglich Hinweise und nicht das Gefühl selbst. Um die Sache noch schwieriger zu machen, kommt hinzu, dass Gefühle höchst individuell sind. Unsere Worte, Gefühle zu beschreiben, können immer nur Annäherungen sein. Wörter haben natürlich trotzdem eine Bedeutung und es lohnt sich, diese Bedeutung genauer anzuschauen. Das gilt auch für Erfolg und Erfüllung. Erfolg hat man, wenn man ein individuelles Ziel erreicht hat. Du nimmst dir beispielsweise vor, 10 Kilo abzunehmen. Wenn du dieses Ziel erreicht hast, dann warst du erfolgreich. Ob du dieses Ziel erreicht hast, kannst du an deiner Waage ablesen. Erfolg im Sinne von Zielerreichung ist immer auf irgendeine Art messbar. Das hat natürlich Vor- und Nachteile. Wenn du dein Ziel erreichst, fühlst du dich erst mal gut. Haken dran. Auf der anderen Seite sagt dir deine Waage aber auch klipp und klar, wenn du dein Ziel verfehlt hast. Häufig stellt sich ein Gefühl der Enttäuschung ob des Misserfolgs ein.

Aber was ist mit Erfüllung? Erfüllung beziehungsweise »erfüllt sein« ist ein inneres Glücksempfinden und höchst individuell. Es ist auch nicht objektiv messbar. Nur du selbst kannst wissen, ob dich etwas erfüllt.

Nur du selbst kannst wissen, ob dich etwas erfüllt.

Und obwohl tiefe, innere Erfüllung das ist, wonach wir meiner festen Überzeugung nach alle streben, wissen wir eben oft nicht, was uns diese Erfüllung gibt. Oder besser: Wir wissen es nicht mehr. Denn sehr häufig ist uns dieses Wissen verloren gegangen. Das Tröstliche an diesem Gedanken ist, dass wir Dinge, die wir verloren haben, wiederfinden können. Sie sind nämlich nie ganz weg und haben Spuren hinterlassen, an die wir uns erinnern können. Wir können uns immer neu auf die Suche nach den Dingen begeben, die uns erfüllen und die uns glücklich machen.

Das Erschreckende ist, dass wir diese Suche häufig erst dann beginnen, wenn wir in einer Krise sind. Wenn eine Trennung gerade das persönliche System ins Wanken bringt, wenn wir unsere Arbeitsstelle verlieren, die finanzielle Krise droht und die teure Uhr oder der schöne Urlaub in weite

Ferne rücken – wenn wir durch äußere Umstände – Jobwechsel, Burnout, Krankheit, Verlust eines geliebten Menschen – gezwungen sind, unseren bisherigen Lebensentwurf infrage stellen zu müssen. Dir geht es vielleicht gerade so und du liest dieses Buch als ersten Schritt auf deiner persönlichen Suche nach Glück und Erfüllung. Natürlich muss es nicht sein, dass du gerade eine Krise erlebst. Vielleicht bist du sogar ziemlich erfolgreich und möchtest noch erfolgreicher sein. Weil irgendwo in dir eine Leerstelle ist, von der du glaubst, dass mehr Erfolg sie füllen könnte?

Wie war das denn bei mir? Auch ich habe mich lange mit der Frage beschäftigt: Was macht mich eigentlich glücklich? Wann *fühle* ich mich glücklich? Und ich habe für mich eine Antwort gefunden. Es sind die Momente, in denen ich etwas *umsetzen* kann. Momente, in denen ich eine Vision gemeinsam mit einem Team umsetzen kann. Wo ich etwas *machen* kann und am Ende das passiert, was am Anfang nur eine Vision war. Mich macht »machen« glücklich. Es ist ein bestimmender Teil meines Wesenskerns. Es ist das, was mich in diesen Zustand des Flows versetzt. Wenn ich eine Idee habe und – am besten noch mit einem geilen Team – in die Umsetzung gehe, dann bin ich im Flow, dann vergesse ich die Zeit und fühle mich so richtig glücklich. Und diesen Zustand sollte jeder Mensch fühlen können. Flow! Das ist nicht nur einfach ein Begriff fürs Corporate Bullshit-Bingo. Flow ist real. »Flow« ist ein Konzept, das vom Psychologen Mihály Csíkszentmihályi eingeführt wurde. Es bedeutet das Erreichen eines mentalen Zustandes, in dem eine Person vollständig in eine Aktivität eintaucht, völlig absorbiert ist und sich voll und ganz auf den gegenwärtigen Moment konzentriert. In diesem Zustand verliert sie mitunter Zeitgefühl und Blick für die Umgebung – die Aktivität selbst wird nahezu mühelos und angenehm. Du kannst den Flow beim Sport erreichen, aber auch bei der Arbeit, beim Spielen mit den eigenen Kindern, bei kreativer Beschäftigung, beim Konzeptionieren oder Programmieren – was immer du tust. Flow bedeutet, bei dem, was du tust, ein Gefühl erhöhter Konzentration, Klarheit und Kontrolle zu erreichen. Das geht oft mit einem Gefühl tiefer Zufriedenheit und Freude einher und kann sogar zu einem Gefühl persönlichen Wachstums und zu Entwicklung aufgrund der Herausforderung führen. Du weißt, dass du im

Flow warst, wenn du auf die Uhr schaust und denkst: »Verdammt, schon 18 Uhr, wo ist nur die Zeit hin? Egal, ich mach weiter, es läuft so gut«, einfach weil du mehr Bock darauf hast, diese Arbeit voranzutreiben, als nach Hause zu gehen.

Ich habe dieses Gefühl sehr früh kennenlernen dürfen. Als ich diesem nachgespürt habe, habe ich mich erinnert, dass ich mit 19 Jahren, damals am Ende der Ausbildung in einem kleinen Start-up, die Idee hatte, mich selbstständig zu machen. Ich hatte einen tollen Job, mit Romann und Robert zwei tolle Chefs, von denen ich viel lernen dufte. Aber ich merkte, dass ein neuer Schritt für mich anstand. Mein guter Freund Christian, dem ich viel zu verdanken habe, und ich entschieden: Wir wollten frei sein, wir wollten unser eigenes Ding machen. Unser erstes eigenes Ding sollten Subway-Sandwiches sein. Die Läden dieser Franchisekette gibt's heute überall, aber damals ging es eigentlich nicht viel cooler (wirklich!) – auch wenn der Coolness-Faktor für mich gar nicht so entscheidend war. Damals gab es solche Läden in Deutschland nur sehr selten, in meiner Heimat Münsterland schon mal gar nicht. Da wurde man mit großen Augen angeschaut, dass man amerikanische Sandwiches nach Bocholt bringt. Es war, um es mal so zu beschreiben, so cool, dass die Eröffnung direkt eine eigene Zeitungsserie inklusive Titelstory im *Stadt-Kurier* wert war. Aber das war nur ein Nebeneffekt. Mein eigentliches Ziel war, mein eigener Chef zu sein. Und das Franchisesystem hat mir eine realistische Möglichkeit geboten, meinen Traum schneller umzusetzen. Denn mir war klar, dass ich mich selbstständig machen wollte, als Freelancer oder mit einer eigenen Geschäftsidee, aber hätte ich mich das noch nicht getraut. Das hier aber war genau mein Ding. Warum? Man bekommt ein etabliertes, ausgereiftes Konzept vorgegeben. Ein bisschen wie Malen nach Zahlen. Man ist zwar nicht ganz so gut wie van Gogh, aber man kommt erstaunlich nah dran. Ich war erst neunzehn, aber ich dachte: 30 000 Menschen haben es weltweit vor mir geschafft. Das werde ich dann wohl irgendwie hinkriegen. Es gab da allerdings zwei Hürden. 1. Ich war wie gesagt noch in der Ausbildung. 2. Ich hatte kein Geld – was miteinander zusammenhängt. Subway verlangte ein Investment von 125 000 Euro von einem zukünftigen Franchisenehmer, und diese Summe gab mein kleiner Dispo, der am Ende des Monats zuverlässig ausgereizt war, nicht her. Ich brauchte also Geld, und die Bank – na ja. Es blieb die Familie. Ich habe meinem Vater gut vorbereitet meine Idee gepitcht, inklusive der Info, dass ich 12 500 Euro Eigenkapital brauche. Den Rest haben wir uns von einer Bank geliehen. Er hat sich das ganz in Ruhe angeschaut und war am Ende überzeugt. Er war ja Unternehmer und auch für ihn hörte sich das Konzept solide an. Er lieh mir nicht nur das Geld, sondern riet mir sogar zu. Ein Jahr später habe ich ihm die Summe zurückgezahlt. Ohne das Vertrauen meines Vaters hätte ich dieses Abenteuer damals vermutlich nicht eingehen können. Und es hätte sich nicht so gut angefühlt. Liebe Väter und Mütter: Lasst eure Kinder Vertrauen spüren.

Das Start-up habe ich verlassen, ohne einen Blick zurückzuwerfen. Ich habe gekündigt und mich voll reingeschmissen in mein Abenteuer. Und ich profitierte von einem Effekt, den sich jeder zunutze machen kann. Jeder! Denn je stärker deine Vision ist, desto mehr Energie setzt sie frei. Und das sofort. Von der Idee bis zur Eröffnung hat es dann gerade mal sechs Monate gedauert. Die Zeit, von dem Moment, als ich das erste Mal einen Flyer von Subway in den Händen hielt, bis zur Eröffnung fühlte sich an wie drei Tage. Dabei waren es sechs Monate voller Arbeit, voller Umsetzen, voller »machen«. Es hört sich so leicht an, wenn man das liest. Keine Hürden, keine Herausforderungen? Doch! Es gab mehrere Situationen, wo alles hätte scheitern können. Es war ein Ritt auf der Rasierklinge. Nur fühlt es sich nicht so an, wenn du im Flow bist, einer größeren Vision und deiner Intuition folgst. Es gab einen Anruf unseres Bankers, der die Finanzierung machen sollte. Mündlich war alles klar, wir waren schon in den USA für eine Schulung, hatten alle Verträge bei Subway unterschrieben. Die Bewilligung des Kredits war eigentlich Formsache. Dann kam der Anruf: Das entscheidende Gremium hatte das Darlehen abgelehnt. Begründung war unser Alter und unsere Unerfahrenheit. Damit hatte keiner gerechnet. Ich weiß noch, wie ich mit dem Auto rechts ranfahren musste, weil es mir erst mal den Boden unter den Füßen wegzog. Ich dachte nur: »Oh Gott! Was jetzt?« Wie hätte ich reagieren können? Natürlich hätte ich denken können: »Mist, das wird jetzt wohl nichts«. Und hätte aufgegeben. Aber ich *wusste* ja, dass wir den Laden aufmachen. Das Gefühl war schon da, es war alles klar. Ich hatte keinen Zweifel. Ich wusste es und war mir völlig sicher. Nur das Gremium halt noch nicht. Wer kann es ihnen verübeln? Die kannten uns ja nicht. Als ich zur Ruhe kam, wusste ich, dass sie die Sache finanzieren werden. Wir haben ein paar Empfehlungsschreiben besorgt und siehe da, es ging doch. Wir (oder die Namen unserer »Bürgen«) hatten wohl doch überzeugt. Aber wir bekamen nicht nur Steine in den Weg gelegt. Als wir beim Bauamt einen Nutzungsänderungsantrag für unser Filialgebäude einreichten, rollte der zuständige Beamte mit den Augen: »Dafür brauchen wir mindestens drei Monate.« Was?! Wir wollten doch in vier Wochen eröffnen. Panik! Ich bot an, die interne Post zwischen den fünf eingebundenen Ämtern selbst zu übernehmen. Da der nette Beamte nicht die Gründung von zwei ambitionierten 19-Jährigen auf dem Gewissen haben wollte und ich erstaunlich schneller war als die interne Post, hatten wir die Genehmigung in einer Rekordzeit von drei Wochen.

Wir legten damals die erfolgreichste Eröffnung Deutschlands hin, wir kamen gar nicht nach mit dem Brotbacken. Die Münsterländer liebten unsere Sandwiches.

Nach sechs Monaten im Flow war ich tatsächlich Unternehmer.

Aber meine gedankliche Reise auf der Suche nach dem ersten Flow führte mich tatsächlich weiter in die Vergangenheit. Mit 15 Jahren hatte ich die Idee, meine eigene Party zu organisieren. Nicht einfach ein paar Freunde einladen. Das sollte schon was Großes sein. Ich habe die großartigen und legendären »Beats over Rhede« organisiert – Rhede ist meine Heimatstadt. Und damals, als 15-Jähriger im Münsterland, schien es mir, als hätte ich mit meinem Partykonzept das legendäre New Yorker Studio 55 wiederbelebt. Heute würde ich sagen: Es war eine totale »Bauernparty« mit viel zu viel Korn-Cola und viel zu schlechter lauter Musik. Spaß hatte ich trotzdem. Vor, während und nach der Party.

Ich habe die Location gemietet, Plakate aufgehängt und tatsächlich waren am Ende 200 Leute da. Heute kann ich's ja sagen, dass auch ich da war. Eigentlich hätte ich das nämlich nicht gedurft, weil ich noch nicht 16 war. Es war der bis dahin stressigste Abend meines Lebens, mit Polizeieinsatz,

Krankenwagen und allem, was zu einer richtig guten Party-Eskalation dazugehört. Aber ich war im Flow. Ich hatte eine Vision und ich durfte sie umsetzen.

Ich bin meinen Eltern heute noch dankbar, dass sie mir das erlaubt haben. Also gut, dass sie es zumindest mit kritischem Blick geduldet haben, denn so richtig erlaubt hatten sie es dann doch nicht. War diese Zeit nun wirklich das erste Mal, dass ich den Flow erlebte? Ich ging noch weiter zurück. Bis in meine Kindheit.

Ich glaube, wir alle kennen diese Momente aus der Kindheit. Momente, wo wir einfach die Zeit verlieren. Beobachte mal Kinder beim Spielen. Wenn sie ganz versunken sind in der Welt und ihrem Spiel, wenn sich die Grenzen der Realität auflösen und sie ganz bei sich sind. Dann sind sie im Flow. Ganz sicher hast du im Spiel diesen Zustand auch selbst kennengelernt.

Was war das geilste Spielzeug, das du je geschenkt bekommen hast? Meines war auf jeden Fall mein erstes eigenes Auto!

Ich hatte von meinen Eltern zu Weihnachten ein elektrisches Spielzeug-Auto geschenkt bekommen. Nicht so ein kleines ferngesteuertes, sondern ein viersitziges »Polizeiauto«, das Platz für vier – kleine – Personen bot und, durch einen mit meinen Eltern befreundeten KFZ-Meister mit Rasenmäher-motor versehen, auf immerhin 6 (!) Kilometer pro Stunde beschleunigen konnte. Hört sich das eindrucksvoll an? Für Siebenjährige auf alle Fälle. Darüber hinaus hatte das Teil Blinker, Blaulicht und sogar ein Radio. Es war ein grandioses Geschenk und katapultierte mich zum König der Siebenjährigen des Viertels. Zum König der Straßen sowieso. Zumindest für eine Weile. Denn auch das geilste Auto wird irgendwann langweilig, wenn man es jeden Tag fahren kann. Wenn es einfach da und jederzeit verfügbar ist. Ich könnte jetzt über die Zusammenhänge von Dopamin und Vorfreude und Belohnungsgefühlen referieren. Aber stattdessen sage ich: Überleg dir gründlich, wie sehr du dich für ein Auto verschulden willst. Jedenfalls ließ meine Dopaminausschüttung relativ schnell nach. Für die anderen Kinder im Viertel galt das erst mal nicht. Für sie, die nicht »einfach so« zu jeder Zeit damit fahren konnten, hatte das Auto nichts von seiner Faszination verloren. Nachdem es für mich langweilig geworden war, hätte ich nichts dagegen gehabt, sie fahren zu lassen. Meine Mutter schon. Denn wer hätte für unvermeidliche Schäden aufkommen sollen? Vielleicht nicht mal so sehr am Auto selbst. Viel eher am Mercedes des Nachbarn, wenn einer von den Kollegen mit der vollen Power von 6 Kilometern pro Stunde dagegenballert. Von Versicherungen und den damit einhergehenden Schwierigkeiten hatte ich im Gegensatz zu meiner Mutter keine Ahnung. Sie verbot es schlicht. Dass Schäden bezahlt werden müssen, leuchtete mir allerdings ein. Warum also nicht das Auto gegen Geld vermieten? Mit dem eingenommenen Geld, so der Gedanke, ließen sich die Schäden bezahlen und ich könnte das Auto trotzdem mit den anderen teilen. Gegen diese Idee konnte niemand etwas haben. Es lief dann aber nicht so, dass ein Junge zu mir kam, mir 50 Pfennige in die Hand drückte und losfahren durfte. Ich zog das Ganze groß auf. Ich machte meine eigene Autovermietung in der Garage auf. Mit Firmenschild und mit Schreibtisch und Aktenordnern im Regal. Natürlich waren die alt und leer und aus dem Büro meines Vaters. Aber sie sorgten für das entsprechende Feeling. Ich machte Listen, in die sich die Kinder eintragen mussten und vor allem auch wollten. Ich war begeistert von meiner Idee und allem, was ich darum bauen konnte. Für ein paar Wochen florierte mein wirklich erstes Unternehmen. Und es war das gleiche Gefühl – wirklich, es fühlte sich genauso an – wie später bei meinen Gründungen als Jugendlicher und als Erwachsener. Wenn ich heute das Greator-Festival organisiere, ist da immer noch das gleiche Gefühl, dass ich als kleiner Junge hatte. Ich hätte es nie benennen können. Aber es war Flow! Und dieses Mal war ich wirklich bei meiner frühesten bewussten Erinnerung an dieses für mich so unglaubliche Gefühl angekommen, das ich seitdem so liebe.

Wenn Menschen beginnen, sich für Persönlichkeitsentwicklung zu interessieren, wenn sie dazu Vorträge und Seminare besuchen, Coachings nehmen oder Bücher lesen, dann haben sie manchmal das Gefühl, sie müssten alles in ihrem Leben anders machen. Und am besten sofort. Meistens ist das aber gar nicht nötig, und dieses Gefühl rührt eher aus einer Euphorie über die Erkenntnis, dass wir unser Leben selbst in der Hand haben und verändern können. Ich werde dir im nächsten Kapitel erklären, was ich damit meine. Aber auch ohne dass sie ihr Leben wirklich bewusst gestaltet haben, sondern es meistens irgendwie passieren lassen, haben die wenigsten Menschen ihr Leben lang das für sie komplett Falsche gemacht. Unsere Neigungen und Talente führen uns nicht immer, aber doch recht oft auf eine passende Bahn. Deshalb bergen die Lebensumstände, so wie sie sind, oft bereits das Potenzial, sie so entwickeln zu können, dass sie erfüllender werden. Vor allem in Kindheit und Jugend, aber auch im späteren Leben lassen sich – wie bei mir auch – positive Erlebnisse finden, die Hinweise darauf geben, was dir innerlich erfüllende Erfahrungen verschafft. Ganz sicher hast auch du früher im Spiel diesen Zustand der glücklichen Selbstvergessenheit kennengelernt. Vielleicht auch später, in Phasen des Ausprobierens. Damals, als alles noch nicht so wichtig war. Was hast du getan, damals, als du glücklich warst? Warst du skaten, hast du gemalt, gesungen? Warst du kreativ, hast du in deinem Kopf Welten erschaffen oder Baumhäuser gebaut? Oder mit deinen Händen? Hast du anderen Menschen geholfen, ihnen Dinge beigebracht, mit ihnen gearbeitet? Versuche dich zu erinnern, was dich erfüllt hat. Denn in der Vergangenheit liegt häufig bereits verborgen, was dich auch in Zukunft glücklich macht.

Das hört sich toll an, sich auf diese Dinge zurückbesinnen und einfach das machen, was einen schon immer glücklich gemacht hat. Aber eine Frage kommt bei diesem Gedanken immer auf: Kannst du davon leben? Ganz unabhängig davon, ob du dir dann das teure Auto leisten möchtest. Und diese Frage ist völlig berechtigt. Spaß und (auch finanzieller) Erfolg sind für mich – auch als zumindest auf dem Papier erwachsener Mensch – noch immer untrennbar miteinander verwoben. Das bringen die Notwendigkeiten des Lebens mit sich. Ich esse zum Beispiel gerne. Ich habe ein echtes Faible fürs wohlige Sattsein. Und ich habe gerne ein Dach über dem Kopf. Und ich trage Verantwortung für meine Familie, insbesondere für meine Kinder. Erfolg muss also inzwischen auch finanzieller Erfolg sein. Das ist ein wesentlicher Unterschied zu Kindheit und Jugend, wenn für die meisten vieles einfach nur Spiel ist.

Meine »Autovermietung« in der Garage war Spiel, später Partys zu organisieren hatte auch etwas sehr Spielerisches. Es ging mir weder um Uhren oder Ferraris noch um die Alterssicherung noch darum, was die Nachbarn dazu sagen. Es ging ums Ausprobieren – und es ging darum, was mich erfüllte und stark machte. Heute weiß ich, dass Geld für mich nicht der Haupttreiber ist. Klar, ich will finanziell frei sein. Ich will meine Familie absichern. Und natürlich mag ich auch schöne Dinge und ganz besonders Reisen. Mein Traum ist es, mit meinen Kindern die ganze Welt zu sehen. Dafür brauche ich Geld. Aber die Zahl auf den Kontoauszügen ist es nicht, was mich erfüllt. Es ist das, was man damit machen kann. In der heutigen Zeit ist vieles geldgetrieben, und doch bleibt es dabei, dass sich Dinge wie Freiheit, Liebe, Anerkennung oder ein friedliches Miteinander mit Geld nicht kaufen lassen. Erfüllung auch nicht. Geld ist am Ende immer Mittel zum Zweck (was sich umso leichter sagt, je mehr man davon hat). Von Dieter Lange habe ich diese Warnung mit auf den Weg bekommen: Luxus zu besitzen ist eine tolle Sache, er sollte nur nicht dich besitzen! Und so sehe ich das auch. Ich bin meiner Leidenschaft gefolgt, habe immer gemacht, was mir Spaß machte, womit ich im Flow sein konnte. »*Do what you love and the money will follow*« – als ich diesen Satz in einem Seminar zum ersten Mal hörte, dachte ich: »Na klar, so habe ich es immer schon gemacht. Gleichzeitig schließt dieser Satz nicht aus, sich ganz bewusst auch finanzielle Ziele zu setzen.

Auch zu diesem Thema gibt es Hilfe und Coachings. Wie immer im Leben kommt es darauf an, die richtige Balance zu finden.

Finanzieller Erfolg ist – wenn alles gut geht – ein Nebeneffekt des Machens. Also warum nicht beides haben wollen? Finanziellen Erfolg und Erfüllung. Warum nicht beiden Elementen Raum geben? Warum verlieren so viele von uns auf der Jagd nach Erfolg irgendwann das Spielerische? Wer sagt denn, dass Business mit 38 oder 58 anders sein muss, als ich es mit 18 erlebt habe? Wer sagt, dass wir nicht alles im Leben zu einem Spiel machen dürfen? Dass wir uns nicht ein Auf und Ab erlauben dürfen und es nicht immer nur in eine Richtung gehen kann? Was für Unternehmertum gilt, das gilt für jeden anderen Werdegang ebenso, sei es als Künstler oder Künstlerin, sei es im sozialen Bereich

Wenn du möglichst schnell vorwärtskommen möchtest, statt im ersten Gang dahinzuschleichen, dann setze dir große Ziele, die dich erfüllen. Ziele, die im Einklang mit deinem Wesenskern stehen. Erinnere dich: Je stärker deine Vision, desto größer die Energie.

oder wo auch immer. Wenn du entdecken durftest, was in dir steckt und was dich erfüllt! Sobald es dir gelingt, ebendas zu leben, wirst du jeden Morgen voller Energie aufstehen und gegen Abend denken: Schade, dass der Arbeitstag schon rum ist. Ich könnte noch weitermachen, aber jetzt möchte ich lieber mit meinen Kindern oder Freunden etwas unternehmen. Das ist so viel besser, als sich jeden Morgen zur Arbeit zu quälen und die Stunden bis zum Feierabend herunterzuzählen. Damit will ich nicht behaupten, dass dir das alles in den Schoß fallen wird, sobald du einmal entdeckt hast, was du im Leben willst. Im Gegenteil: Menschen wachsen an Widerständen, wie mir die Greator-Krise deutlich vor Augen geführt hat. Und es kann viel Geduld und Beharrlichkeit brauchen, bis du dort bist, wo du wirklich hinwillst. Von den vielen Dingen, die ich auf meinem Weg in und durch die Selbstständigkeit gelernt habe, ist eines wirklich wichtig: sich große Visionen zu setzen. Wenn du möglichst schnell vorwärtskommen möchtest, statt im ersten Gang dahinzuschleichen, dann setze dir große Ziele, die dich erfüllen. Ziele, die im Einklang mit deinem Wesenskern stehen. Erinnere dich: Je stärker deine Vision, desto größer die Energie.

Vielleicht denkst du jetzt über die Frage nach und versuchst für dich herauszubekommen, was dich im Kern deines Wesens glücklich macht? Und hier lade ich dich ein, dich nicht auf nur einen Faktor zu beschränken. Wenn ich sage, dass mich »machen« erfüllt, dann muss klar sein, dass dies nur einen beispielhaft ausgewählten Aspekt meines Lebens repräsentiert. Er steht für das, was mich auf einer professionellen Ebene glücklich macht. Darüber hinaus aber gibt es natürlich eine Vielzahl weiterer Faktoren, die das Leben eines Menschen ausmachen: Nach welchen Werten willst du leben? Was tut deinem Körper gut? Wie möchtest du deine Beziehung gestalten, wenn du überhaupt eine möchtest? Wie soll dein Umfeld beschaffen sein? Freunde, Familie, Wohnsituation bis hin zu dem Land, in dem du leben möchtest? Wenn es darum geht, dein Leben in allen Facetten zu visionieren, dann hindert dich nichts und niemand, außer du selbst, daran, groß zu denken, so unrealistisch es dir zunächst erscheinen mag. Mach nicht den Fehler, auch hier allein in quantitativen, materiellen Dimensionen zu denken.

Ein Weg, Antworten zu bekommen, besteht wie beschrieben in der Retroperspektive: Was hat dich in deiner Vergangenheit erfüllt? Was hast du getan, als du wirklich glücklich warst? Einen anderen Weg, Antworten zu bekommen, eröffnet eine klassische Coaching-Frage:»Was würdest du tun, wenn du 100 Millionen Dollar zur Verfügung hättest oder gar unbegrenzte finanzielle Möglichkeiten?« Womit würdest du dein Leben füllen, wenn du keine finanziellen Zwänge hättest? Auch ich habe mir diese Frage hin und wieder gestellt, ehrlicherweise meistens im Urlaub auf einer Strandliege. Dann sah ich mich vielleicht vor einer riesigen Villa mit Meerblick in einen Hubschrauber steigen, der mich zum Spiel meines eigenen Fußballclubs bringt. Aber nur wenige Minuten später dachte ich wieder über Geschäftsmodelle und konkrete Projekte nach, die ich mit ebendiesen unbegrenzten Geldmitteln anstoßen könnte. Mit anderen Worten: Ich lande immer wieder bei dem, wovon ich schon seit meiner Schulzeit weiß, dass es mir Spaß macht und ich damit Erfolg haben kann. Für mich barg dieser Prozess der Retrospektive eine große Erkenntnis: Das, was ich tue, habe ich ja schon immer getan! Mir darüber im Klaren zu sein hat mir geholfen, als ich mit Greator in der Krise war. Erinnere dich, dass mich Dieter fragte, was ich wirklich will. Im Grunde war die Antwort auf diese Frage das, was ich hier beschrieben habe. Machen, Umsetzen, Gestalten. Dieses Wissen um das, was mir Erfüllung gibt, hat mir die Kraft gegeben, durch den Sturm zu segeln. Und dieses Wissen war die ganze Zeit in mir. Ich musste es nur wiederentdecken. Und obwohl ich mit 15 Jahren mein erstes Seminar für Persönlichkeitsbildung besucht habe und danach immer wieder nach Wegen suchte, persönliches Wachstum zu erreichen, habe ich in der Krise Hilfe benötigt, um *wieder* zu entdecken, was mich glücklich macht.

Was ist das bei dir? Finde es heraus. Auch du musst deinen Weg nicht allein gehen. Aber gehen solltest du ihn. Denn es ist nie zu spät, deine Antworten Wirklichkeit werden zu lassen. Und – wenn du dir sicher bist – nie zu früh.

> *Auch du musst deinen Weg nicht allein gehen. Aber gehen solltest du ihn. Denn es ist nie zu spät, deine Antworten Wirklichkeit werden zu lassen.*

Da bin ich vorne rechts am Steuer meines besten Weihnachtsgeschenks des Lebens: ein grün-weißes Polizeiauto mit Rasenmähermotor.

KAPITEL 3

VERANTWORTUNG FÜR UNSER LEBEN

Was Routinen und Rucksäcke mit unserer Realität zu tun haben •
Warum Schalke der beste Verein der Welt ist • Und wem ich es zu
verdanken habe, dass meine Französischnoten sich radikal
verbesserten

Im letzten Kapitel habe ich dich ermutigt, dich damit zu beschäftigen, was dich wirklich antreibt, für dich herauszufinden, was dich erfüllt. Das Wissen darum ist natürlich das eine. Das andere ist, dieses Wissen zu nutzen und umsetzen zu können. Die Frage lautet, was du mit diesem Wissen anfängst. Wie kannst du dein Leben so gestalten, dass du dieses Gefühl der Erfüllung erlebst – ja vielmehr noch, dass du dir das Ge-

Was du immer, jeder-zeit und völlig autonom, verändern kannst, ist dein Erleben.

fühl der Erfüllung kreierst? Wir alle sind schließlich eingebunden in ein System von alltäglichen Zwängen, Notwendigkeiten, austarierten Routinen und Gewohnheiten, die schwer zu durchbrechen sind. Wenn du an einem Ende dieses komplizierten Systems etwas veränderst, wird das Konsequenzen haben. Und zwar nicht nur für dich. Für viele Menschen stellt allein das Ändern der morgendlichen Routine eine Hürde dar. Da greift alles fein abgestimmt ineinander, wer geht wann ins Bad, wer muss wann aus dem Haus? Was muss wann erledigt sein? Und wie passt hier eine neue Morgenroutine aus Sport und gegebenenfalls einer kurzen Meditation überhaupt rein? Allein dieses System zu ändern erfordert mitunter viel Mühe, Stress und Auseinandersetzung. Wie soll es dir da gelingen, etwas wirklich Großes zu ändern? Wie soll es gelingen, dein Leben neu zu justieren, an deiner Beziehung zu arbeiten oder überhaupt etwas Neues zu probieren und Dinge zu verändern, die über Jahre aufgrund von Überzeugungen, Prägungen, aber auch schlicht Gewohnheit entstanden sind? Dabei ist die Antwort auf diese Fragen ganz einfach. Denn was du immer, jederzeit und völlig autonom, verändern kannst, ist dein *Erleben*. Hinter diesem simplen Satz steht der Gedanke, der mein Leben bestimmt. Eine in Worte gegossene mächtige, faszinierende, aber für viele auch beängstigende Idee. Sie lässt wirklich niemanden, mit dem ich sie teile, kalt.

Auch ohne die ganze Macht dieser Idee bereits vollständig erfasst zu haben, war ich extrem fasziniert, als ich vor vielen Jahren das erste Mal diesen Satz hörte: »Du bist der Schöpfer deiner eigenen Realität und erschaffst alles, was du erlebst. Deshalb hast du es zu 100 Prozent selbst in der Hand, glücklich und erfüllt zu sein.«

Wir haben es demnach selbst in der Hand, ob wir das Spiel des Lebens gewinnen oder verlieren. Der Preis, den wir gewinnen, ist Glück und Erfüllung. Für mich war und ist das ein unglaublich motivierender und kraftvoller Gedanke. Und doch ist er in manchen Momenten eine Bürde. Dann bin ich im Widerstreit mit mir selbst, im Kampf mit den Umständen, mit nervigen Kollegen, Corona und im täglichen Kleinkrieg mit den Dingen. Irgendwann jedoch drängt sich ein Gedanke ins Bewusstsein: »Hey, auch das habe ich mir selbst erschaffen. Und deshalb kann ich es auch ändern!« Und in dem Moment, wenn mir dieses Umschalten gelingt, weiß ich wieder: Ich habe die Macht über mein Leben.

Ich weiß nicht, wie es dir jetzt geht. Vielleicht bist du genauso begeistert wie ich, vielleicht bist du noch neutral und fragst dich, wie das gehen soll? Wie funktioniert das? Ich selbst habe viele Jahre gebraucht, um diesen Gedanken, der zu meinem bestimmenden Glaubenssatz geworden ist, mit Hilfe von Mentoren und Lebenslehrern, in der Tiefe verstehen und anwenden zu können.

Wir alle brauchen immer wieder Impulse, um uns mit uns selbst auseinanderzusetzen und um uns an unsere Verantwortung zu erinnern. Wir brauchen diese Menschen um uns herum, die uns klar sehen lassen. Ich verdanke den ersten Moment solcher Klarheit vor allem meinem Vater. Dies allerdings über Umwege.

Mein Vater war ein Mann, der im Laufe seines Lebens eine große Veränderung durchlief, mit der ich mich häufig nicht mehr identifizieren konnte; ein Mann, für den ich mich später sogar schämte. In meiner Kindheit gab es keinen Grund dafür. Welches Kind schämt sich schon für seine Eltern oder stellt sie infrage? Mutter und Vater oder nur Mutter oder nur Vater sind eben da und gehören für Kinder zur natürlichen Umwelt. Sie prägen uns, ohne dass uns das als Kindern bewusst ist, sehr stark. Die Zusammenhänge sind inzwischen wissenschaftlicher Konsens. Den Rucksack, den sie uns packen und mitgeben, tragen viele von uns noch im Erwachsenenalter mit sich herum. Manche schaffen es nie, diesen Rucksack abzulegen. In diesem Rucksack sind Einstellungen und Glaubenssätze, die uns – vor allem, aber nicht nur – unsere Eltern unfreiwillig überstülpen. Warum es uns so schwerfällt, diesen Rucksack auszumisten und zu erleichtern, liegt daran, dass oft nicht einmal die Eltern wissen, welche Steine sie uns da hineingetan haben. Ja, sie können uns Flügel mitgeben und starke Wurzeln. Unbewusst aber geben sie uns auch all die Sorgen und Beschwernisse weiter, die sie ihrerseits von Eltern oder dem Leben in ihren Rucksack gepackt bekommen haben.

Die Prägung durch Eltern, Großeltern und Umfeld allgemein spielt eine bedeutende Rolle bei der Formung von Glaubenssätzen und der Entstehung von Überzeugungen. Glaubenssätze sind tief in uns verankerte Annahmen über die Welt, andere Menschen oder uns selbst. Sie können sowohl positiv als auch negativ sein und prägen unsere Denkweisen, Überzeugungen und Entscheidungen. Kinder übernehmen oft die Werte, Einstellungen und Überzeugungen ihrer Eltern, basierend auf der Erziehung und der Umgebung, in der sie aufwachsen. Aber was heißt denn eigentlich übernehmen? Oft übernehmen wir sie nicht, sie werden uns regelrecht eingetrichtert oder aufoktroyiert.

Eltern sind eine wichtige, wenn nicht die wichtigste Quelle der Soziali-sation, sie dienen als Vorbilder für ihre Kinder. Sie geben Anleitung, ver-mitteln moralische und ethische Werte und prägen die Weltsicht ihrer Kinder. Durch direkte Kommunikation, Beobachtung und Nachahmung internalisieren Kinder die Überzeugungen und Perspektiven ihrer Eltern. Dabei geben die Eltern in den meisten Fällen ihr Bestes. Sie wollen das Beste für ihre Kinder. Manchmal konnten sie es vielleicht nicht besser, sonst hät-ten sie es bestimmt gemacht. Sie konnten es nicht besser aufgrund eigener Prägungen oder ihrer aktuellen Situation. Auch sie konnten nur das weiter-geben, was sie selbst mitbekommen haben und was ihnen an emotionalen und materiellen Ressourcen zur Verfügung stand.

Wir nehmen ihre Überzeugungen und Perspektiven an, als wären es unsere eigenen. Dabei ist uns oft nicht bewusst, dass wir sie übernommen haben und warum.

Unser größter Antrieb ist, dass wir die Liebe und die Aufmerksamkeit unserer Eltern wollen – und brauchen. Diese »Erkenntnis« ist relativ neu. Zumindest wenn wir von einer wissenschaftlichen Perspektive auf das Thema blicken. Noch in den 1950er und 60er Jahren wurde die psycholo-gische Forschung in den Vereinigten Staaten von Behavioristen und Psychoanalytikern dominiert, die die Ansicht vertraten, dass Säuglinge an ihre Mütter gebunden sind, weil sie ihnen Nahrung geben – also das rein physische Überleben ermöglichen. Ein Psychologe namens Harry Harlow sprengte diese Sichtweise. Er war der Ansicht, dass bei dieser Sichtweise die Bedeutung von Trost, Gesellschaft und Liebe für eine gesunde Entwicklung übersehen wurde. Aus dieser Überzeugung entwickelte Harlow sein in-zwischen berühmtes Ersatzmutter-Experiment. In dieser Untersuchung nahm Harlow Affenbabys ihren biologischen Müttern weg und gab ihnen zwei leblose Ersatzmütter: Eine war eine einfache Konstruktion aus Draht und Holz, die Zweite war mit Schaumgummi und weichem Frottee über-zogen. Die Säuglinge wurden einer von zwei Bedingungen zugewiesen. Im ersten Fall hatte die Drahtmutter eine Milchflasche, die Stoffmutter nicht; im zweiten Fall hatte die Stoffmutter die Nahrung, die Drahtmutter nicht. In beiden Fällen stellte Harlow fest, dass die Affenbabys deutlich mehr Zeit mit der Mutter aus Frottee verbrachten als mit der Mutter aus Draht. Wenn nur die Drahtmutter Nahrung hatte, kamen die Babys zur Drahtmutter, um zu fressen, und kehrten sofort zurück, um sich an die Stoffmutter zu klammern.

Wir sind süchtig nach Liebe. Die Liebe unserer Eltern ist – wie Robert Betz sagt – aber nicht bedingungslos. Eltern stellen Bedingungen, ohne dass ihnen das bewusst ist. Sei so und so! Verhalte dich so und so! Sei wie das Bild, das ich von dir habe. Wahre Liebe wird auf diese Weise ein knappes Gut. Mit allen Mitteln versuchen wir, die Aufmerksamkeit unserer Eltern zu gewinnen. Wir suchen Verbindung, Kommunikation, Berührung und das Gefühl, gesehen und anerkannt zu werden, weil wir das Gefühl haben, nicht genug Liebe zu bekommen. Es entsteht ein Mangelgefühl. Und dieses Mangelgefühl begleitet uns bis ins Erwachsenenleben. Menschen, die immer gefallen wollen, alles so machen wollen, wie »es sich gehört«, wollten auch ihren Eltern gefallen. Aber was man als Kind getan hat, um sich sicher und angenommen zu fühlen, sorgt oft dafür, dass man als Erwachsener Ressentiments hegt. Klingt kompliziert? Ich versuche es mit einem Beispiel: Wenn du als Kind immer nur daran gearbeitet hast, nicht negativ aufzufallen, immer zu gefallen, dann hast du diese Mechanismen so tief verinnerlicht, dass sie vielleicht auch in deiner aktuellen Beziehung zu einem Partner oder einer Partnerin zum Tragen kommen und alle anderen Anteile von dir unterdrücken. Die Anteile in dir, die aufstampfen und rufen wollen: Jetzt ist mal Schluss. Ich will das nicht! Der unterdrückte Groll, den du gegen deinen Partner hegst, ist so gesehen ein Groll gegen die Eltern deiner Kindheit.

Die während der Kindheit gebildeten Überzeugungen haben einen lang anhaltenden – und oft limitierenden – Einfluss auf unser Leben. Sie sind wie ein Filter, durch den wir uns und die Welt wahrnehmen.

Auch ich wurde – wie jedes Kind – durch meine Eltern und andere Erwachsene mental programmiert und übernahm deren Werte, Überzeugungen und Verhaltensmuster. Davon war vieles nicht schlecht. Einiges möchte ich bis heute nicht ändern, obwohl ich es inzwischen als zufällige Prägung durchschaue. Zum Beispiel bin ich quasi von Geburt an Schalker. Nie käme ich auf die Idee, daran zu rütteln. Schalke ist beim Fußball mein Verein, Dortmunder sind »böse« und beim Revierderby ist mein Adrenalinpegel ganz oben! Andere Prägungen durch meine Eltern, die ich als nicht so positiv empfunden habe, habe ich inzwischen, wenn nicht abgelegt, so doch sehr abgeschwächt. Sport und Ernährung sind beispielsweise zwei Lebensbereiche, in denen meine Mutter viel getan hat, mich an die Themen heranzuführen und uns ein Vorbild zu sein, mein Vater aber nicht das beste Beispiel vorgelebt hat. Hätte ich diese negative Prägung nicht für mich gelöst, würde ich heute wohl den Bierbauch meines Vaters auftragen.

Wir alle haben die Wahl, welche mentalen Programmierungen aus unserer Kindheit und Jugend wir behalten und welche wir verändern möchten. Egal ob mit 15, mit 45 oder mit 85. Auf dem Weg zu persönlichem Wachstum und zu einem erfüllten und glücklichen Leben ist es ein entscheidender Schritt, sich der eigenen Glaubenssätze bewusst zu werden und diese gegebenenfalls zu hinterfragen und zu verändern. Glaubenssätze sind nicht in Stein gemeißelt und können durch Arbeit an uns selbst und bewusstes Umdenken über Bord geworfen oder verändert werden. Wenn ich eine Überzeugung behalten möchte, dann kann ich mich auch noch entscheiden, wie sehr ich mich mit dieser identifiziere. Ich bin gerne und mit ganzer Seele Schalker. Ich wurde nicht nur zum Schalker, sondern zum Beispiel auch sehr liberal erzogen. Ich bin davon überzeugt, dass alle Menschen gleichwertig sind, egal ob arm, reich, gelb, braun, mit oder ohne Behinderung. Für diese Prägung, die für meine Lebensgestaltung viel wichtiger ist, bin ich vor allem meiner Mutter sehr dankbar und hege und pflege diese Prägung.

Aber: Weder ich noch meine Eltern hatten sich über diese Themen Gedanken gemacht. Wie in anderen Familien auch, passierte »es« eben. Meine Kindheit war zum einen glücklich und zum anderen bis zum Alter von 15 Jahren völlig unberührt vom Thema Persönlichkeitsentwicklung, Sinnfindung oder gar spiritueller Entwicklung.

Wie so häufig führte eine schwere persönliche Krise in den Kontakt mit Persönlichkeitsentwicklung. Nicht meiner eigenen Krise allerdings. In diesem Fall hatte das Leben meinen Vater aus der Bahn geworfen und dafür gesorgt, dass ich neun Tage erlebte, die mein Leben veränderten.

Wenn ich auf meinen Vater schaue, dann hatte er nach außen hin ein Leben, um das ihn sicher viele beneideten. Er war erfolgreicher Unternehmer, finanziell unabhängig und als Vorsitzender des mitgliederstärksten Sportvereins unserer Stadt eine feste Größe im dörflichen gesellschaftlichen Leben. Eine Familie mit drei Kindern, ein tolles Haus und ein schickes Auto passten zu dem Bild, das er nach Außen abgab. Innen sah es bei ihm ganz anders aus. Mein Vater strampelte sich jahrelang im Hamsterrad ab. Mit Mitte 40 konnte er nicht mehr. Seine Baufirma machte ihn nicht länger glücklich, aber er fand keinen Weg und auch keine Kraft, beruflich noch einmal neu anzufangen. Zu Hause erlebten wir, was Nachbarn, Freunde und Bekannte nicht mitbekamen: Erst waren es Erschöpfungszustände und Migräneanfälle, später kam eine schwere Zuckererkrankung hinzu. Mit 14, 15 Jahren war es für mich erst ein Schock und später ein Rätsel, warum der Superheld meiner Kindheit nicht mehr aus dem Bett wollte und seine Arme kaum noch bewegen konnte. Wie sehr die Psyche auf die physische Gesundheit schlägt, erfuhr ich erst viele Jahre später, als mir mein eigener Körper, meine Nieren, während der Hochphase der Greator-Krise ein deutliches Signal schickten: Junge, du musst was ändern. Ich hörte auf dieses Signal, suchte mir Hilfe, so wie mein Vater es mir gezeigt hatte. Denn auch mein Vater ließ sich schließlich von einem alten Freund coachen, um für sich und sein Leben eine neue Perspektive zu bekommen. Dieser Coach hieß Hans und war ein alter Freund meines Vaters, der in seiner ganz speziellen, liebevollen Art Menschen aus seinem Umfeld coacht, die beruflich oder privat Herausforderungen hatten. Und das nun seit weit über 30 Jahren, also wirklich ein Pionier. Hans gab bei sich zu Hause Seminare im ganz kleinen Kreis. Aber was sollte das überhaupt sein? Was machte man da? Ich hatte natürlich überhaupt keine Vorstellung. Als ich meinen Vater fragte, was er dort so lerne, fand ich total abstrakt, was er mir erzählte. Ich konnte damit nichts anfangen beziehungsweise mein Verstand konnte die Dinge nicht verarbeiten. Aber ich spürte die positiven Veränderungen an ihm. Ich wollte wissen, was das ist, das ihm diese neue Kraft gegeben hat. Und um das herauszubekommen, musste ich es wohl erleben. Hinzu kam, dass ich, wenn ich »schwierige Themen« hätte, dort lernen könnte, sie zu lösen.

Puh, so richtige Themen konnte ich nicht identifizieren. Schließlich war ich ja auch erst 15. Okay, in der Schule hatte ich Ärger in Französisch, wodurch meine Versetzung gefährdet war. Doch ich führte meine Probleme in diesem Fach vor allem darauf zurück, dass meine Französischlehrerin mich nicht ausstehen konnte. Außerdem hätte ich gerne eine Freundin gehabt, aber da war, völlig unverständlicherweise, wie ich fand, nichts in Sicht. Trotzdem reichten Neugier und die vage Hoffnung, diese beiden Probleme anpacken zu können, um mich genug zu motivieren, während der Ferien an einem neuntägigen Seminar teilzunehmen. Diese neun Tage wurden meine erste Berührung mit Persönlichkeitsentwicklung – und das war dann gleich die Vollversion! Als es bei Hans zu Hause losging, waren wir lediglich drei Teilnehmer. Wie der kleine Obelix fiel ich in den Zaubertrank. Und erst viel später wurde mir richtig bewusst, welche Superkräfte ich hier gewonnen hatte. Auch wenn ich bei Weitem noch nicht alles verstand, was Hans uns beibringen wollte, fühlte ich, dass hier etwas ganz Besonderes passierte. Ich war so klar und so ganz bei mir. Ich fühlte eine unglaubliche Kraft und Energie in mir. Es fühlte sich so gut an, dass meine Faszination für Persönlichkeitsentwicklung seitdem nie mehr nachgelassen hat.

Hans war der erste Mensch, der mir die Kraft der eigenen Gedanken eröffnet hat. Ein ruhiger, stoischer Mann, zu dem ich als 15-Jähriger schnell Vertrauen gefasst habe. Mit der Kraft meiner Gedanken konnte ich zum ersten Mal mein volles Potenzial spüren.

Nachdem die ersten Tage geprägt waren von Achtsamkeitsübungen und Übungen zur Bewusstmachung und Lösung der eigenen Glaubenssätze, machten wir am letzten Tag zum Abschluss unter seiner Anleitung eine lange Meditation, die dazu dienen sollte, »in unsere Schöpferkraft« zu kommen. Schöpferkraft gehörte damals wie heute nicht zum Vokabular eines Teenagers. Ich hatte ehrlich gesagt auch keine wirkliche Vorstellung davon, was dieser Begriff bedeuten sollte. Ich machte halt mit. Aber diese jugendliche Offenheit und Neugier hatte einen großen Vorteil. Mir kamen die typischen Zweifel des Verstandes gar nicht erst dazwischen.

Hans führte uns tief in die Meditation, ich konnte plötzlich alles loslassen, was mir bisher im Weg stand. Mich erfüllte ein tiefes, warmes und gleichzeitig sehr kraftvolles Gefühl. Ich erlebte einen spirituellen Moment, in dem ich ganz und gar bei mir war. Ich spürte mich. Ich spürte mein Potenzial. Die Erfahrung war überwältigend und so stark, dass sie mir noch heute physisch präsent ist. Noch immer fällt es mir schwer, diese Erfahrung angemessen in Worte zu fassen. Was habe ich da erlebt? Das Göttliche in mir, mein Höheres Selbst? Ich war jedenfalls in Kontakt mit einer inneren Kraftquelle gekommen, die nie versiegt.

Diese Erinnerung hat mich nie mehr losgelassen. Sie ist der Grund, warum es mir bis heute wichtig ist, im Alltag immer wieder ruhige und stille Momente zu erleben. Manchmal muss ich mich dazu zwingen und mir die nötige Zeit freischaufeln. Aber ich weiß, dass ich nur so wirklich tief in meine Schöpferkraft komme.

Und seither bin ich mir auch sicher: Diese Kraft steckt in uns allen. Und wir alle verlieren diese Kraft im Grunde nie. Hektik, Stress und Oberflächlichkeit können sie verschütten, sodass wir nicht mehr richtig darauf zurückgreifen können. Und es ist immer wieder aufs Neue eine Entscheidung, in die bewusste Schöpferkraft zu gehen. Diese Macht in den Alltag zu integrieren, ist häufig eine große Herausforderung. Und doch ist es mir, seit ich erfahren durfte, was alles in unserer Macht steht, ein Herzensanliegen, möglichst vielen Menschen dieses Wissen zugänglich zu machen. Bis heute ist dies das Grundmotiv, das meine Arbeit antreibt.

Für die praktischer Orientierten unter meinen Lesern: Konnte ich denn meine zwei schwierigen Themen lösen? Denn seien wir ehrlich: Ich hatte ja ganz konkrete Anliegen, die mich ganz unabhängig von Neugier ins Coaching getrieben hatten. Spoiler: Ja! Ich konnte tatsächlich den absurden Glaubenssatz loslassen, meine Lehrerin hätte etwas gegen mich. Daraufhin verbesserten sich meine Leistungen deutlich. Ich wurde zwar nicht der größte Französisch-Crack unserer Schule, aber für meine Versetzung reichte es. Ironischerweise stellte sich später heraus, dass sich meine Französischlehrerin ebenfalls von Hans coachen ließ. Diese Erkenntnis war noch mal wie ein Eisbrecher zwischen uns, und ab da verstand ich mich richtig gut mit dieser Lehrerin.

War ich nach diesen neun Tagen ein anderer Mensch? In gewisser Hinsicht sicherlich. Nicht viele 15-Jährige beschäftigen sich bereits bewusst mit

Persönlichkeitsentwicklung. Und nicht viele junge Kerle probieren sich im Business aus. Aber du darfst dir bitte nicht vorstellen, dass ich von da an »erleuchtet« durch mein Dorf schwebte. Ich war ein »normaler« Jugendlicher mit normalen Sorgen, Nöten und allem, was so dazugehört. Ich machte hauptsächlich das, was andere 15-Jährige auch machen. Tägliches Meditieren gehörte nicht dazu. Der entscheidende Unterschied lag wohl darin, dass ich gespürt habe, dass mir viele Dinge gelingen, die ich mir vorgenommen hatte. Vor allem, wenn es um mein geliebtes »machen« ging. Richtig erklären konnte ich es mir nicht. Ich wusste eher instinktiv, dass dieses Gefühl der Selbstwirksamkeit mit den Dingen aus den Seminaren zu tun haben musste. Auch wenn im Alltag immer wieder Dinge verloren gingen und ich nicht jeden Tag die Kraft hatte, bewusst zu sein, verlor ich nie das Gefühl, dass da eine mächtige Kraftquelle in uns allen liegt. Dass ich aus den Impulsen von Hans nicht noch mehr machte, kann ich mir heute nur mit meinem damaligen Umfeld erklären. Wie man alte Glaubenssätze ablegt und in seine Schöpferkraft kommt, war im Westmünsterland zu der Zeit kein Thema. Ich hatte niemanden in meinem Alter, mit dem ich mich darüber hätte austauschen können. Es war nicht wie heute, wo es online Hunderttausende Blogbeiträge, Podcasts und Videos zum Thema Glaubenssätze, Bewusstheit, Visionieren und Manifestieren gibt. Heute weiß ich, dass es vielen Menschen ähnlich ergeht, wie es mir ergangen ist. Sogar bedeutende Lebenslehrer wie Eckhart Tolle sind nicht vor dieser Erfahrung gefeit. Die Flamme der Erkenntnis leuchtet sehr hell und lodert sehr heiß, wenn sie angezündet wird. Aber dieses Feuer wächst nur, wenn die Flamme regelmäßig gefüttert wird. Tolle rutschte nach einem ähnlich frühen Kontakt zur Persönlichkeitsentwicklung, wie ich ihn erfahren durfte, einige Jahre später sogar in eine Depression. So schlimm war es bei mir nicht. Aber auch bei mir glomm die Flamme phasenweise nur noch schwach. So traf ich einige Jahre nach unserem Seminar zufällig Hans vor der Haustür. »Wie geht's?«, fragte er mich und sah mich freudestrahlend an. Ich antwortete: »Abgesehen vom Wetter geht es mir gut.« Es war kühl und regnerisch. Hans ließ keine äußeren Zeichen der Missbilligung erkennen. Alles, was er in seinem typischen wohlwollenden und warmherzigen Ton zu mir sagte, war: »Du machst dein Befinden vom Wetter abhängig?!« Erwischt. Denn eigentlich hatte ich bei ihm ja gelernt, dass ich für meinen inneren Zustand ausschließlich selbst verantwortlich bin. Dieser mächtige und zentrale Gedanke hat mich trotzdem nie mehr ganz verlassen. Alle paar Jahre habe ich dieses Gefühl aufgefrischt, die Quelle neu angezapft und mich neu ausgerichtet. Für mich funktionierte es: Ich organisierte Partys, lernte, wie man ein Business gründet, verließ die Schule – trotz meiner gesteigerten Leistung in Französisch –, um eine kaufmännische Ausbildung zu beginnen. Schließlich wagte ich mit der Subway-Filiale den Weg in die Selbstständigkeit beziehungsweise ins Unternehmertum. Auch mein Subway-Abenteuer wäre nicht möglich gewesen, wenn ich nicht kurz vorher ein mehrtägiges Seminar zur inneren Ausrichtung besucht und meinen Fokus neu eingestellt hätte. In diesem Seminar wagte ich mich auch an das Thema »feste Freundin«. Ich bearbeitete das Thema in Meditationen und Visualisierungen. Danach fühlte ich mich endlich innerlich bereit für eine Beziehung. Wenig später funkte es zwischen mir und einer Frau. Wir blieben schließlich 15 Jahre lang zusammen, davon 10 Jahre als Ehepaar, mit drei wundervollen Kindern gesegnet.

Mit Anfang 20 war ich stolz darauf, mich selbstständig gemacht zu haben. Meine Subway-Filiale lief sehr erfolgreich. Mein Kopf war voller Ideen.

Der nächste mächtige Impuls folgte ungefähr vier Jahre später. Wieder hatte ich diesen Impuls meinen Eltern – dieses Mal meiner Mutter – zu verdanken. Mehr oder weniger zufällig hörte ich auf einer langen Autofahrt einen Vortrag von Robert Betz. Meine Mutter hatte sich nämlich inzwischen zu einem großen Fan von ihm entwickelt und sich angewöhnt, CDs von seinen Vorträgen zu verschenken. Natürlich hatte auch ich eine bekommen und sie mit einem gemurmelten »Danke Mama« im Handschuhfach meines Autos entsorgt. Meistens bringt es nicht viel, wenn du andere mit dem beglücken willst, was für dich gerade eine Offenbarung ist. Sie sind auf einer anderen Entwicklungsstufe und verstehen gar nicht, was dich so flasht. Auch ich hatte in diesem Moment gar keinen Bedarf. Ich war mit dem Kopf ganz woanders. Das Geschäft war stressig und der Untertitel *Wie du Erfolg, Wohlstand und Lebensglück erschaffst* sprach mich überhaupt nicht an. Also gut, das passte inhaltlich schon irgendwie, aber irgend so ein Quacksalber soll mir jetzt das Leben erklären? Bitte nicht.

Wie so oft war eine Kombination aus äußeren und inneren Umständen nötig, um den Impuls aufnehmen zu können. In meinem Fall trafen eine Phase, in der es mir emotional nicht besonders gut ging, und eine lange Autofahrt aufeinander. Womit könnte ich mich ablenken? Mir fiel die CD wieder ein. Na gut, warum nicht? Was folgte, war ein Instant-Energie-Schub. Robert Betz hatte mich sofort gepackt und in seinen Bann gezogen. Ich bekam Gänsehaut. Noch heute habe ich im Ohr, wie die angenehme Stimme von Robert Betz aus den Boxen drang, während ich die Fahrgeräusche kaum noch wahrnahm. Atemlos lauschte ich Gedanken wie diesen:

»Jede Form von Mangel, den wir hier auf der Erde erleben, ist vollkommen unnatürlich. Denn die Natur bedeutet nur Reichtum und Überfluss. [...] Jeder von uns ist – von Haus aus – ein grenzenloses, herrliches Wesen, ausgestattet mit Schätzen und Fähigkeiten, von denen unser Verstand keine Ahnung hat. Jeder von uns besitzt eine grenzenlose Kraft, Neues zu erschaffen, und zugleich eine unendliche Fähigkeit zu lieben. [...] Jeder von uns ist – ausnahmslos – ein Kind, eine Schöpfung Gottes, ausgestattet mit dessen grenzenloser Schöpferkraft. Wir haben vom Leben die Freiheit und die Macht erhalten, zu erschaffen, was unser Herz zu erschaffen begehrt und ersehnt.«[*]

Es war der fesselndste Vortrag, den ich bis dato in meinem Leben gehört hatte. Ich fühlte ihn mit jeder Faser. Bei Roberts Ausführungen stimmten Kopf, Herz und Bauch zu gleichen Teilen zu. Immer wieder rief ich innerlich: Ja genau, so ist es! Die Gedanken in seinem Vortrag waren für mich so klar, nachvollziehbar und einprägsam, dass ich mich, als ich aus dem Auto stieg, wahrlich wie ein neuer Mensch fühlte. In diesem Moment stand für mich fest, dass ich diesmal dranbleibe! Ich wollte meine Freiheit und die Macht, das zu erschaffen, was mein Herz erfüllt, von jetzt an im Alltag wirklich nutzen – ja, es wirklich versuchen zu integrieren und zu leben.

---

[*] Betz, R. (2007). Willkommen im Reich der Fülle: Wie du Erfolg, Wohlstand und Lebensglück erschaffst

Konsequent und ohne Nachlässigkeit! Und noch etwas war jetzt anders: Ich wollte Robert Betz nicht nur live erleben, ich wollte von ihm lernen. Ich wollte alles aufsaugen, was er zu sagen hatte. Robert hat Verstand und Herz bei mir verbunden. Ich konnte seine Ideen, wie bei Hans, nicht nur spüren oder am Ergebnis erkennen, dass sie funktionieren, sondern ich konnte seine Inhalte auf einer rationalen Ebene viel besser verstehen. Das wiederum machte es mir viel leichter, anderen Menschen seine Ideen näherzubringen.

Es dauerte nur wenige Wochen, bis ich das erste Seminar bei Robert besuchte. Ich wurde nicht enttäuscht. Dank Roberts Impulsen kam ich zu einer Reflexion über das, was ich im Leben wirklich wollte. Klar, ich wollte mein eigener Herr sein, ich liebte Unternehmertum. Ich war erfolgreich selbstständig. Mein Subway-Geschäft hatte ich zu dieser Zeit längst verkauft und steckte meine Energie bereits in die dritte von mir selbst gegründete Firma. Ich habe gemacht und gemacht, aber fühlte die

> *Wir sind zu 100 Prozent verantwortlich für die Realität, die wir uns erschaffen.*

Erfüllung nicht mehr. Machen verschaffte mir noch immer Befriedigung. Aber wo sollte mein »machen« hinführen? Was mir fehlte, war die Sinnhaftigkeit. Was ich wirklich wollte, war, mit etwas erfolgreich sein, das mir zutiefst am Herzen lag. Und kaum etwas bewegte mich gerade mehr, als dass Menschen genau wie ich ihre Schöpferkraft erkennen und für sich ein Leben erschaffen, das sie innerlich erfüllt. Meinem Vater war das, wie ich noch berichten werde, leider nicht mehr gelungen, auch nicht nach den Seminaren bei Hans. Ich wollte es besser machen als er und gemeinsam mit mir sollten möglichst viele Menschen ihre Chancen nutzen können. Die Gedanken von Lehrern wie Robert Betz und deren Angebote verdienten in meinen Augen viel mehr Verbreitung. Ideen, wie sich das verwirklichen lassen könnte, hatte ich genug. Immer wieder fielen mir in den Seminaren und in der Vermarktung Dinge auf, die sich aus unternehmerischer Sicht verbessern ließen. Als regelmäßiger Seminarteilnehmer lernte ich Robert näher kennen und hatte bald Gelegenheit, ihm meine Ideen vorzustellen, wie er sein Business professionalisieren und seine Reichweite massiv erhöhen könnte. Robert war interessiert und wir kamen darüber ins Gespräch. Keine drei Jahre nachdem ich zum ersten Mal eine CD von ihm gehört hatte, war ich Geschäftsführer bei Robert Betz. Auch das ging nur, weil ich erkannt hatte, dass ich meine größten Passionen Unternehmertum und Persönlichkeitsentwicklung kombinieren kann. Wenn du deiner Passion folgst, können große Dinge passieren: Ich war 26 und durfte mit einem Team von 40 Mitarbeitern den zu dieser Zeit größten deutschsprachigen Anbieter von Seminaren und Ausbildungen zum Thema Persönlichkeitsentwicklung aufbauen. Damit war die Grundlage für das gelegt, was mich bis heute beruflich erfüllt: die Verbindung von Unternehmergeist und Persönlichkeitsentwicklung. Greator ist die Konsequenz dieser Verbindung und meiner Überzeugung, die ich auf den letzten Seiten versucht habe, dir nahezubringen: Wir sind zu 100 Prozent verantwortlich für die Realität, die wir uns erschaffen.

Dieser Satz bedeutet für viele eine Verheißung, aber – das habe ich inzwischen gelernt – für viele andere Menschen auch eine Bedrohung ihres Selbstbildes. Denn der Gedanke der eigenen Verantwortung lässt keine Ausreden zu. Ein anderer bedrohlicher Aspekt ist, dass die Idee, selbst für ihr Leben verantwortlich zu sein, für viele Menschen mit Schuldgefühlen verbunden ist. Sie verspüren Scham und Trauer, wenn sie diesen Gedanken annehmen. Sie denken sich: »Wenn ich mein Leben selbst erschaffe, dann habe ich bisher ja noch nicht viel auf die Reihe bekommen.« Oder sie denken an die weniger guten oder gar die schlimmen Dinge, die ihnen im Leben vielleicht schon widerfahren sind. »Soll ich etwa dafür verantwortlich sein, dass ich als Kind geschlagen und missbraucht wurde? Ist das etwa meine Schuld?« Natürlich nicht. Es ist weder deine Schuld, noch lag es in deiner Verantwortung. Schuld bezieht sich darauf, dass jemand als Ursache für ein negatives Ereignis identifiziert wird. Auch liegt in dem Begriff eine moralische Wertung des Verhaltens. Verantwortung hingegen bezieht sich auf die Fähigkeit, die Konsequenzen der eigenen Handlungen oder Entscheidungen zu erkennen und *für diese* Verantwortung zu übernehmen. Es beinhaltet den bewussten Umgang mit den Auswirkungen des eigenen Verhaltens und den Einsatz von Bemühungen, um positive Ergebnisse zu erzielen. Vielleicht gibst du dir selbst die Schuld. Oder sogar derjenige, der dir dein Leid angetan hat. Akzeptiere das nicht. Nur der Mensch, der dir das angetan hat, ist schuld. Und auch ein Säugling oder kleines Kind hat weder Schuld noch trägt es die Verantwortung für das Leid, das ihm vielleicht in Form einer schlimmen Krankheit widerfährt. Denn weder ist sein Verhalten die Ursache, noch ist es in der Lage, die Konsequenzen der eigenen Handlungen oder Entscheidungen zu erkennen. Letztendlich bleibt die Frage nach dem Leid ein komplexes Rätsel, auf das es keine einheitliche Antwort gibt und auf die ich keine geben kann. Persönlich empfinde ich bereits die Akzeptanz dieses Rätsels als hilfreichen Schritt zu innerem Frieden.

Doch darum geht es auch gar nicht. Sondern um die Macht, alles im Leben, jeden Umstand – egal ob gut oder schlecht – für uns selbst so bewerten und verändern zu können, dass sich Freude und Erfüllung einstellen. Allein darin liegt deine Verantwortung. Traumatische Erlebnisse in der Kindheit lassen sich nicht rückgängig machen, aber es ist ganz allein deine Entscheidung, ob du als Erwachsener noch darunter leiden und durch deine negativen Gefühle unbewusst weitere negative Erfahrungen in dein Leben ziehen willst oder ob du dich den erfahrenen Ängsten stellen und diese nachhaltig auflösen möchtest. Auch hier gilt: Niemand sagt, dass es leicht ist. Hinter der Auflösung eines jeden Themas kann viel Arbeit stecken. Aber als Erstes musst du eine Entscheidung treffen, ob du dich deinem Thema widmen willst.

Als mich mein allererster Mentor mit diesem Gedanken vertraut machte, dass jeder Mensch durch seine Gedanken und Gefühle seine Wirklichkeit erschafft, begeisterte mich das. Aber erst durch das praktische Tun, durch das Erleben wurden die Worte für mich zur Wirklichkeit. Nach vielen Übungen – wir haben meditiert, Achtsamkeitsübungen praktiziert, haben Glaubenssätze identifiziert und aufgelöst – realisierte ich erst, welche Kraft und Möglichkeiten damit verbunden sind.

Ich fühlte mich dadurch befreit und ermächtigt. Wie genial ist das, dachte ich, wenn ich es selbst in der Hand habe, wie mein Leben verläuft! Ich bin kein Opfer der Umstände oder des Zufalls. Im Gegenteil: Ich bin der Schöpfer meiner eigenen Realität.

Dabei geht es im ersten Schritt nicht um das Schaffen einer physischen Realität. Die Dinge sind so, wie sie sind. Und sie sind nicht immer gut. Das Wetter ist schlecht, mein Kontostand niedrig et cetera. In solchen Momenten fühle ich mich auch immer wieder als Opfer der Umstände. Aber ich kann mein Erleben ändern. In meinem Erleben liegen die Ermächtigung und die Verantwortung. Denn in Wahrheit sind wir völlig autonom darin, Dinge und Empfindungen für uns zu bewerten.

> *Ich kann mein Erleben ändern. In meinem Erleben liegen die Ermächtigung und die Verantwortung. Denn in Wahrheit sind wir völlig autonom darin, Dinge und Empfindungen für uns zu bewerten.*

Nichts hat eine Bedeutung an sich. Wir sind es erst, die den Dingen eine emotionale Bedeutung zuweisen. Ob du dem schlechten Wetter in deinem Leben eine Bedeutung zuweisen möchtest und wenn, welche das ist, ist ganz alleine deine Entscheidung, die ganz alleine in deiner Verantwortung liegt. Wenn es nicht so wäre, wenn wir nichts an uns und unserem Leben ändern könnten, wenn es uns erst einmal durch »die Umstände« in eine Bahn gezwängt hat, dann könnten wir uns alle Versuche einer Veränderung sparen. Wir bräuchten keine Visionen, wir könnten sofort aufhören mit dem Versuch, als Mensch, als Persönlichkeit zu wachsen. Wie ferngesteuert würden wir durch ein von Zufällen und Umständen geprägtes Leben taumeln.

Unser Leben ist vor allem eine innere Erfahrung. Sowohl indische Yogis als auch deutsche Philosophen wie Kant und Schopenhauer haben erkannt, dass die Welt an sich gar nicht existiert. Sondern du nimmst in deinem Inneren deine jeweilige Welt wahr und erlebst sie. Deshalb hast du es auch in der Hand, wie es in deiner Welt aussehen soll. Selbst etwas, was wir normalerweise »objektive Tatsachen« nennen, erfährt erst in unserem Inneren, also durch unser Bewusstsein eine Bedeutung. Das Wetter ist, wie es ist. Wenn wir in der Hitze schwitzen oder im Regen nass

> *Die Tatsache, dass wir nicht alles auf der Welt ändern können – zumindest nicht auf einmal –, ist kein Argument dafür, die Verantwortung für unser Leben abzugeben und von unserer Schöpferkraft keinen Gebrauch zu machen.*

werden, sind das zwar objektive Vorgänge, aber erst unser Inneres, unser Verstand erkennt darin die Folge von etwas, das er »Wetter« nennt. Und erst aufgrund dieser inneren Wahrnehmung und Bewertung können wir sagen »Mir ist es heute viel zu heiß« oder »Wie doof, dass es ausgerechnet jetzt regnet«. Auch ein Stein ist Sonne, Regen und Wind ausgesetzt. Aber er erlebt das Wetter nicht, da er dafür kein Bewusstsein besitzt. Auch Bäume werden manchmal krank. Aber für einen Baum bedeutet das kein Leiden, da ihm ein Bewusstsein fehlt, das seine Krankheit als Leiden bewerten und innerlich als belastend erfahren könnte. Wir Menschen sind weder Steine noch Bäume und bewerten permanent die Umstände und die Zustände, die uns umgeben, die uns widerfahren. Für uns Menschen ist das Leben im Wesentlichen eine innere Erfahrung. Diese Wahrnehmung können wir jederzeit beeinflussen. Das gilt sogar für die für uns westlich-industriell sozialisierten Menschen schrecklichste aller Erfahrungen: den Tod. Es klingt für unsere Ohren sehr ungewohnt. Aber auch den Tod kann man neu bewerten, anders bewerten, als wir es tun. Und viele Kulturen und spirituelle Richtungen tun dies auch. Eckhart Tolle sagt, dass wir in einer Kultur leben, die vom Tod fast kein Verständnis hat. Und ich finde, dass er recht hat. Für uns ist der Tod etwas, was unbedingt und mit allem, was uns möglich ist, verhindert werden muss. Dabei ist dieser Gedanke in der Menschheitsgeschichte sehr neu und steht gegen das spirituelle Vermächtnis vieler Kulturen. Im Buddhismus wird der Tod als Übergang von einem Leben zum anderen gesehen statt als Ende des Daseins. Entsprechend begegnen Buddhisten dem Tod mit Akzeptanz und Achtsamkeit und streben danach, während des Sterbeprozesses einen friedvollen Geisteszustand zu kultivieren. Sie akzeptieren und bekämpfen das Unausweichliche nicht mehr, wenn es unausweichlich ist. Ähnlich sieht es im Hinduismus aus. Für Muslime ist der Tod ein wichtiger Teil des Lebens und wird im Islam als eine Gelegenheit angesehen, sich auf eine höhere spirituelle Stufe im Jenseits vorzubereiten. Auch Christen glauben an das ewige Leben. Aber was ist, wenn du nicht glaubst? Dann geht mit dem Bewusstsein, dass dein Leben endlich ist, eine umso größere Verantwortung einher, diese Zeit, die du hast, zu gestalten. Wenn du nur dieses eine Leben hast, warum verschwendest du es dann oder gibst dich damit zufrieden, es irgendwie hinter dich zu bringen? Was ich dir sagen möchte, ist, dass wir unsere Wahrnehmung zu allen Dingen ändern können. Sogar zum Tod und zu widerfahrenem Leid. Sobald wir die Welt um uns herum jedoch anders wahrnehmen als bisher, verhalten wir uns auch anders in ihr und strahlen etwas anderes aus. Dadurch verändern wir schließlich auch unsere Welt – in vielen, vielen kleinen Schritten. Denn alles, was wir sagen und tun, beeinflusst auch unser Umfeld. Stell dir vor, alle frustrierten, wütenden Autofahrer wären auf einmal ganz friedlich. Sie säßen total entspannt am Steuer, wach und konzentriert. Wenn ein anderer Autofahrer ihnen die Vorfahrt nähme, dann würden sie denken: Kein Problem, das kann mal passieren! Dass ihr Auto eine Hupe hat, wüssten sie schon gar nicht mehr. Wie viele Autounfälle gäbe es jetzt noch? Vielleicht wäre die Unfallquote nicht gleich null, da ja auch ein Baum auf die Straße fallen kann. Trotzdem wage ich zu behaupten, dass es viel weniger Unfälle gäbe, wenn alle auf der Straße friedlich, relaxed und aufmerksam wären. Das kannst du mit vielen anderen Lebenssituationen durchspielen. Wie viele Kriege gäbe es, wenn wir fest daran glaubten, dass ausnahmslos jeder Mensch in seinem Inneren göttlich und gut ist und für sich und andere nur das Beste will? Wie viel Armut gäbe es noch, wenn wir das einzigartige Talent jedes Menschen erkennen würden und jederzeit bestrebt wären, unsere Talente gemeinsam bestmöglich einzusetzen? Die Tatsache, dass wir nicht alles auf der Welt ändern können – zumindest nicht auf einmal –, ist kein Argument dafür, die Verantwortung für unser Leben abzugeben und von unserer Schöpferkraft keinen Gebrauch zu machen.

Eine Frage bleibt noch offen: Wie schaffen wir durch unser inneres Erleben eine physische Realität? Denn das ist der eigentliche Kern der Schöpfer-Idee, die mir zum ersten Mal im Seminar mit Hans begegnete. An den ersten Tagen unseres Seminars konzentrierten wir uns unter seiner Anleitung darauf, uns unsere Gedanken, Glaubenssätze und mentalen Identifikationen bewusst zu machen. Wir sollten spüren, wie viele unbewusste Überzeugungen wir über das Leben hatten. Zum Beispiel, dass

Unsere Realität ist der Spiegel unserer Gedanken! Alles, was wir denken, erschafft unsere Wirklichkeit und bestimmt unsere Zukunft.

man etwas gelernt haben, fleißig sein und sich anstrengen muss, um erfolgreich zu sein. Damit waren alle groß geworden. Begeisterung, Freude und Flow als Grundlage für beruflichen Erfolg waren dagegen nie ein Thema gewesen. Anschließend sollten wir erkennen, dass wir unsere Glaubenssätze ändern können, sobald wir sie uns bewusst machen und uns entscheiden, sie durch neue Überzeugungen zu ersetzen. Dazu machten wir verschiedene Übungen. Wir kamen vielen alten Glaubenssätzen auf die Spur, schrieben sie erst auf und formulierten sie dann um. Für einen 15-Jährigen wie mich war es herausfordernd, erst einmal überhaupt das Prinzip zu verstehen, auf das Hans hinauswollte. Ich hatte noch nie darüber reflektiert, in welchem Zusammenhang meine Gedanken mit meiner Lebenswirklichkeit standen. Spontan hätte ich wahrscheinlich gesagt, dass ich über die Dinge nachdenke, die in meinem Leben passieren. Also Gedanken als Spiegel der Realität. Hans stellte das auf den Kopf, indem er Ursache und Wirkung umdrehte: Unsere Realität ist der Spiegel unserer Gedanken! Alles, was wir denken, erschafft unsere Wirklichkeit und bestimmt unsere Zukunft. Einige Studien legen nahe, dass Menschen durchschnittlich 60 000 bis 70 000 Gedanken pro Tag haben. Das Wörtchen *haben* statt *denken* habe ich hier bewusst gesetzt, denn die meisten dieser Gedanken sind uns gar nicht bewusst. Ihre Wirkung geht jedoch weit über das Erleben hinaus. Das Wechselspiel von Gedanken und Gefühlen erschafft Realität. Die Theorie, die diesen Effekt erklären soll, geht ungefähr so: Gedanken erzeugen die dazu passenden Gefühle und umgekehrt. Dahinter liegt jeweils eine bestimmte Schwingung, die eine Wirkung nach außen entfaltet. Menschen und Ereignisse mit ähnlicher Schwingung ziehen einander an. So wird aus Tausenden von Gedanken und Gefühlen, die sich ständig wiederholen und verstärken, eine komplexe Lebenswirklichkeit. Ich weiß nicht mehr, ob Hans das mit »Quantenphysik« erklärte, aber diese Verbindung ziehen heute einige sehr erfolgreiche Autoren, die sich mit Gedankenkraft und Manifestation beschäftigen. Ich versuche in einem der folgenden Kapitel, diese Zusammenhänge etwas tiefer zu erklären. Aber am Ende ist es mir gar nicht so wichtig, wie genau meine Gedanken und Gefühle meine Wirklichkeit erschaffen. Für mich zählt, dass ich dieses Prinzip seit dem Seminar bei Hans immer wieder anwende und dass es funktioniert. Wenn ich bewusst denke – wenn ich, wie ich es heute nenne, visioniere – und mich entscheide, woran ich glauben will, ändert sich auch meine Realität. Das ist für viele Menschen verständlicherweise ein ungewohnter Gedanke, der klarer wird, wenn wir die Zusammenhänge aus anderer Perspektive betrachten. Denn was passiert, wenn du dir keine Gedanken darüber machst, wie deine Zukunft aussehen soll? Auch dann erschaffen meine Gedanken und Gefühle meine Realität. Die Basis dieser Realität sind dann jedoch meine unbewussten Glaubenssätze. Das wird nichts, das wird schiefgehen, ich bin nicht gut genug, ich bin eben nicht der Typ dafür, immer habe ich Pech und so weiter. Diese unbewussten Glaubenssätze – innere Programme – sind aber oft nicht förderlich fürs Gute. Jahre später – auch heute noch – entdecke ich bei mir noch immer unbewusste Glaubenssätze, mit denen ich mich identifiziere und die sich deshalb in meinem Leben limitierend auswirken. Diese Reise hört nie auf – ist aber eine Reise auf dem Weg zur Selbsterkenntnis. Die gute Nachricht ist, dass wir unsere Glaubenssätze ändern und sogar umkehren können. Und du kannst das auch. In diesem Gedanken liegt eine unglaubliche Kraft für uns alle. Für jeden Einzelnen und als universelle Gemeinschaft. Bis jetzt hat es die Menschheit noch gar nicht ernsthaft versucht, von ihrer Schöpferkraft gemeinsam richtigen Gebrauch zu machen, um eine Welt voller Freiheit, Liebe und Freude zu erschaffen. Aber einige schaffen es eben doch. Ich bin fest davon überzeugt, dass das nicht nur einige wenige »Auserwählte« können, sondern dass jeder Mensch die Fähigkeit dazu besitzt. Da gibt es keine Hierarchien zwischen Menschen. Wir alle besitzen dieselbe Schöpferkraft. Wir dürfen uns ihrer bewusst sein und sie nutzen.

KAPITEL 4

WER KEINE VISIONEN HAT, SOLLTE ZUM ARZT GEHEN

Wie große Visionen deine Realität formen und was meine Wohnung
mit Quantenmechanik zu tun haben könnte • Und warum ich immer
noch nicht im Aufsichtsrat von Schalke sitze

Es ist der 4. April 2019. Ein Donnerstagabend. 20:09 Uhr. Angekündigt von
seiner Schwester betritt ein hochgewachsener Mann die Bühne der bis auf den
letzten Platz gefüllten Kölner LANXESS Arena. 15 000 Menschen haben diesem Moment entgegengefiebert. Erst geht ein Raunen durch das Publikum,
dann brandet Jubel auf. Der Mann, für den das Publikum gekommen ist, fe-
dert jetzt tatsächlich auf die Bühne. Blaues Hemd, dunkelblauer Anzug. Dieser
Mann ist Barack Obama. Der zu dieser Zeit gefragteste Speaker der Welt. Eine
Inspiration. Nach wenigen Worten hat er das Publikum ganz für sich gefangen.

Was ich und was meine Mitarbeiter in diesem Moment auf so viel verschiedenen Ebenen unseres Seins spürten, ist für mich auch jetzt noch nahezu unbeschreiblich. Euphorie? Ekstase? Erleichterung? Es fällt mir immer
noch schwer, diesen Moment in Worte zu fassen. In meinem Büro hängen
großformatige Schwarz-Weiß-Bilder, die den Moment, in dem Obama die
Bühne betritt, nahezu perfekt eingefangen haben. Mein Lieblingsbild ist ein
zufälliger Schnappschuss. Aber es zeigt nicht den großen Mann, sondern
die Gesichter meines Teams, die Gesichter von Mitarbeitern, die maßgeb-

lich daran beteiligt waren, dass dieser Moment Realität wurde. In ihren Gesichtern spiegelt sich eine Mischung aus ungläubiger Freude, Erleichterung, aber auch Stolz und Erfüllung. Und diese Gesichter beschreiben ziemlich treffend, was auch ich in diesem Moment fühlte. In diesem Moment hatten wir – in der Presse wurden wir als »ein Start-up« beschrieben – das nahezu Unmögliche möglich gemacht. Unsere Vision war Realität geworden.

Barack Obama am 04.04.2019 in der ausverkauften Lanxess-Arena

Mein Lieblingsfoto von diesem Abend: Das Team freut sich, als Obama die Bühne betritt und die Vision Wirklichkeit geworden ist.

Vor ziemlich genau zwei Jahren hatte ich die erste Mail an sein Büro geschickt. Das war zwei Monate, nachdem seine zweite Amtszeit als Präsident der Vereinigten Staaten endete. Zwei Jahre, das hört sich nach einer langen Zeit an. Die Wahrheit ist, dass wir erst etwa drei Monate vor diesem Abend im April das Signal bekamen, dass Obama tatsächlich bereit war, hier in Deutschland zu sprechen. Drei kurze Monate! 66 Arbeitstage – ungefähr. Für uns war trotzdem klar, dass wir diese Chance nutzen mussten. Obama vor dem großen G, das damals noch für GEDANKENtanken stand! Das ist es, was wir gewollt haben. Ein Moment, der uns alle nach vorne bringen würde. Ein Augenblick, der alles zusammenfasste, für das wir standen. Wofür ich arbeite, seit ich bei Robert Betz eingestiegen bin. Nämlich Menschen zu ermöglichen, von inspirierenden Persönlichkeiten zu lernen, Impulse für ihr Leben mitzunehmen, zu wachsen.

Die Monate von der Zusage bis zu diesem magischen Moment waren vollgepackt mit unglaublich viel Arbeit. Die Veranstaltung hieß »World Leadership Summit« und die vier Stunden zum Thema »Führung heute« sollten ursprünglich ein ganzes Jahr später stattfinden. Noch Ende März hatten wir deshalb nicht alle Referenten-Spots besetzt. Aber all das war in diesem Moment vergessen. Alles und jeder war bereit. Jetzt musste nur noch die Technik halten. Und warum nicht? Wir waren schon hier gewesen, wir hatten die Arena bereits einmal ausverkauft. Dies hier war die Wiederholung unseres ersten großen Erfolgs und es war noch viel mehr. Wir hatten etwas geschafft, was viele für unmöglich hielten. Auch wir selbst hatten Zweifel. Aber unsere Vision war an diesem Abend Wirklichkeit geworden.

Das Entscheidende war nicht, dass wir die Organisation gestemmt hatten. Mit Fleiß und Willen lässt sich viel erreichen. All die Dinge, die dazugehören, können wir beeinflussen. Das Entscheidende war, dass wir uns getraut hatten, diese Vision anzunehmen. Dass im fernen Washington jemand zugestimmt hatte, Teil dieser Vision zu werden, die ganz naiv mit einer Google-Suche nach seinem Büro begann, konnten wir nicht beeinflussen. Oder doch? Und wenn ja, wie haben wir das gemacht? Das ist es, worum es geht. Du kannst deine Vision Realität werden lassen. Du kannst jede Vision Realität werden lassen.

Im letzten Kapitel habe ich beschrieben, wie es mir ging, als ich zum ersten Mal mit diesem Gedanken konfrontiert worden war. Es war nicht so, dass ich ihn gehört habe und sofort komplett überzeugt war: Wir sind Schöpfer unserer Lebensrealität. Wir können unser Leben mehr beeinflussen, als es uns bewusst ist.

Wir sind Schöpfer unserer Lebensrealität. Wir können unser Leben mehr beeinflussen, als es uns bewusst ist.

Ich war skeptisch. Aber ich war auch neugierig. Wie weit kann man das treiben? War wirklich alles möglich? Ich musste mich mit Hilfe von Hans und den Übungen, die er uns zeigte, in meine Überzeugung hineinarbeiten. Ich musste es spüren. Heute bin ich zu 100 Prozent davon überzeugt, dass wir alle diese Schöpferkraft in uns tragen. Mit Herz und Verstand. Beides benötigst auch du für dieses Kapitel. Denn um diese Kraft zu manifestieren, müssen wir uns unsere Zukunft ganz bewusst vorstellen. Unser Kopf erschafft die Bilder, die unser Herz fühlen kann. Diesen Vorgang des ganz bewussten und sehr konkreten gedanklichen Erschaffens der Zukunft nenne ich »visionieren«.

Was ist eine Vision? Eine Vision ist eine klare Vorstellung eines Zustands in der Zukunft. Sie ist zugleich eine inspirierende und motivierende Sicht auf das gewünschte Ergebnis oder den Zustand, den man erreichen möchte. Eine Vision geht über das bloße Setzen von Zielen hinaus. Sie gibt eine langfristige Richtung vor und beschreibt einen idealen Zustand, den man anstrebt. Eine Vision umfasst aber nicht nur konkrete Ziele, sondern auch Werte, Überzeugungen und die gewünschte Wirkung oder Auswirkung auf die Umwelt oder die Gesellschaft. Sie ist die Antwort auf die Frage, wie wir uns fühlen möchten. Grundsätzlich, aber auch in einzelnen Lebensbereichen.

Ohne eine klare innere Ausrichtung auf das, was wir erleben wollen, übernehmen unsere unbewussten Glaubenssätze und unsere im Unterbewusstsein verankerten Verhaltensmuster das Kommando und lassen uns »blind« durch unser Leben taumeln. Auch die pure Akzeptanz der Gegebenheiten ist eine Art der Lebensführung. Ja, sogar eine philosophische Schule. Die Stoiker glauben an das Konzept des deterministischen Schicksals. Sie akzeptieren, dass viele Aspekte ihres Lebens außerhalb ihrer Kontrolle liegen und dass sie sich daher auf das konzentrieren sollten, was sie kontrollieren können – ihre eigenen Gedanken, Einstellungen und Handlungen. Akzeptanz des Schicksals ist ein Kerngedanke dieser Denkschule, die auf die Lehren der antiken griechischen Philosophen zurückgeht, insbesondere auf drei bedeutende Stoiker: Zenon von Kition, Epiktet und den – zumindest dem Namen nach – sicher vielen Lesern bekannten Marc Aurel. Auch ich glaube, dass die Akzeptanz des Unabwendbaren inneren Frieden bringt.

Das gilt auch für die kleinen Dinge des Lebens. Stell dir vor, du steckst im Verkehr fest. Du kannst dich jetzt fürchterlich über all die Idioten aufregen, die im Gegensatz zu dir natürlich alle nicht Auto fahren können. Ein Stoiker würde sich darauf konzentrieren, geduldig zu bleiben oder die Zeit im Stau produktiv zu nutzen. Er würde vielleicht die geschenkte Zeit nutzen, um ein bisschen Musik zu genießen. Der Stoizismus lehrt, dass die Haltung und Kontrolle über die eigenen Reaktionen wichtiger sind als das, was sich außerhalb unserer Kontrolle befindet. Du kennst diesen Gedanken bereits aus dem ersten Kapitel. Erst als ich meine »Niederlage« akzeptierte, fand ich die Kraft, Greator neu zu visionieren. Ich glaube aber auch, dass wir unser Schicksal aktiv beeinflussen können und dass sehr viel mehr unserer Kontrolle unterliegt, als wir glauben. Darin unterscheide ich mich von den Stoikern, die mir ansonsten sehr nahestehen. Ich glaube, dass meine Art zu denken glücklicher macht. Ich bin überzeugt, dass wir die Erfüllung und das Lebensglück, nach dem wir streben, aktiv erschaffen können.

Ich bin überzeugt, dass wir die Erfüllung und das Lebensglück, nach dem wir streben, aktiv erschaffen können.

Der Satz »Wer Visionen hat, sollte zum Arzt gehen« wird dem früheren deutschen Bundeskanzler Helmut Schmidt zugeschrieben. Ich bin davon überzeugt, dass der nüchterne Hanseat hier nicht nur falschliegt, sondern dass er selbst ein Mensch war, der seinen Visionen gefolgt ist. Es ist nicht möglich, ein Land so zu prägen wie er, ohne klare, an Werten abgeleitete Vorstellungen zu haben. Schließlich musst du ein Bild davon haben, wo du hinwillst, wenn du startest. Im Großen, aber auch in den ganz alltäglichen Dingen.

Das, was du willst, alles, was du dir erträumst, kannst du auch umsetzen. Du kannst es Realität werden lassen. Denn es gibt eine Ebene, auf der Dinge entstehen. Dort, wo unsere Schöpferkraft wirksam wird. Aber was heißt denn »alles«? Ich habe während der Entstehung dieses Buches mit vielen Menschen gesprochen und bin immer wieder auf ähnliche Geschichten gestoßen. Eine davon finde ich besonders spannend, weil ich eine ähnliche Geschichte lebe. Ein Junge wollte unbedingt Basketballprofi werden. Als Kind hatte er sein ganzes Zimmer mit Postern von Michael Jordan zugepflastert. Sogar unter der Decke hingen sie, sodass sein Idol das Erste war, was er sah, wenn er morgens wach wurde. Er erzählte mir, dass er seit seiner Jugend wusste, dass er einmal mit Basketball sein Geld verdienen würde. Es stellte sich allerdings bald heraus, dass er weder die körperlichen Voraussetzungen entwickelte, noch dass sein Game groß genug war, um diese Defizite auszugleichen. Das hinderte ihn aber nicht daran, seine Vision weiterzuleben. Er studierte Sportwissenschaften und Wirtschaftswissenschaften, fing als Praktikant bei einem Basketball-Bundesligisten an und endete schließlich als Geschäftsführer eines anderen Bundesligisten. Er hat der Natur getrotzt und seine Vision Wirklichkeit werden lassen und das erreicht, was er sich schon als Jugendlicher vorgenommen hatte: sein Geld mit Basketball zu verdienen. Das, was er mit seiner Vision verbunden hatte, hatte er verwirklicht, wenn auch nicht als Spieler. Ich finde die Geschichte deshalb so spannend, weil ich eine ähnliche Vision verfolge. Als Kind und großer Schalke-Fan fand ich die Vorstellung, Fußballprofi zu werden, schon großartig. Ich war aber nie der, der jetzt wirklich alles dafür gegeben hat. Ich habe nie wirklich daran geglaubt, war nie »der Verrückte«, der gesagt hat: »Ich will Fußballprofi werden«, und der das auch gelebt hat. Aber ein Traum wäre es schon gewesen. Diesen Traum aufleben zu lassen ist jetzt ein bisschen spät. Ich werde also nie da unten auf dem Rasen stehen und dieses Gefühl erleben, dass der Ball in dieser Millisekunde genau das macht, was er soll und über die Mauer geht und im Bochumer Tor einschlägt oder bei der Hertha oder im Dortmunder Tor. Das wäre natürlich das Größte. Aber Tempi passati. Muss ich meinen Traum begraben? Nein. Denn ich bin besser im Managen als am Ball. Mein strategisches Denken ist stärker ausgeprägt als mein Ballgefühl. Und ich habe mich vor ein paar Jahren schon intensiv mit den Strukturen von Schalke beschäftigt. Wie funktioniert der Club eigentlich? Und wie hat Clemens Tönnies es eigentlich geschafft, über so viele Jahre die Geschicke bestimmen zu können? Wenn man wirklich gestalten will, dann muss man in den Aufsichtsrat. Er ist das höchste Organ. Wie kommt man da rein? Das ist zunächst so ein Ding, was man als Fan erst mal für unerreichbar hält. Aber so kompliziert ist der Weg dorthin eigentlich gar nicht. Die Wahrscheinlichkeit, das zu schaffen, ist gar nicht so klein. Der Aufsichtsrat wird von den über 175 000 Mitgliedern gewählt. Jedes volljährige Mitglied kann sich bewerben, jedes Jahr werden zwei neue Mitglieder rollierend für zwei Jahre gewählt. Wie viele bewerben sich jedes Jahr? Im Schnitt nur circa 12 Personen. Somit sind die Chancen jedes Jahr 1:6. Das geht doch! Also habe ich mich für den Aufsichtsrat beworben. Einmal, zweimal, dreimal ... fünfmal. Ganz so einfach ist es dann auch nicht, Vereinspolitik spielt schon eine große Rolle. Aber jeder Bewerber, jede Bewerberin wird in die Vereinszentrale zum Kaffee mit dem Vorstand und dem Bewerbergremium eingeladen, um seine Ideen zu präsentieren. Es fühlt sich einfach toll an, seiner Vision so nahe zu kommen und das Unmögliche zumindest fast möglich zu machen. Häufig ist schon der Weg, eine Vision zu verfolgen, unglaublich spannend und lässt dich wachsen. Und der Kaffee auf Schalke schmeckt auch nicht schlecht! Bisher habe ich es noch nicht geschafft. Aber es bleibt trotzdem eine Vision von mir, die ich sehr intensiv verfolgt habe. Und für diese Vision bin ich noch nicht zu alt – das haben sie mir auch ein paarmal gesagt: »Du bist noch jung, deine Zeit wird noch kommen.« Und ich sehe mich da. Irgendwann. Ich habe das wirklich schon gefühlt: »Ich bin im Aufsichtsrat von Schalke.«

So plötzlich wird aus »Ich werde Fußballprofi« ein »Ich bin im Entscheidungsorgan von Schalke«. Und damit kann ich sogar mehr Einfluss auf den Club nehmen als mit einem Tor. Und das meine ich, wenn ich sage: Alles ist möglich. Der Verstand glaubt manchmal, was es sein sollte. Und dann kommen die Dinge häufig ganz anders. Aber auch wenn sie vordergründig anders sind, haben sie dennoch etwas mit der Vision zu tun, weil das, was gekommen ist, das gleiche gute Gefühl auslöst, die gleiche Qualität hat wie das, was uns der Verstand zuerst vorgegeben hat. Wobei gerade in Bezug auf Schalke zu sagen ist, dass man sicher auch als Aufsichtsrat gestresst und unglücklich sein kann. Fans werden mir zustimmen. Aber für mich, in meiner Vision, fühlt es sich einfach nur gut an.

Wir alle haben Zugriff auf diese Ebene. Oder besser: Wir alle können Zugriff haben. Niemand ist von dieser Ebene ausgeschlossen. Wir müssen sie nur für uns eröffnen. Und dafür müssen wir uns öffnen. Ich glaube an dieses Prinzip mit jeder Faser meines Körpers. Dinge, die wir visionieren können, können wir Realität werden lassen. Aber kann ich es erklären? Wir werden sehen.

Dieses Kapitel ist jedenfalls keine Anleitung »Wie visioniere ich richtig?«. Ich kann dir keine Schritt-für-Schritt-Anleitung geben, woran du wie denken musst, um Millionär zu werden. Dafür gibt es andere Bücher. Ich kann dir berichten, was für mich funktioniert, wie und wann ich meine Schöpferkraft anzapfe und auch was ich persönlich damit erreicht habe. Ich wünsche mir, dass du darin Inspiration findest, deinen eigenen Weg zu suchen und zu gehen.

Ich selbst gehe meinen Weg, seit ich mit 15 Jahren zum ersten Mal von der Idee gehört habe. Ich gehe ihn regelmäßig und mit Unterstützung verschiedener Coaches und Mentoren, von denen ich mich begleiten lasse. Jeder von ihnen hat seinen eigenen Ansatz, jeder bevorzugt ein anderes Erklärungsmodell. Die einen bevorzugen ein rein wissenschaftliches Erklärungsmodell. Andere sagen, dass das, was diese Seite wissenschaftlich nennt, in Wahrheit doch nur Pseudowissenschaft ist und sie bevorzugen deshalb von vornherein ein eher spirituelles Erklärungsmuster. Joe Dispenza, der mich in den letzten sechs Jahren in fantastische Meditationen geführt hat, nennt diese Ebene, auf der unsere Schöpferkraft wirksam wird, »Quantenfeld«. Er sagt: »Das Quantenfeld ist ein unendliches Feld, das mit Frequenz oder Energie gefüllt ist. Und jede Frequenz trägt Information in sich. Man kann sich also das Quantenfeld als gefüllt mit unendlichen Mengen an Energie vorstellen, die jenseits der physischen Welt der Materie und unserer Sinne vibrieren – unsichtbare Energiewellen, die uns zur Verfügung stehen, um etwas zu erschaffen. Was genau können wir mit all dieser Energie erschaffen, die ein unendliches Meer von Potenzial ist? Das liegt an uns, denn kurz gesagt ist das »Quantenfeld der Zustand, in dem alle Möglichkeiten existieren«. Er spricht von einem Energiefeld, in dem alles mit allem und jeder mit jedem verbunden ist. Gregg Braden nennt es »die göttliche Matrix«. Wow. Das hört sich groß an. Göttliche Energie. Und dieser Gedanke liegt uns in unserer neuzeitlichen, westlichen Sozialisation inzwischen sehr fern. Wir schauen uns suchend um in den großen Lehren der Welt und sehen das Konzept einer göttlichen Energie im Hinduismus durch den Glauben an Brahman anerkannt – die allgegenwärtige, letztendliche Wirklichkeit, die das Universum umfasst und die Quelle aller Schöpfung ist. Der Taoismus kennt Qi, eine universelle Energie, die alles im Universum durchdringt und beeinflusst. Dabei ist es ein Gedanke, der einmal zentral war für das christliche Abendland. Vielleicht erinnerst du dich? In »unserer« heiligen Schrift, die über Generationen das Leben in Europa prägte, steht: Gott, der Schöpfer aller Dinge, schuf den Menschen zu seinem Bilde. Der Gedanke, dass wir göttliche Schöpferkraft besitzen, ist also in der westlichen Welt nicht unbekannt. Gleichzeitig schwingen in dem Gedanken an die göttliche Schöpferkraft in jedem Einzelnen von uns verschüttet geglaubte und unbewusste Vorstellungen von »Sünde« und religiöse Tabus mit. Darf ich das? Wer bin ich denn? Denn schließlich galt seit Jahrtausenden: »Ich bin der Herr, dein Gott. Du sollst keine anderen Götter haben neben mir.« Das erste Gebot erinnert daran, dass es nur einen Schöpfer gibt, der alle Dinge geschaffen hat, und dieser Schöpfer sah, dass es gut war. Im christlichen Glauben folgt dann allerdings die Erbsünde. Adam traf eine falsche Wahl, rebellierte gegen seinen Schöpfer und ruinierte alles. Du erinnerst dich: der Apfel vom Baum der Erkenntnis et cetera. Der Mensch – das zeigte sich in Adams bewusster Entscheidung – besitzt die Fähigkeit zu denken und zu wählen. Diese Fähigkeiten spiegeln Gottes Intellekt und Freiheit wider. Jedes Mal, wenn jemand ein Buch schreibt, ein Bild malt, ein Konzert genießt und sogar, wenn jemand seinem Haustier einen Namen gibt, ist dieser Vorgang ein Zeugnis unserer

Schöpferkraft und der Möglichkeit, unsere Realität selbstbestimmt zu erschaffen.

Heute versuchen wir den Gedanken, dass alles mit allem verbunden ist, mit den Mitteln der modernen Wissenschaft zu beweisen – oder viel eher zu widerlegen. Und das fällt immer schwerer. Einige Autoren verweisen in diesem Zusammenhang auf Konzepte wie die sogenannte Quantenverschränkung. Quantenverschränkung bedeutet, dass Teilchen, die einmal verbunden waren, auch wenn sie inzwischen räumlich getrennt sind, noch immer energetisch verbunden sind. Was immer die Forscher mit einem Teilchen getan haben oder welchen Einflüssen sie dieses Teilchen ausgesetzt haben, der andere Teil reagierte zeitgleich identisch, als wenn er selbst diesen Einflüssen ausgesetzt worden wäre. Quantenverschränkung ist in verschiedenen Experimenten nachgewiesen und ist ein anerkanntes Phänomen in der Quantenphysik. Es kommt einer alles verbindenden Energie sehr nahe. Und wir alle wären Teil von ihr.

Es wird aber noch verrückter. Das sogenannte Doppelspaltexperiment gehört zu den Schlüsselexperimenten der Physik. In der Quantenphysik dient es unter anderem dazu, den Welle-Teilchen-Dualismus zu demonstrieren. Aber es zeigt noch viel mehr. Ganz vereinfachend besagt der Welle-Teilchen-Dualismus, dass Objekte der Quantenphysik, Elektronen, Atome oder Moleküle, sowohl Eigenschaften von klassischen Wellen als auch von klassischen Teilchen haben. Du kannst dich selbst in dieses Experiment einlesen, deren Ausführung hier den Rahmen sprengen würde. Es geht – wirklich stark vereinfacht – darum vorherzusagen, durch welchen Spalt ein Teilchen seinen Weg nimmt, das auf eine Projektionsfläche geschossen wird und auf diesem Weg eine Platte mit zwei nebeneinanderliegenden Öffnungen passieren muss. Auf der Projektionsfläche zeigt sich am Ende ein bestimmtes Muster der auftreffenden Teilchen. Und das Muster zeigte, dass sich die Teilchen wie Wellen verhalten. Als Nächstes installierten die Physiker an den Öffnungen eine Messvorrichtung. Sie wollten wissen, durch welchen Spalt das Teilchen geht. Und jetzt wird es mysteriös. Denn sobald eine Messung oder Beobachtung stattfindet oder die Messvorrichtung auch nur installiert wird, verhält sich das Teilchen wieder, wie es für ein einzelnes Teilchen erwartbar wäre, und nicht mehr wie Wellen. Ganz so, als wüsste es, dass es beobachtet wird. Können wir auf subatomarer Ebene die Realität durch Beobachten verändern? Eine Theorie, die diesen Effekt schlüssig erklärt, haben die Wissenschaftler noch nicht gefunden. Der Nobelpreisträger Richard P. Feynman nennt den Doppelspaltversuch »das Herz der Quantenmechanik«. Für mich zeigt er, dass in diesem Feld alles als Potenzial existiert und erst durch die Beobachtung »zum Ding wird«, wie es mein guter Freund Walter Hommelsheim ausdrückt.

Ist das noch Physik, Metaphysik, ein spirituelles Konzept oder sind wir an einem Punkt, wo sich alles wieder zu einem großen Ganzen vereint? Oder anders: Ist es mir wichtig zu verstehen, warum sich meine Schöpferkraft manifestiert? Welche Prozesse dahinterstehen? Ist es überhaupt wichtig? Ich benutze jeden Tag mein Handy. Ich weiß, was ich tun muss, damit etwas Bestimmtes passiert. Weiß ich, wie es funktioniert, kann ich die einzelnen physikalischen und theoretischen Konzepte und Prozesse erklären? Nein, das kann ich nicht. Dennoch nutze ich es. Jeden Tag.

Stell dir vor, du überlegst, dir einen Tesla zu kaufen. Plötzlich siehst du überall auf der Straße Teslas. Und da ist schon wieder ein Bericht über Teslas. Und der entfernte Bekannte fährt jetzt auch einen. Warum? Gibt es jetzt plötzlich mehr Teslas auf der Straße? Natürlich nicht. Aber du hast deine Aufmerksamkeit eben auf das Thema gerichtet. Dieses Phänomen hat sogar einen Namen, die Psychologie spricht von einer »Frequenzillusion«. Nur erklärt dieser Ansatz eben nicht, wie es dazu kommt, dass du dann irgendwann wirklich einen Tesla fährst, wenn du darüber visioniert hast.

Visionieren funktioniert aber zumindest zu einem sehr großen Teil so. Ein ganz großer Teil dessen, was den Erfolg von Visionieren ausmacht, ist das, was ich »Aufmerksamkeitssteuerung« nenne. Wenn du ein beliebiges Thema in deinen Fokus rückst, kommt sicher auch die »Frequenzillusion« von außen dazu. Aber vor allem richtest du deine innere Aufmerksamkeit auf ein Thema.

Ich lebe in einer Dachgeschosswohnung. Es ist meine Traumwohnung. Und ich habe sie mir visioniert. Ich hatte von der Wohnung, in der ich lebe möchte, so eine Art Central-Park-Vorstellung. Ein alter Wolkenkratzer in New York, ein großes Loft mit Dachterrasse und Blick über den Central Park. Das war meine Vision. Nur dass die Wohnung eben in meiner Herz-Stadt Köln sein sollte. Tja. Da gibt es solche Wohnungen doch gar nicht. Das ist erstens beim Visionieren völlig egal. Zweitens gibt es diese Wohnung eben doch. Und dann hat es eine WhatsApp-Nachricht gebraucht, bis ich diese Wohnung hatte. Ich musste mich nicht bewerben, nicht lange suchen, nicht mit 50 anderen Bewerbern Schlange stehen ... nicht ich habe die Wohnung gefunden, die Wohnung hat zu mir gefunden. Diese neue Wohnung kam nach dem Visionieren zu mir, gefühlt ohne mein bewusstes Zutun. Sie liegt hundert Meter entfernt von meinem Büro. Ich wusste gar nicht, dass es in Köln solche Wohnungen geben könnte. Diese spezielle Wohnung lag deshalb auch außerhalb meiner Vorstellungskraft und eines eventuellen Suchfokus. Was in meiner Vorstellungskraft lag, das war die Central-Park-Vorstellung. Das war etwas, was ich fühlen konnte. Wie es wäre, dort zu leben, wie es sich für mich anfühlen würde, in einer solchen Umgebung wach zu werden. Wenn ich mir eine Wohnung für Köln visioniert hätte, dann wäre die Vision wohl sehr viel kleiner ausgefallen. Denn der Kopf sagt ja, das gibt es gar nicht. Aber ich lasse mich beim Visionieren doch nicht von meinem Kopf eingrenzen. Ich wollte und ich habe die Central-Park-Wohnung gefühlt. Ich habe emotional schon in dieser Wohnung gelebt, bevor ich wusste, dass es diese Wohnung in Köln gibt und bevor ich den Schlüssel dazu in die Hand bekam. Und wenn man so eine Vision lebt, dann ist man natürlich doch einmal öfter auf ImmoScout unterwegs und dann spricht man auch einmal mehr von und über das Thema: »Mensch, was wäre denn, wenn wir so eine Wohnung finden würden?« Man beschäftigt sich plötzlich intensiver mit seinem Fokus-Thema. Ich habe in dieser Zeit einen Aspekt meines Lebens darauf ausgerichtet, dass ich so eine Wohnung gerne hätte. Was passiert, wenn ich mich intensiver mit einem Thema beschäftige, ist, dass ich plötzlich die Chancen darauf ganz anders wahrnehme. Ich glaube, das ist genau das, was in diesem Fall passiert ist. Die Wohnung hat es auch so gegeben, die wäre auch so frei geworden, die wäre auch so auf ImmoScout gewesen. Aber sie wäre einfach nicht in meinem Fokus gewesen und ich hätte das Thema nicht schon mit meiner Partnerin besprochen und einen Umzug noch nicht wirtschaftlich durchgerechnet gehabt; und all diese Dinge, die an einem »Mensch, stell dir mal vor ...« dranhängen. Als es so weit war und sich die Chance ergab, war ich längst bereit, diese zu nutzen.

Bei Obama war es letztlich auch so. Ich hatte mich darauf vorbereitet. Wir hatten diese Vision schon lange, hatten sie sogar schon einmal aufgegeben und dann wieder aufleben lassen. Ich war also in diesem Moment einfach fest entschlossen, wenn es die Chance geben wird, dass wir Obama holen können, dann werden wir es machen. Und dann kam plötzlich diese Chance. Wir könnten ihn holen. Aber nicht in einem Jahr, sondern in drei Monaten. Wenn ich nicht darauf vorbereitet gewesen wäre, wenn ich die Vision nicht schon längst gelebt hätte, dann hätte ich es ablehnen müssen. Wenn ich mental nicht schon absolut bereit gewesen wäre, wären drei Monate eine unrealistisch kurze Zeit gewesen, um so ein Event vorzubereiten. Das Risiko wäre viel zu groß gewesen. Aber ich war vorbereitet. Und wie vorbereitet ich war! Nur deswegen konnte ich ohne nachzudenken zusagen: »Ja klar. Machen wir.« Weil ich die Vision schon gelebt habe. Und ich glaube, allein dieses emotionale »sich in einen Zustand oder eine Begebenheit hineinzuversetzen« richtet das tägliche Denken und Handeln auf die Vision aus und lässt sie dadurch gleichzeitig entstehen.

Ich glaube nicht, dass das Universum mir diese Wohnung geschenkt hat, weil ich irgendwelche Botschaften gesendet habe. Ich glaube auch nicht, dass Barack Obama irgendwo auf der Welt gespürt hat: »Oh, ich muss mich in den Flieger setzen nach Köln. Ich habe schon immer mal die Idee gehabt, jetzt muss ich plötzlich nach Köln.« Glaube ich nicht. Aber ich weiß es auch nicht. Dass in einem wie auch immer gearteten Quantenfeld, in der Matrix, in einem uns alle Menschen miteinander verbindenden Energiefeld – nenn es, wie du willst – Dinge geschehen können, von denen wir nicht wissen, wie sie funktionieren, ist deshalb für mich genauso wahrscheinlich wie seine Nicht-Existenz. Aber wenn es dieses Feld gibt, erscheint es mir sinnvoll und einleuchtend, dass sich auf dieser Ebene Verbindungen aufbauen und Beziehungen entstehen, die dafür sorgen, dass Dinge passieren, die wir vielleicht (noch) nicht so einfach erklären können. Oder die dafür sorgen, dass plötzlich Menschen aufeinandertreffen, die vielleicht nicht zueinander gefunden hätten, wenn man selbst keine Energie in dieses Feld gegeben hätte. Kann ich damit letztlich erklären, was da passiert ist? Nein, kann ich nicht. Hat es für mich funktioniert? Eindeutig ja.

Ich weiß, dass diese Erklärungen für manche Menschen unbefriedigend sind. Wir neigen dazu, einfache Schlussfolgerungen zu ziehen, und bevorzugen einfache Erklärungsmuster, weil sie das Belohnungszentrum in unserem Gehirn anregen. Es fühlt sich gut an, wenn wir eine Sache erklären können – selbst wenn wir es nur uns selbst erklären. Was ich weiß, ist, dass dieser Weg für mich funktioniert. Seit über zwanzig Jahren gehe ich diesen Weg mit verschiedenen Experten, mit unterschiedlichen Coaches, die alle einen unterschiedlichen Ansatz haben. Das Kondensat jedes einzelnen Ansatzes ist: Es geht immer darum, es zu fühlen. »*If you can feel it, you can do it.*« Du kannst es nicht werden. Du musst es sein. Dieter Lange, den ich schon mehrfach erwähnt habe, beschreibt es als »in einen Seins-Zustand zu kommen«. Wenn du diesen Zustand erreichst, kannst du jeden Aspekt deines Lebens ändern. Dein Leben besteht aus vielen verschiedenen ineinander und miteinander verwobenen Sphären. Um diese Aspekte darzustellen, bietet sich das Konzept des Lebensrades (siehe Grafik Seite 142) an, das ich dir in einem späteren Kapitel noch genauer vorstellen möchte. Dies hier ist also nur ein kurzer Vorgriff, damit du, wenn du den Begriff nicht kennst, ihn besser einordnen kannst. Das Lebensrad besteht aus einem Kreis, der in verschiedene Bereiche oder Kategorien unterteilt ist. Jeder Bereich repräsentiert einen wichtigen und sehr konkreten Lebensaspekt, wie zum Beispiel Karriere, Beziehungen, Gesundheit, Finanzen, persönliche Entwicklung oder die Beziehung zu dir selbst. Wenn du in ausgewählten oder in jedem Bereich eine Bewertung der eigenen Zufriedenheit vornimmst, kann dir das Lebensrad helfen, eine Ist-Analyse vorzunehmen und zu erkennen, in welchen Bereichen du dir Veränderungen oder Verbesserungen wünschst. Das Ziel besteht darin, ein Gleichgewicht und eine Harmonie in allen Lebensbereichen zu erreichen. Damit das Rad rundläuft, müssen alle Aspekte passen, alle Speichen dieses Rades müssen justiert und ausgerichtet sein. Welche Qualität möchte ich in den einzelnen Bereichen (er)leben, um in diesen Zustand der Harmonie zu gelangen? Was möchte ich in diesen Bereichen fühlen? Und dann kommen wir sehr häufig wieder an einen Punkt, an dem wir schon waren. Wie willst du wohnen? Ja, in einem tollen Haus. Wie soll die Beziehung zu deinen Kindern sein? Ja, ich möchte mehr Zeit mit ihnen verbringen und gemeinsam mit ihnen etwas Tolles erleben. Das ist das Außen. Aber im Grunde geht es darum, wie ich mich fühlen möchte und welche Werte ich leben möchte, wenn ich dort angekommen bin. Deshalb frage ich immer, wenn du Millionär sein willst, vom Haus am Strand und vom teuren Auto träumst, warum möchtest du das eigentlich haben? Was ist das wirkliche Motiv dahinter. Und am Ende des Tages wollen die Menschen einfach nur glücklich sein, wenn man sie hinterfragt. »Glücklich sein« ist natürlich sehr pauschal. Und je nach betrachtetem Aspekt – Beziehung, Job, Freizeit – hat das Wort andere Qualitäten. Deshalb ist es so wichtig, sich bewusstzumachen, was es für einen selbst bedeutet. So entwickle ich meine Visionen: Wo läuft es gerade nicht so, in welchen Lebensbereichen möchte ich etwas ändern? Diese Dinge habe ich nicht morgens beim Frühstück entschieden oder abends beim Bierchen, sondern in der Meditation in einer ruhigen Stunde zu Hause oder im Seminar, indem ich mich gefragt habe, in welchem Lebensbereich wünsche ich mir gerade was anderes. Wenn ich mit meinen Betrachtungen an diesem Punkt angekommen bin, erlaube ich mir, groß zu denken. Zumindest versuche ich, mir zu erlauben, groß zu denken. Ich stelle mir die Frage: Was ist eigentlich das Ultimative, was mich glücklich machen würde? Ich stelle mir die Fragen nach dem ultimativen Gefühl, nach der ultimativen Qualität. Das sind schließlich meine Gedanken und Visionen und ich bin in ihnen völlig frei. Warum sollte ich mich mit einem »So wäre es ganz okay« zufriedengeben und mich selbst begrenzen? Dass das auch mir trotzdem immer wieder passiert, ist ein anderes Thema. An dieser Stelle möchte ich noch mal deutlich machen, auch damit ich niemanden verschrecke, dass eine große Vision nicht äußerlich groß sein muss. Sie kann auch qualitativ groß sein, im

Sinne von: Wie darf sich eine Beziehung anfühlen, wie darf sich die Beziehung zu meinen Kindern anfühlen? Das sind große Visionen im Sinne von Qualität und nicht Quantität oder Dingen, die den Nachbarn beeindrucken. Diese Qualitäten, die wir bewusst erschaffen, haben dennoch eine sehr große Auswirkung auf unsere Lebensrealität. Es ist keineswegs so, dass äußere Zustände da sind und wir deswegen ein Gefühl haben und deswegen formt sich meine Realität. Sondern es ist umgekehrt. Wir strahlen etwas aus, wir sind etwas, und das zeigt sich durch Manifestation im Außen. Nicht das Äußere wirkt auf unser Innenleben, sondern umgekehrt. Natürlich gibt es immer eine Wechselwirkung. Aber erst einmal hat das, was wir sind, was wir fühlen, eine große Auswirkung auf das, was außen ist und wie wir unsere Realität wahrnehmen. Und diese Realität verändern wir bewusst durch Visionieren. Visionieren ist für mich nur ein anderes Wort für Gestalten, für Manifestieren, für bewusstes Erschaffen.

Im Unternehmensbereich war das Ultimative für mich, den größten Speaker auf die Bühne zu holen. Das war in unserer Branche für mich persönlich und für ganz viele Menschen aus meinem Team das ultimative Ziel. Dieser Prozess fing schon mit der Frage an, wer denn überhaupt der »größte Speaker« ist? Nicht der größte Speaker, den man sich zutraut, sondern wirklich der Größte? Allein, sich zu trauen, diese Frage zu stellen, ist bereits ein großer Schritt. Wenn du das Ultimative willst, musst du über deine eigenen Grenzen hinaus denken. Das ist schwieriger, als es sich anhört oder liest, denn oft hast du selbst ja überhaupt keine Vorstellung davon, was hinter deinen Grenzen liegt. Es geht dann darum, sich große Fragen zu stellen, darum, Dinge herauszukitzeln, auf die man vielleicht unter normalen Umständen im Alltagsgeschäft gar nicht gekommen wäre. Wenn man ernsthaft sein eigenes Potenzial entwickeln möchte, sollte man sich an den Gedanken gewöhnen, dass dieses Potenzial meist größer ist, als man sich selbst vorzustellen traut.

Unsere Business-Vision, zunächst bei GEDANKENtanken und dann bei Greator, war ja, dass wir tolle Speaker auf die Bühne holen wollten. Die besten Speaker waren und sind unser Anspruch. Wir haben uns deshalb immer wieder gefragt, wen wir gerne auf der Bühne hätten. In Deutschland hatten wir gefühlt irgendwie alle bereits auf der Bühne gehabt oder gebucht. Beim Nachdenken über diese Frage habe ich irgendwann gemerkt, dass wir uns selbst limitieren. Wir haben immer nur in Deutschland geguckt. Und nur aus dieser Perspektive hatten wir alle Großen bereits auf der Bühne gehabt. Aber als wir die Perspektive erweitert haben, merkten wir, dass wir die wirklich Großen noch nicht mal angefragt hatten. Denn die sind international. An diese Liga hatten wir uns noch gar nicht herangetraut. Die Frage, die wir uns stellen mussten, lautete also: Wer wäre denn der größte Speaker weltweit? Und dann sind wir ins Brainstorming gegangen. Nicht zwischen Tür und Angel, sondern das, was ich im Privaten empfehle, machen mein Führungsteam und ich auch im Geschäftlichen. Einmal im Jahr oder sogar einmal im Quartal ziehen wir uns zurück und setzen uns neue Ziele und Visionen für die nächsten ein, zwei, drei Jahre. Wir haben Namen hin und her geworfen, auch aussortiert und dann fiel der Name Obama. Das war zu dieser Zeit wirklich der größte Name, den man zumindest theoretisch buchen konnte. Man wusste, dass er jetzt Vorträge hält, aber eine Buchung war extrem teuer, wobei überhaupt die Möglichkeit einer Buchung extrem rar war, allein aus terminlichen Gründen. Und den Mann sucht man sich aus und sagt zu sich, den zu haben, das wäre das Größte, das wäre der Wahnsinn. Und das war es ja eigentlich auch. Wahnsinn.

Mit diesem Gedanken bin ich in die Meditation gegangen. Gedanken und Vorstellungskraft helfen, eine Emotion zu erzeugen. Vorstellungskraft ist zwar hilfreich, aber sie allein reicht nicht. Vorstellungskraft ist nur ein Werkzeug, um ein Gefühl zu erzeugen. Ich stellte mir Obama auf der Bühne vor, wie er reinkommt und dort steht. Aber die Emotionen, die ich damit verbinde, sind das Entscheidende. Stolz, Freude, Erfüllung, dem Event Bedeutungen zu geben, dadurch, dass er da ist. Diese spezielle Aura, die er hat, zu spüren und alles, was man damit verbindet. Darum geht es, das zu fühlen, das zu sein.

Und dann kommen die Zweifel. Jetzt bist du größenwahnsinnig. Wie sollst du das denn stemmen? Wie sollst du an den drankommen? Bei dem kommt man doch nicht mal in die Nähe. Wie hoch ist denn die Wahrscheinlichkeit, dass das wirklich möglich ist? Diese Zweifel und das Aufkommen von limitierenden Glaubenssätzen sind normal. Wenn ich eine neue Vision habe, dann ist eben nicht sofort alles klar und einfach. Gegen diese Zweifel hilft aus meiner Erfahrung am besten, Zeit mit ihnen zu verbringen. Bewusste Zeit. Ich muss mir die Zeit nehmen, mich mit meinen Zweifeln auseinanderzusetzen. Je bewusster ich bin, desto mehr achte ich auf mich, nehme mir Zeit, mal eine Woche ein Retreat zu machen, mir klar zu werden, was will ich denn überhaupt. Und es geht darum, sich die limitierenden Glaubenssätze bewusst zu machen, sie zu ignorieren oder zu verändern. Reicht das? Passieren dann die Dinge? Manchmal ja. Manchmal muss man »nachhelfen«. Denn natürlich kann man sich auch einen Plan machen. Es hilft, mal durchzurechnen, wie viel Geld man eigentlich braucht. Aber wenn die Vision stark genug ist, wenn du sie wirklich fühlst, folgt daraus eben kein resigniertes: »Puh, so viel Geld habe ich nicht.« Darauf folgt die Frage, was müsste ich denn im Bereich Finanzen tun, damit dieses Ziel realistisch ist? Und jetzt gibt es Leute, die einfach über dieses Thema meditieren und hoffen, dass ihnen das Geld in den Schoß fällt. Und – bitte lache nicht – das kann auch passieren. Es gibt andere Leute, die machen sich jetzt einen Finanzplan und merken »Okay, das und das muss ich erreichen, dann kann ich es umsetzen«. Auch in Ordnung. Es gibt an diesem Punkt kein Richtig oder Falsch mehr. Es gibt Bereiche, die eine neue Meditation, ein neues Visionieren benötigen. Diese Bereiche findest du ganz schnell, wenn du ein Projekt wie einen Obama-Besuch stemmen willst, oder was auch immer für dich in dem Bereich, in dem du aktiv werden willst, das absolut Ultimative ist. Es wird immer verschiedenste Dinge geben, die dafür sorgen können, dass etwas nicht passiert. Dinge, die dir im Wege stehen. Das könnte das Thema Finanzen sein. Tesla kaufen? Womit? Obama buchen? Was brauche ich denn da an Budget? Klar, es könnte sein, dass er umsonst kommt. Aber gehen wir mal davon aus, dass er nicht umsonst kommt. Was das Finanzielle betrifft, kann ich rechnen und einen Plan machen. Das muss dann

Die Vision, die dir wirklich wichtig ist, hat eine Qualität, die du wirklich leben möchtest, die kann auch wiederkommen, wenn die richtige Zeit gekommen ist.

eben erledigt werden: das Finanzielle, das Organisatorische. Das sind die äußeren Dinge, für die du (auch) mit dem Verstand Lösungen finden kannst. Etwas anderes ist das Thema Mindset. Wie gehe ich mit meinen Zweifeln um? Wie gehe ich damit um, dass ich das Gefühl habe, ich werde hier gerade größenwahnsinnig. Und dass mir das gar nicht zusteht. Was bilde ich mir ein, das überhaupt mit dem Team zu besprechen? Da hilft es, zu meditieren und nachzufühlen, warum ich mir das gerade nicht erlaube. Mache ich mich selbst klein? Bin ich wirklich größenwahnsinnig? Oder ist es einfach nur eine tolle Vision, ein schöner Wunsch, ein Ziel, was ich habe; und es ist völlig okay, dass ich es habe? Irgendwann darf es in mein Leben kommen. Denn auch das ist wichtig: Oft unterschätzt du, was du in zehn Jahren erreichen kannst, und du überschätzt, was du in einem Jahr erreichen kannst. Um an diesen und ähnlichen Punkten Klarheit zu bekommen, ist es extrem wichtig, immer wieder auch für die einzelnen Bereiche in die Meditation und in die Klärung zu gehen. Denn natürlich gibt es das, dass Leute dann größenwahnsinnig werden. In unserem Fall, glaube ich, hat es die Realität gezeigt, dass es nicht größenwahnsinnig war, sondern dass es uns gutgetan hat und dass es eine tolle Vision war. Aber: Ich habe auch Visionen gehabt, die dann nahezu zum Scheitern von Greator geführt haben. Die waren falsch. Und ich hätte es wissen können, wenn ich in diesem Realitätscheck besser auf mich gehört hätte. Das, was ich vor der Beinahe-Insolvenz mit dem Unternehmen vorhatte, habe ich von einem sehr frühen Zeitpunkt an nicht mehr gefühlt. Und ich konnte es auch nicht mehr fühlen. Warum? Weil ich ganz viele Glaubenssätze hatte: »Das wird so nicht passieren«, »Das kann nicht passieren«. Ich konnte es einfach nicht fühlen und siehe da, die Vision, die viel zu sehr aus dem Verstand kam, ist gescheitert. Es scheint paradox. Aber manchmal ist das Herz auch in geschäftlichen Dingen der bessere Ratgeber als der Verstand. Das, was wir jetzt mit Greator machen, konnte ich wieder fühlen. Hätte ich besser auf mich gehört, hätte ich viel früher sagen können: »Nein, das ist es nicht.« Ich hätte viel früher loslassen können. Es war am Ende richtig zu sagen, ich lasse die Vision los. Und es kann immer wieder passieren, dass du sagst: »Es ist gerade nicht wert, das zu geben, was nötig wäre«, »Das schadet mir«. Natürlich wirst du immer Widerstände erleben und fühlen. Und erst einmal ist es ratsam, diese Widerstände zu überwinden. Wenn du aber an einen Punkt kommst, wo du dich nicht mehr wohlfühlst und merkst, du überforderst dich gerade, dann wirst du von einer dauerhaften Anspannung in eine Überspannung geraten und nicht mehr im Einklang mit dir sein. Dann lass die Vision los. Die Vision, die dir wirklich wichtig ist, hat eine Qualität, die du wirklich leben möchtest, die kann auch wiederkommen, wenn die richtige Zeit gekommen ist.

Dass du es fühlen kannst, ist die Basis, damit etwas überhaupt funktionieren und passieren kann. Ansonsten bleibt es ein Konstrukt, das man vielleicht mit ganz viel Anstrengung und ganz viel Verstand und Klugheit umsetzen kann. Aber ich glaube, dass es immer sehr anstrengend ist, Dinge nur über den Verstand zu erreichen. Natürlich kannst du Bilanzen aufstellen und durchrechnen und Risikoanalysen aufstellen. Aber manchmal fühlt sich sogar das positivste Ergebnis nicht gut an. Deine Intuition sagt Nein. Das Obama-Projekt ist auch dafür ein gutes Beispiel. Denn tatsächlich haben wir auch diese Vision zunächst verfolgt und dann beerdigt. Nach einigen Monaten der Obama-Vision fühlte sich das alle nur noch stressig an: Wir konnten uns das nicht leisten, vieles in meinem Kopf drehte sich nur noch um diese Idee, es fehlte Aufmerksamkeit für andere wichtige Projekte. Kurz: Es fühlte sich nicht mehr wie eine tolle Vision an, sondern wie ein Kampf. Als mir diese Veränderung bewusst wurde, habe ich entschieden, das Projekt nicht mehr weiterzuverfolgen. Die Vision war erst einmal gestorben. Die Entscheidung war eine große Erleichterung, die wieder viel Energie freisetzte. Aber dann, nachdem wir im November 2018 die Arena das erste Mal ausverkauft hatten, haben wir uns Anfang 2019 gefragt, was unsere neue Vision sein könnte? Und jetzt fühlten wir, dass die Zeit wirklich reif war für Obama. Und dann ging es schneller, als ich es jemals hätte träumen können. Einen Monat später kam der Anruf aus Washington, drei Monate

> *Man darf sich nicht vor Widerständen sträuben, aber es sollte auch nicht zum inneren Kampf werden! Manchmal kommt es, wenn wir es loslassen. Und oft auf eine Art, die wir nicht erwartet haben.*

später war er da. Man darf sich nicht vor Widerständen sträuben, aber es sollte auch nicht zum inneren Kampf werden! Manchmal kommt es, wenn wir es loslassen. Und oft auf eine Art, die wir nicht erwartet haben.

Dein Gefühl sollte die letzte Instanz sein. Das ist der Weg, um eine Vision immer mehr zu leben. In immer mehr Bereichen. Bis dir nichts mehr im Wege steht. Bis deine Vision eine Qualität hat, die in dir ein Gefühl von Zufriedenheit und Erfüllung auslöst, das es erstrebenswert macht, diese Vision zu leben. Immer geht es darum, dieses Gefühl zu erzeugen. Denn wenn du es bist, wenn du es fühlen kannst, sind das die Momente, wo du erschaffst. Im Außen ist dir vielleicht noch gar nicht bewusst, wie. Aber der Grundstein ist gelegt. Wir strahlen in diesem Moment etwas aus. Wir sind etwas. Und das wird sich in der Manifestation im Außen zeigen.

Dieses Prinzip funktioniert in allen Bereichen deines Lebens. Im Großen wie im Kleinen. Ich habe mir immer mehr Abenteuer mit meinen Kindern gewünscht. Ich glaube, dass es vielen von uns so geht. Ist dieses Ziel groß oder ist das klein? Heute mache ich jedenfalls so viele Urlaube mit ihnen wie noch nie. Ja, ich habe einen stressigen Job und ich habe viel zu tun. Aber ich kriege das gut unter. Und es ist nicht mehr anstrengend, das irgendwie unterzubringen, sondern Teil meiner normalen Realität. Das war ein bewusstes Erschaffen. Das war nicht immer so. Heute fahren wir in den Skiurlaub, im Sommer fahren wir an den Strand, ich will ihnen die Welt zeigen. Meine Söhne und ich sind große Fußballfans, sie lieben es, ins Stadion zu gehen. Mein Traum war es schon immer, eine WM komplett mitzuerleben und mit der Mannschaft zu reisen beziehungsweise ihr hinterherzureisen. Warum das nicht kombinieren? Ich habe meine Kinder gefragt, was sie davon halten, im Sommer 2026 bei der nächsten WM mit mir ein paar Wochen durch Kanada, die USA und Mexiko zu reisen. Sie waren begeistert. Das ist jetzt unsere gemeinsame Vision. Wenn ich die Augen schließe und mich in sie hineinversetze, wenn ich daran denke, mit meinen Kindern die Natur Kanadas zu entdecken oder mit ihnen gemeinsam ein Fußballspiel in New Orleans zu erleben, entsteht ein wunderschönes Gefühl. Dann habe ich geschaut, ob während der WM überhaupt Ferien sind. Nein, es ist Schulzeit. Meine Kinder waren enttäuscht. Aber vom ersten Widerstand lassen wir uns doch nicht von unserer gemeinsamen Vision abbringen, auch nicht vom deutschen Schulsystem. Also lebe ich diese Vision trotzdem weiter. Genauso wie ich meine Vision von Greator lebe oder wie ich die Vision von diesem Buch realisiert habe.

Ich habe dir bis hierher ganz bewusst nur ein paar Beispiele aus meinem Leben geschildert. Ich könnte noch so viel mehr aufzählen. Warum tue ich es nicht? Weil ich glaube, dass du an diesem Punkt entweder bereit bist, dich darauf einzulassen, oder eben nicht und es für Quatsch hältst. Für den ersten Fall will ich auf den nächsten Seiten doch noch ein wenig konkreter werden. Sollte bei dir der zweite Punkt zutreffen, kann ich dich nur einladen, es auszuprobieren, in die Meditation zu gehen, vielleicht auch geführt, und es zu versuchen. Denn was hast du schon zu verlieren? Es ist auch in dir. Alles, was du für einen ersten Schritt benötigst, ist Offenheit für eine vielleicht neue Erfahrung und ein bisschen Zeit.

> *Was hast du schon zu verlieren? Es ist auch in dir. Alles, was du für einen ersten Schritt benötigst, ist Offenheit für eine vielleicht neue Erfahrung und ein bisschen Zeit.*

Auch ich nehme mir diese Zeit regelmäßig. Ich mache sehr häufig für 20, vielleicht 25 Minuten eine Morgenmeditation, in der ich mich für den Tag ausrichte. In dieser Meditation gehe ich in meine Vision von meinem Leben. Für jeden Lebensbereich habe ich eine Vision davon, wie ich diesen Bereich leben möchte. Natürlich kann ich nicht jeden Tag jeden Bereich bearbeiten. Aber es gibt immer Bereiche, in die ich gerade Aufmerksamkeit und Energie legen möchte. In den ersten Minuten beruhige ich meinen Verstand. Es ist eine kurze Phase, die ganz allein für sich genommen schon guttut und in der ich zu mir komme, atme, wo ich einfach bei mir bin, und die mich in einen guten Zustand versetzt. Erst dann gehe ich in die Vision, also in das Gefühl rein. Ich stelle mir dann einfach einzelne Lebensbereiche vor: Wo ich lebe, mit wem ich lebe, wie ich lebe, was ich beruflich mache, wie ich es mache et cetera. Und die einzelnen Bereiche gehe ich durch und spüre nach, wie es sich gerade für mich anfühlt. Und langsam kreiert sich dabei ein angenehmes Grundgefühl. Das ist das Grundgefühl für mein Leben, vielleicht sogar meine Lebensvision, die ich im Moment fühle. Und egal in welchen Lebensbereich ich dann reingehe, es fühlt sich gleich gut an. Gleich schön. Denn so will ich ja mein Leben in den einzelnen Bereichen leben. Und in diesem Moment bin ich bereits dieser Alexander meiner idealen Zukunft. Und was dann passiert, ist, dass ich plötzlich nicht mehr die Zukunft lebe, sondern ich lebe das, was ich fühle, im Hier und Jetzt. Und so gehe ich später in den Tag rein. Das heißt, ich gehe bereits mit dem Gefühl, wie ich mich eigentlich fühlen möchte, in den Tag. Ich lebe meine Vision und fange an, mich anders zu verhalten. Das ist der Idealzustand. Jetzt kommt natürlich der Alltag dazu. Ich kann mich nicht immer so wundertoll fühlen. Denn da sind vielleicht noch ein paar grundlegende Sachen im Weg, die mich daran hindern, diese Vision meines Lebens wirklich zu leben. Und dann nehme ich mir vielleicht etwas mehr Zeit. In einem intensiven Retreat beispielsweise, in dem ich die einzelnen Lebensbereiche wirklich bearbeite. Wo ich mich auch wirklich hinsetze und aufschreibe, was ich für Glaubenssätze habe, die mir jetzt gerade im Weg stehen. Welche Emotionen verbinde ich mit gewissen Dingen? Und wenn ich alleine auf mich gestellt nicht weiterkomme, dann suche ich mir Hilfe. Neben der Zeit, die ich mir für mich selbst erlaube, erlaube ich mir, mir helfen zu lassen. Ich mache dann Coachings, ob in einem Retreat oder auch im Alltag. Wenn ich merke, ich habe ein Thema, mit dem ich persönlich nicht so richtig weiterkomme, nehme ich mir einen Coach. Ich nutze Sparringspartner, erkläre ihnen den Bereich, wo ich hinmöchte, aber nicht weiterkomme. Dass ich dieses Gefühl habe, an der und der Stelle nicht weiterzukommen, aber ich kann die Aspekte, die mir im Weg stehen, nicht so richtig greifen. Diese Coachings funktionieren über Fragen. Und die Antworten liegen bereits in mir. Der Coach gibt mir keine Antworten, er hilft mir, sie zu finden. Das erfordert Selbstreflektion und Ehrlichkeit zu sich selbst. Was möchte ich eigentlich wirklich? Was steht mir wirklich im Weg? Und dieser Prozess hilft mir zu erkennen, was mir gerade im Weg steht. Ist es vielleicht eine bestimmte Emotion und wenn ja, welche? Und dann reicht es vielleicht schon, nur diese eine bestimmte Emotion anzugehen, die mich gerade abhält. Und dann schaffe ich es wieder, in dieses Feld, in die Matrix, in meine Schöpferkraft zu kommen.

Aus dieser Schöpferkraft heraus erreichst du deine Ziele. Und dann ist es überhaupt nicht so, dass du deine Ziele mit aller Gewalt verwirklichst. Sondern dann hat es etwas mit Leichtigkeit zu tun, eine Vision zu leben. Mit Spaß und mit Freude. Natürlich muss man Widerstände überwinden, das ist keine Frage. Als wir Obama – versprochen, das ist jetzt das letzte Mal (in diesem Kapitel), dass ich auf diese Geschichte komme – gebucht hatten und in den Vorverkauf gingen, da haben wir gedacht, dass wir vielleicht sofort alles ausverkaufen können. Wir haben den Marketinglaunch vorbereitet und wir haben uns gedacht, dass es vielleicht so läuft wie bei AC/DC oder irgendeiner großen Band. Das kennt man ja. AC/DC gibt die Tourpläne bekannt und bevor das noch in der *BILD* steht, ist innerhalb von Sekunden alles ausverkauft. Mit Glück gibt's noch einen Platz irgendwo am Ende der Welt unter dem Hallendach. Und unser Event lief direkt über den DPA-Ticker. Geil! Alle haben darüber berichtet. Sensation! Barack Obama kommt nach Köln! Wir haben gedacht, wenn wir Glück haben, können wir sofort ausverkauft melden und dann können wir uns drei entspannte Wochen lang auf das Event freuen. Und was ist passiert? Es wurden die dreieinhalb anstrengendsten Wochen überhaupt. Denn nach dem ersten Wochenende Vorverkauf hatten wir von 15 000 gerade mal 2000 Tickets verkauft und es war uns sehr, sehr klar, dass es jetzt extrem harte Arbeit bedeuten wird, die restlichen 13 000 in jetzt noch drei Wochen zu verkaufen. Wir haben unglaublich viel dafür getan, bis wir »ausverkauft« melden konnten. 3000 Tickets haben wir beispielsweise an ehrenamtlich tätige Menschen in Köln verschenkt. Menschen, die für uns Helden des Alltags sind, weil sie sich unentgeltlich für andere Menschen engagieren. Es war eine unglaublich intensive und manchmal harte Zeit, obwohl es völlig im Einklang mit unserer Vision war. Was ich dir sagen will: Es fällt dir nicht alles in den Schoß. Du musst etwas dafür tun. Aber an der richtigen Stelle, nicht mit Gewalt. Es passieren – wenn du bereit bist – Wunder.

Wir glauben nur nicht mehr an Wunder. Wir glauben an Wissenschaft. Aber Wissenschaft ist auch nur der aktuelle Stand des Irrtums und die Erkenntnis, dass wir noch nicht alle Phänomene auf dieser Welt erklären und erfassen können. Wie kann die gedankliche oder spirituelle Verbindung erklärt werden, die dafür sorgt, dass du an deine Mutter denkst, und plötzlich ruft sie an. Wie kann man es erklären, dass Menschen über Jahre keinen Kontakt haben und dann geht einer von ihnen in die Kontemplation, beschäftigt sich mit dem trennenden Konflikt und gibt Aufmerksamkeit und Energie in dieses Thema und dann kommt kurz darauf der Anruf oder die E-Mail genau dieser Person? Ein Mensch schließt im Inneren Frieden mit einem anderen Menschen, zu dem er aufgrund eines Streits seit Jahren oder Jahrzehnten keinen Kontakt mehr hat, und plötzlich kommt aus dem Nichts der Anruf. Ist das Zufall?

Sind wir vielleicht doch alle auf einer nicht oder noch nicht fassbaren Metaebene miteinander verbunden, die der einzelne Mensch auf irgendeine Art und Weise beeinflussen kann?

Der Historiker und Philosoph Yuval Noah Harari hat in einem seiner Bücher sinngemäß geschrieben, dass Nicht-Wissen der eigentliche Ausgangspunkt der modernen Wissenschaft ist. Nicht-Wissen ist nicht schlimm. Wenn daraus aber der Glaubenssatz wird, dass alles, was nicht genau bewiesen und erklärt werden kann, nicht sein kann oder darf, dann limitieren wir uns. Dann schneiden wir uns vom spirituellen Erbe der Menschheit ab und berauben uns meiner Meinung nach vieler Möglichkeiten. Wir sind es gewohnt, in Ketten von Ursache und Wirkung zu denken. Ein Quantenphysiker würde vielleicht eine andere Antwort darauf geben und von einem größeren Ordnungsprinzip hinter allen Dingen sprechen, das wir noch nicht durchdrungen haben.

Ich kann keine letztgültige Antwort auf diese Fragen geben. Mein Rat an dich ist, offenzubleiben für die Erfahrungen zwischen Himmel und Erde, die dieses Leben bereithält. Gefühl und Verstand müssen im Gleichgewicht sein. Herz und Kopf. In diesem Leben benötigen wir beides. Besonders dann, wenn wir unser Leben glücklich und erfüllend gestalten wollen. Ich persönlich bin tief davon überzeugt, dass es Dinge gibt, die wir noch nicht verstanden haben, die wir noch nicht erforscht haben. Der Mechanismus, und dieser Ausdruck ist bereits in unserem gewohnten deterministischen Weltbild verhaftet, wie genau wir mit unseren Gedanken eine neue Realität formen können, gehört dazu. Joe Dispenza sagt: »*It's crazy but it works.*« Für uns hört es sich vielleicht immer noch verrückt an. Aber es funktioniert.

Kapitel 5

———————

Ich habe keinen Mut

Warum du Mut trainieren kannst • Warum große Veränderungen in
kleinen Schritten vonstatten gehen • Und wie und womit Elon Musk
sein erstes Geld verdient hat • Und was das alles mit mir zu tun hat

»Ich habe keinen Mut« ist zugegebener Weise eine ziemlich mutlose
Kapitelüberschrift in einem Buch, das sich im weitesten Sinne als ein Buch
zur Persönlichkeitsentwicklung versteht und in dieser Hinsicht vor allem
eine Quelle der Inspiration sein möchte. Viel mehr jedenfalls als eine reine
Autobiografie der Person Alexander Müller. Eigentlich müsste hier deshalb
so etwas stehen wie »Wie du deine Ängste überwindest und Großes
schaffst«. Allerdings, das fällt mir jetzt auf, ist es aus, sagen wir mal »litera-
rischer Sicht«, ziemlich mutig von mir, dieses Kapitel tatsächlich mit diesem eher mauen Bekenntnis zu beginnen. Mutiger zumindest als vieles,
was ich sonst tue. Dabei kommt es immer wieder vor, dass mir Menschen
im Gespräch zu verstehen geben, dass sie das, was ich tue, ziemlich mutig
finden. Sogar als ich zum ersten Mal mit den Menschen in meinem Umfeld darüber gesprochen habe, dieses Buch zu schreiben, habe ich zu hören
bekommen, dass ich unbedingt darüber schreiben müsse, warum ich so
mutig sei. Bin ich mutig? Ich selbst empfinde das nicht so. Ich halte mich
nicht für einen mutigen Menschen. Ich muss es auch nicht sein. Und du
musst es auch nicht sein. Und trotzdem kannst du alle Ziele erreichen, die

du erreichen willst. Du brauchst dafür viele Dinge, aber Mut gehört nicht dazu.

Die Menschen, die mich mutig finden, beziehen sich dabei vor allem auf das, was ich geschäftlich unternehme. Klar, denn diese Aktivitäten sind ja das, was im Fokus der Öffentlichkeit steht. Viel mehr Menschen kennen den Geschäftsführer von Greator, Alexander Müller, und nicht den privaten Alex, den Vater, den Sohn, den Partner, den Freund oder welche der vielen Rollen ein Mensch im Privatleben haben kann. Wie jeder Mensch bin auch ich nicht frei von Ängsten. Auch ich empfinde viele Dinge, die andere Menschen tun, als mutig. Ich könnte niemals ... – hier gibt es viel einzufügen. Aber Angst, eine Firma zu gründen, Angst, eine große Halle anzumieten, in ein kalkulierbares geschäftliches Risiko zu gehen, die habe ich tatsächlich nicht. All diese Dinge empfinde ich gar nicht als mutig. Denn Mut erfordert immer Angst. Ohne Angst gibt es keinen Mut. Aber ohne Angst brauchst du den ja auch gar nicht.

> *Mut erfordert immer Angst. Ohne Angst gibt es keinen Mut. Aber ohne Angst brauchst du den ja auch gar nicht.*

Wenn das Gespräch darauf kommt, wie »mutig« ich in dieser Hinsicht bin, fällt oft im nächsten Satz so etwas wie: »Ich würde mich das nicht trauen«, »Ich würde nie den Mut aufbringen, XY zu tun«. Was für das Geschäft gilt, gilt für viele Menschen auch in Bezug auf ihr persönliches Wachstum. Sie haben Angst davor. Sie haben nicht den Mut, sich den möglichen Konsequenzen zu stellen. Viele Menschen haben bereits Angst vor der Vorstellung, einfach mal genau hinzuschauen, wo sie eigentlich stehen und wie zufrieden sie mit sich und ihrem Leben sind. Denn das könnte ja bedeuten, dass die eigene Bilanz nicht so gut ausfällt und dass das Bild, das man von sich selber hat, mit der Realität vielleicht gar nicht so viel zu tun hat. Und das würde bedeuten, dass man *eigentlich* Dinge verändern müsste. Aber Veränderung ist nie gut. Zumindest ist das das, was uns unser Verstand glauben machen will. Veränderung bedeutet Ungewissheit. Denn wer weiß schon, wie etwas wird, wenn es anders wird. Die Angst vor dem Ungewissen ist mehr als ein Glaubenssatz. Sie ist ein Feature und kein Bug in unserem Betriebssystem. Unsere starken Beharrungskräfte und unser Hang zum Status quo sind evolutionär extrem tief in uns verankert. Oft bedarf es starker externer Impulse, um diese Beharrungskräfte zu überwinden. Auf der anderen Seite gibt es natürlich den berühmten letzten Tropfen, der das Fass zum Überlaufen bringt und uns in eine Veränderung zwingt. Dann hat eine vermeintliche Kleinigkeit große Auswirkungen auf unser Leben. Oft zur eigenen Überraschung und zur Überraschung der Menschen in unserem Umfeld. Das Leben schenkt einem sozusagen eine neue Chance. War das dann mutig?

Unser Gehirn will vor allem das Überleben des Organismus sicherstellen. Das ist seine Aufgabe. Davon, dass der Mensch glücklich und erfüllt sein will, ist in der Evolution erst mal keine Rede gewesen. Verletzungsfrei, satt, sicher vor externen Bedrohungen. Das ist es, was uns das Angstsystem garantieren soll. Dann kommt ganz lange nichts. Wenn die physiologischen Bedürfnisse garantiert sind, dann kann man sich aus Sicht unseres Gehirns mit den Bedürfnissen nach sozialer Bindung, dann mit dem, was wir wirklich wollen, und ganz zum Schluss mit so etwas wie Selbstverwirklichung oder gar Transzendenz beschäftigen. Das kannst du ganz weit herunterbrechen. Dann geht es ganz grundsätzlich nur noch darum, nicht tot zu sein. Damit ist der absolute Grundauftrag unseres Gehirns erst mal erfüllt. Aber, so denkt es sich, wenn dieses Bedürfnis unter den aktuellen Bedingungen erfüllt ist, ist es natürlich immer ein Risiko, diese Bedingungen zu ändern. Die könnten zwar besser werden. Aber sie könnten auch schlechter werden. Das ist das Grundprinzip. Angst ist das Warnsignal, das das System nutzt, um uns auf diese Möglichkeit hinzuweisen. Angst ist eine natürliche Emotion, die als Reaktion auf Bedrohungen oder potenziell gefährliche Situationen auftritt. Sie dient als Alarmsignal und schützt uns vor möglichen Schäden. Der Extrembergsteiger Reinhold Messner fasste dieses Schutzprinzip einmal sinngemäß in dem Satz zusammen: Wenn ich keine Angst hätte, wäre ich längst tot.

Die Steigerung von Angst ist Schmerz. Körperliche Schmerzen werden ausgelöst, wenn der Organismus geschädigt ist. Jede Verletzung konnte und kann dazu führen, dass der Grundauftrag, am Leben zu bleiben, nicht erfüllt werden kann. Deshalb fällt diese Warnung oft ziemlich extrem aus. Aber auch wenn die Seele oder unsere Psyche leidet, kann sich dies in körperlichen Symptomen äußern. Während Angst oft die Warnung vor Veränderung, vor dem Risiko des Ungewissen ist, ist Schmerz allerdings die klare Aufforderung an uns, etwas zu ändern. Die Hand aus dem Feuer zu nehmen, den verstauchten Fuß ruhig zu halten oder etwas in unserem Leben zu ändern. Trotzdem ignorieren wir oft auch diese deutlichen Warnzeichen und verharren trotz Herzstechen in der unglücklichen Beziehung oder in dem Job, der uns auffrisst.

Wie können wir also diese starken Beharrungskräfte überwinden, die seit Millionen von Jahren in das Bewusstsein eingeprägt sind? Anders formuliert: Wie können wir den grundlegenden Mut aufbringen, uns Herausforderungen und Risiken zu stellen? Denn genau das ist Mut: Mut entsteht, wenn wir uns bewusst dazu entschließen, trotz dieser Ängste voranzuschreiten. Es ist der innere Antrieb, sich dem Unbekannten zu stellen und eine Veränderung herbeizuführen. Mut ist kein Zustand, der einmal erreicht wird und dann bestehen bleibt. Mut ist eine Fähigkeit, die entwickelt und geübt werden kann. Je öfter wir uns unseren Ängsten stellen und mutige Handlungen ergreifen, desto stärker wird unser Mut. Es ist ein kontinuierlicher Prozess des persönlichen Wachstums und der Selbsttransformation.

> *Je öfter wir uns unseren Ängsten stellen und mutige Handlungen ergreifen, desto stärker wird unser Mut. Es ist ein kontinuierlicher Prozess des persönlichen Wachstums und der Selbsttransformation.*

Dieser Prozess findet allerdings außerhalb oder wenn nicht außerhalb, so doch an der Grenze der eigenen Komfortzone statt. Je öfter du an diese Grenzen gehst, desto weiter verschieben sie sich. Hast du den Mut, an diese Grenzen zu gehen? Oder bleibst du dabei, keinen Mut zu haben? Selbst wenn du dich für die zweite Option entschieden hast: Das Eingeständnis, keinen Mut zu haben, ist, wenn es nicht Koketterie ist, der erste Schritt in dieses Wachstum. Warum? Weil dieses Eingeständnis anerkennt, dass eine Veränderung nötig und möglich ist. Und möglich ist eine Veränderung immer.

Wie schaffen wir Veränderung? Stell dir ein kleines Kind vor, dass seine Welt erkundet. Der kleine Junge oder das kleine Mädchen beschließt nicht, seinen Rucksack zu packen und mal zu schauen, wie es im anderen Viertel aussieht. Es läuft erst an der Hand, dann, wenn es sich sicher fühlt, lässt es die Hand los und schaut mal selbst, was es da so gibt. Dann läuft es weiter, verliert die Mutter oder den Vater das erste Mal aus den Augen, was nicht schlimm ist, denn es weiß, wie es zurückkommt. »Ich kann das jetzt alleine«, sagt es vielleicht zu sich und vielleicht sogar zur Mutter. Stück für Stück erobert es sich jetzt seine Welt. Bis zur großen Straße, da traut es sich nicht alleine hinüber. So lange, bis es die Straße an der Ampel ein paarmal mit Mama oder Papa überquert hat. Beim ersten Mal alleine ist es noch ziemlich aufregend, die vielen lauten Autos, die Warnung der Mutter noch viel lauter im Ohr. Es geht erst, wenn alle anderen auch gehen. Irgendwann hat es die Sache aber drauf. Und damit die Möglichkeit, sich eine ganz neue Welt jenseits der großen Straße zu erschließen.

Wenn du so willst, habe ich alle meine »mutigen« geschäftlichen Entscheidungen so getroffen wie das Kind, das ich dir eben beschrieben habe. Schritt für Schritt. Immer habe ich meine Grenzen ein Stück weiter hinausgeschoben. Dass ich das konnte, hängt mit meinen Eltern zusammen, die mir erlaubt haben, mich auszuprobieren. Wenn die Mutter die Hand nicht irgendwann losgelassen und dem Kind erlaubt hätte, alleine die Straße zu erkunden und dann das Viertel, hätte das Kind den Mut, die Straße zu überqueren, nicht beziehungsweise erst sehr viel später aufbringen können. Ich bin ziemlich sicher, dass du dich heute nicht als mutig empfindest, wenn du eine Straße überquerst. Aus dieser Angst bist du schon lange herausgewachsen.

Ich bin Schritt für Schritt gewachsen. Der Geschäftsführer Alexander Müller ist gewachsen. Ich habe ja nicht damit angefangen, ein 15 000-Mann-Event auf die Beine zu stellen. Sondern mit 15 war es eben eine Party mit ein paar Hundert Leuten. War das mutig? Es hat sich für mich nicht so angefühlt, sondern es war eher ein Gefühl des Ausprobierens. War dann zumindest die Entscheidung, das erste Mal die Lanxess Arena zu mieten, mutig? Vielleicht sieht es von außen so aus. Aber für mich war es das nicht. Denn ursprünglich haben wir von einem 2000-Mann-Event in Köln geträumt. 2000 Besucher waren schon gewaltig, aber eine Personenzahl, die wir gestemmt bekommen hätten. Das Problem war, dass es in Köln keine Location in dieser Größenordnung gab. Was gibt es denn? Oh, da gibt es die Lanxess Arena mit 15 000 Plätzen. Okay, das ist ja lächerlich. Das geht ja nicht. Aber hey, schau mal, es gibt eine Theaterbestuhlung. Da stellt man die Bühne direkt vor eine Tribüne und hängt alles andere mit dicken schwarzen Vorhängen ab. Das heißt, wenn man 4000 Leute hat, sieht es voll aus. Und wenn man nur 3000 hat, dann sieht es zumindest nicht peinlich aus. 3000 sind nur 1000 mehr als 2000. Das packen wir irgendwie! Auch wenn wir jetzt noch nicht genau wissen, wie. Komm, lass mal die Arena mieten. Und das ist dann auch zu unserer Vision geworden, wir *wollten* das dann, *weil* wir die Arena mieten wollten. Weil uns das ein bestimmtes Gefühl gegeben hat. Weil der Gedanke sich geil angefühlt hat. Und dann haben wir es gemacht.

Bei dieser Entscheidung sind viele Dinge zusammengekommen, die geholfen haben, aufkommende Ängste zurückzudrängen und unsere Komfortzone zu verlassen. Wir waren natürlich keine blutigen Anfänger, sondern wussten, wie das Geschäft läuft. Insofern war es für uns kein Neuland, sondern »nur« eine Erweiterung. Zwei andere Dinge aber sind für mich viel ausschlaggebender: Wir sind ein überschaubares Risiko eingegangen, denn wir wussten, 3000 Besucher, die können wir irgendwie holen. Wie wir das im Einzelnen machen, das sehen wir dann, wenn es so weit ist. Verrückt? Mutig? Selbst wenn wir es nicht geschafft hätten, hätten wir als Unternehmen einen Misserfolg dieser Größenordnung verkraften können. Die Idee an sich war also nicht mehr komplett verrückt, sie war jetzt nur noch ein bisschen verrückt. Für mich ist das zu einem Prinzip geworden: Ich gehe an meine Grenze, aber ich gehe nicht voreilig über diese Grenze hinaus. Das andere war, dass wir uns dann ganz klar und sehr schnell auf dieses Ziel committed haben: Wir machen das jetzt! Wenn wir uns nicht so schnell auf diese gemeinsame Arena-Vision geeinigt hätten, dann wären viel mehr Zweifel in uns hochgekommen. Wir hätten die Sache mit hoher Wahrscheinlichkeit kaputt geredet und 1000 Gründe gefunden, warum es eine ganz und gar dumme Idee wäre.

Diesen Effekt kenne ich schon seit meiner Kindheit. Wenn in der Klasse oder in der Gruppe gefragt wurde, wer eine bestimmte Aufgabe übernimmt, dann ist bei mir ganz schnell der Arm hochgegangen. Oft noch bevor ich mir die Sache gut überlegt hatte. Wenn ich aber zugesagt und mich gemeldet hatte, dann kam ich aus der Nummer nicht mehr raus – und hab es dann durchgezogen. Das könnte man als mutig bezeichnen. Aber streng genommen wird es erst mutig, wenn man sich über die Konsequenzen bewusst ist und man merkt, »Huch, ich weiß gar nicht, wie ich das machen soll«. Mutig oder nicht, diese Methode treibt einen auf jeden Fall sehr schnell in eine Veränderung und ins Machen. Für Zweifel bleibt keine Zeit.

Je größer die angestrebte Veränderung ist, desto mehr Zeit muss man sich natürlich auch nehmen, um die Konsequenzen im Auge zu behalten. Aber was man bei kalkulierbarem Risiko definitiv nicht machen darf, ist, den Zweifeln so viel Raum zu geben, dass sie die Überhand gewinnen. Es hilft oft tatsächlich, eine Sache nicht von vornherein kaputt zu denken; sich nicht von Anfang an alle möglichen Herausforderungen bewusst zu machen.

Und noch einen Effekt kannst du nutzen, den, den ein öffentliches *Commitment* mit sich bringt. Ob das gut beziehungsweise hilfreich oder schlecht ist, muss jeder für sich entscheiden. Aber er existiert ohne Zweifel und viele Coaches raten bei einer angestrebten Verhaltensänderung dazu. Denn natürlich erzeugt ein öffentliches Commitment sozialen Druck und kreiert gleichzeitig – zumindest in einem wohlgesinnten Umfeld – Unterstützung für dein Vorhaben. Vor allem natürlich, wenn dein Vorhaben mehr oder weniger sozial konform ist. Mit dem Rauchen aufhören, mehr Sport treiben, die eigene Ernährung umstellen et cetera. Bei diesen Dingen kann, wenn deine Vision ein bisschen Unterstützung benötigt, der selbst auferlegte soziale Druck durch ein mehr oder weniger öffentliches Bekenntnis durchaus sehr hilfreich sein.

Aus meiner Sicht wird der Weg der Veränderung immer in kleinen Schritten gegangen. Ich weiß, du willst eigentlich große Veränderungen. Am besten sofort. Wir sprechen schließlich von Glück und Erfüllung. Du hast vielleicht auch große Visionen im Herzen. Aber dorthin gelangst du nicht mit einem einzigen Sprung, sondern immer schrittweise. Aus den kleinen Schritten gewinnst du das Selbstbewusstsein, immer größere Veränderungen zu erreichen.

Bei allem, was ich unternommen habe, bin ich so vorgegangen. Ich dehne meine Grenzen mit jedem Schritt immer mehr aus, gewinne mit jedem Schritt mehr Selbstbewusstsein und irgendwann bin ich – zumindest als Unternehmer – so viele Schritte gegangen, dass ich mir Dinge zutraue, die sich andere Menschen nicht zutrauen. Ich gehe Risiken ein, die anderen groß erscheinen. Aber für mich sind das nie zu große Risiken, es sind immer kontrollierbare Risiken. Ich gehe keine Risiken ein, die – und hier greift die Analogie zum Körper und seinem Angst- und Schmerzsystem – den Tod meines Unternehmens zur Folge haben könnten. Oder sagen wir so, ich gehe sie *eigentlich* nie ein. Während Covid zu skalieren war ein solches Risiko. Aber selbst in der drohenden Insolvenz war es am Ende so, dass ich auf die Warnsignale gehört und in der Konsequenz das Überleben des »Organismus« gesichert habe. Auch wenn die Maßnahmen dazu schmerzhaft waren und die dringend nötige Neuausrichtung im ersten Schritt von außen erzwungen war.

Wenn wir über Visionen und darüber diskutieren, warum uns oft der Mut zur Umsetzung fehlt, dann umfasst diese Diskussion natürlich alle Lebensbereiche. Der Grund, warum ich mich bisher vor allem auf geschäftliche Themen konzentriert habe, liegt zum einen darin, dass dieses Thema von außen sehr gut fassbar ist, zum anderen, dass ich mich, aufgrund meiner Biografie, in diesem Themenkomplex unglaublich zu Hause fühle. Machen, Kreieren, Projekte vorantreiben kann man, so glaube ich, ganz objektiv als eine Stärke von mir bezeichnen. Wenn die Leute sagen: »Wow, Alex, das war aber mutig«, dann meinen sie damit ja auch nicht, dass es mutig war, mir eine Wohnung zu visionieren oder mehr Quality Time mit meinen Kindern zu verbringen. Diese Aussagen beziehen sich stattdessen auf Entscheidungen wie die, mit 20 Jahren eine Subway-Filiale zu führen, eine eigentlich zu große Arena zu buchen, Obama nach Deutschland zu holen et cetera. Dann geht es darum, welche Projekte ich wann und wie angehe, welche vermeintlichen wirtschaftlichen Risiken ich eingehe oder vielleicht auch wie viele Leute ich einstelle. Aber in all diesen Dingen bin ich stark. In diesem Lebensbereich fällt es mir entsprechend leicht, Veränderungen umzusetzen, die mich meiner großen Vision näher bringen. Das sind die Dinge, bei denen ich im Flow bin, das ist mein Ding. Hier habe ich meinen Purpose gefunden. Ich glaube nämlich, wenn es darum geht, Veränderungen anzustoßen, dann ist es empfehlenswert, sich auf seine eigenen Stärken zu fokussieren und in diesem Bereich zu beginnen. Denn dort hast du am wenigsten Zweifel. Die Frage ist: Wo liegen deine Stärken? Was macht dich glücklich? Wann bist du im Flow? Gerade am Beginn einer großen Veränderung ist meine Grundempfehlung, sich auf das zu konzentrieren, was einem Spaß macht, wo man seine Stärken hat, wo man im Flow ist. In diesem Bereich Schritt für Schritt die eigene Komfortzone zu erweitern erfordert am wenigsten Mut. Wenn du dir Ziele setzen oder Visionen kreieren willst, die dich wachsen lassen, dann setze in diesem Bereich zuerst an.

Dieses Prinzip der kleinen Schritte gilt also auch für Visionen. Und wie beschrieben auch für die ganz großen Visionen. Wie passen kleine Schritte und große Visionen zusammen? In der Vision geht es erst mal darum, dass du sie fühlst und sie in dir bereits Realität geworden ist. Es geht überhaupt nicht darum, dass du heute eine Vision hast und morgen eins zu eins in die Umsetzung gehst. Du siehst dich vielleicht in einem schönen Haus irgendwo in Spanien, das Hamsterrad ist ganz weit weg, stattdessen viel mehr Dolce Vita beziehungsweise eher spanische Vida Dulce. Du fühlst dieses Leben in der Sonne, das ganz anders ist als dein jetziges. Auch wenn das die Vision ist, kaufe ich trotzdem nicht am nächsten Tag das Haus, kündige den Job und bestelle den Umzugswagen, sondern ich wachse in meine Vision hinein. Bei den meisten von uns gibt es ja gute Gründe, warum wir Jahre oder Jahrzehnte ein anderes Leben gelebt haben – auch wenn dieses Leben vielleicht fremdbestimmt war und gar nicht dem entsprach, was wir jetzt als Vision vom guten Leben entwickelt haben. In den meisten Fällen erfordert bereits der kleine erste Schritt hin zur großen Vision eine große Portion Mut. Aber Mut, den wir aufbringen können. Denn in diesem ersten Schritt mietest du vielleicht erst mal eine kleine Wohnung und fliegst regelmäßig rüber. Oder du nimmst einfach für ein paar Tage oder ein paar Wochen ein AirBnB. Und dann ist es nicht das Haus, was ich kaufen muss, der Job, den ich kündigen muss, sondern erst einmal »nur« der verrückte Schritt, mal nach Mallorca zu fliegen, sich einen Makler zu schnappen und eine kleine Wohnung zu mieten. Oder es ist der erste Schritt zu sagen, ich gehe von einer 40-Stunden-Woche auf eine 30-Stunden-Woche und baue daneben ein Business auf. Aber zwei Jahre später, wenn ich dann vielleicht wirklich den Job kündige und die Wohnung gegen ein Haus auf Mallorca tausche, dann wird das von vielen Menschen als unglaublich mutig empfunden. Aber für einen selbst ist es jetzt ganz leicht und konsequent und man ist immer mehr im Flow. Es muss gar nicht dieser eine sehr große »mutige« Schritt sein. Im Verlauf dieses Kapitels werde ich dir sogar zeigen, dass und warum es gefährlich ist, diesen einen großen Schritt erzwingen zu wollen.

Wie das Entdecken der Welt für das kleine Kind ein Prozess ist, ist auch das Manifestieren einer Vision ein Prozess, in dem man sich Stück für Stück das eigene Leben erschafft. Und jeder Schritt, den du machst, und wenn du dir im ersten Schritt nur einen Bildschirmschoner mit einem Bild deiner spanischen Traumkulisse einrichtest, hilft dir, deine Vision im Alltag noch intensiver zu fühlen. Denn es geht ja immer darum, dass du es im Moment fühlst. Natürlich holt dich der Alltag immer wieder ein und damit die Zweifel: Wie soll das denn passieren? Wie soll ich so eine Wohnung finden? Und wenn ich sie finde, ist sie ja eh unbezahlbar. Wie soll ich mir das leisten können? Und mit diesen Zweifeln entstehen negative Bilder in uns, Bilder davon, was alles passieren könnte. Da sehen wir nicht unbedingt das totale Scheitern. Oft sind es eher die klassischen Erwartungsängste, die uns abhalten: Ich könnte bloßgestellt werden, die Leute lachen mich aus, wenn ich davon erzähle, und wenn es nicht klappt, dann ist erst recht ... Diese Sorgen reichen oft schon aus, um uns zurückschrecken zu lassen. Aber dann geht es darum, die ersten Schritte zu gehen. Und das wiederum erleichtert es dir, dieses Gefühl auch in der Meditation zu erzeugen, zu erhalten und morgens wieder mit diesem guten Gefühl in den Alltag zu starten. Und das verstärkt sich gegenseitig.

Alles, was uns davon abhält, unsere Visionen Wirklichkeit werden zu lassen, ist die Angst, die auf dem Weg zwischen dem Ist-Zustand und dem Soll-Zustand liegt. Und diese Angst ist in meinen Augen umso größer, je größer der Weg zwischen beiden Polen ist. Indem du anfängst, diese Barriere Stück für Stück aufzulösen, und dir erlaubst, die eigene Vision Schritt für Schritt Wirklichkeit werden zu lassen, überwindest du die Angst. Ohne Angst brauchst du aber gar keinen Mut. Leichtigkeit und Flow entstehen. Alle Puzzleteilchen fallen von selbst an ihren Platz. Und plötzlich passieren diese Wunder, von denen wir gar nicht genau wissen, wie sie zustande kommen, und aus den kleinen Schritten wird eine unaufhaltsame Aufwärtsspirale.

Eine unserer Expertinnen bei Greator beschreibt diese Vorgehensweise der kleinen Schritte als »den Mutmuskel trainieren«. Sie hat das Thema Mut zu ihrem persönlichen gemacht. Ihre Positionierung ist Mut und sie hat den Ausdruck »Mutmuskel trainieren« erfunden. Sie beleuchtet das Thema quasi von der anderen Seite. Ihr Ansatz ist, dass du, wenn du ständig Angst hast, immer unsicher bist, den Mutmuskel trainieren musst. Also mach diese vielen kleinen Schritte, aber trau dich und fang an, hör auf rumzureden. Dann gehst du immer weiter. Der Muskel wird immer größer. Und dieses Bild finde ich auch sehr passend. Muskeln kann man trainieren. Die kannst du ins Wachstum zwingen. Du musst nichts glauben, nichts fühlen. Gewicht und Wiederholung – und du erzielst Resultate. Sichtbare Resultate. Gerade wenn du mit einem Training anfängst, siehst du sie sehr schnell. Nicht heute und nicht morgen. Aber nach einer Woche schon. Und wenn du sechs Monate trainiert hast, dann sehen es die anderen auch und denken – vielleicht sagen sie es sogar – wow! Krass, was du das hinbekommen hast. Und wenn wir beim Krafttraining bleiben und mal davon ausgehen, dass du da drangeblieben bist, dann drückst du nach zwei Jahren Gewichte, an denen andere scheitern. Und du so: Alles ganz normal! Aber, und das ist das wirklich Fantastische: Plötzlich kannst du viel härter trainieren. Du kannst größere Gewichte stemmen und der Trainingseffekt ist dementsprechend höher. Oder Laufen: Du fängst an und schaffst 1 Kilometer und dann musst du wieder ein Stück gehen und dann läufst du wieder und irgendwann hast du 5 Kilometer am Stück abgerissen. Und dann schaffst du 10. Nicht schnell, aber du schaffst sie. Auf einmal hast du eine Grundkondition, die dir erlaubt, mal ganz andere Strecken in einem ganz anderen Tempo zu laufen. Und das zahlt dann wieder viel stärker auf deine Resultate ein.

Ich habe sehr lange mit meinem Mutmuskel gearbeitet und war immer sehr stark auf den beruflichen Kontext, auf wirtschaftliche Ziele oder wirtschaftliche Visionen ausgerichtet. Aber plötzlich, wenn du diesen Mutmuskel hast, wenn du ein Selbstvertrauen entwickelt hast und vielleicht auch schon ein Vertrauen ins Universum, wenn du dein Future-Me lebst, dann kannst du anfangen, dieses Prinzip in anderen Lebensbereichen anzuwenden. In Lebensbereichen, in denen du vielleicht nicht deine Stärken hast und der Mutmuskel noch nicht so groß ist. Und der Effekt ist, dass du merkst: Krass, das funktioniert ja hier auch.

Ich persönlich habe mich nie als sehr ängstlichen Menschen empfunden. Aber ich weiß, dass es viele Menschen gibt, denen es nicht so geht, die eine sehr empfindliche Alarmanlage haben. Und ich glaube, gerade wenn du vielleicht so ein Mensch bist, ist diese Analogie extrem hilfreich für dich. Ich weiß, wenn ich erzähle, dass es ja »nur« darum geht, jetzt einfach mal in das Traumland zu fliegen und sich ein paar Tage dort umzusehen und die große Vision mal im Kleinen zu fühlen, dann sagen diese Menschen: Was erzählt der denn da? Das traue ich mich nicht, weil am Ende ja die große Vision steht. Natürlich habe ich Angst. Diese Trainerin – Tanja Peters –, die inzwischen nicht nur Trainerin und Coach, sondern eine sehr erfolgreiche Speakerin ist, betrachtet das Thema aus einer Perspektive, die dann sehr hilfreich ist. Sie sagt, dann hast du eben Angst. Aber Mut ist wirklich ein Muskel und du brauchst gar nicht keine Angst zu haben, was du lediglich tun musst, ist, diesen Anteil in dir, der sowieso da ist, finden und stärken. Mut bedeutet nicht, angstfrei zu sein. Für sie bedeutet Mut, die Hosen richtig voll zu haben, aber aufzustehen und trotzdem loszugehen. Aber Losgehen bedeutet eben nicht, sofort loszustürmen. Sie gibt in einem ihrer Vorträge ein Beispiel, was Losgehen bedeutet. Sie erzählt, wie sie mit ihrem Mann in Berlin klettern war. In Berlin gibt's jetzt keine hohen Berge, aber die haben da wohl so ein großes Gerüst hingestellt, auf dem man rumkraxeln kann, und oben stehen ein Trabi und Strandkörbe. Es gibt nichts, was man in Berlin nicht machen kann. Das Problem ist, dass sie Höhenangst hat. Ihr Mann nicht, und der wollte eben klettern. Die Alternative für sie wäre gewesen, im Café zu sitzen und ihm zuzusehen. Also, ihr Mann klettert da rauf und macht Fotos und ruft runter und sie steht immer noch unten auf der ersten Plattform. »Der erste Schritt hat gefühlt eine halbe Stunde gedauert. Total egal, weil danach habe ich einen zweiten gemacht und den dritten und einen vierten und ich bin auf der anderen Seite angekommen.« Am Ende schaffte sie es tatsächlich auf die andere Seite. Sie hat ihre Ängste überwunden in kleinen Schritten und in ihrem eigenen Tempo.

Jeder von uns hat sein eigenes Tempo und seinen eigenen Zeitpunkt für Wachstum und Entwicklung. Lass dir also nicht von äußeren Einflüssen reinquatschen, sondern geh deinen eigenen Weg, mach dich auf deine eigene Reise. Es ist auch völlig egal, ob du diese Reise mit 30, mit 40, mit 50 oder 60 Jahren beginnst. Es ist auch völlig egal, was der Alexander Müller macht. Denn natürlich hat jeder Mensch unterschiedliche Voraussetzungen. Ich durfte meine Mutmuskeln wie beschrieben schon sehr früh trainieren. Ich hatte das große Glück, von meinen Eltern gefördert worden zu sein. Ob das jetzt die Autogeschichte war oder Subway. Ich durfte Partys organisieren – immer haben sie mich unterstützt, Dinge auszuprobieren, mich auszuprobieren. Und ich habe gemerkt: »Oh, das funktioniert.« Natürlich sind auch ganz viele Sachen schiefgelaufen, von denen ich im Einzelnen gar nichts erzählen mag. Traue ich mich gar nicht. Aber insgesamt habe ich gemerkt: »Wow, ich kann was bewegen. Ich mache Dinge und sie führen in irgendeiner Weise zu Erfolg.«

Egal, ob du das Thema von einer spirituellen oder philosophischen Ebene aus betrachtest oder ob du den eher praktischen Ansatz hilfreicher findest: Kleine Schritte aus der eigenen Stärke heraus und das kalkulierte Verschieben der eigenen Grenzen sind die Gemeinsamkeiten, die zum Erfolg führen. Trotzdem liegt im Mutmuskel-Prinzip, so hilfreich es auch sein mag, eine Gefahr. Es verführt uns dazu, Dinge über die reine Willenskraft erzwingen zu wollen. Und dann fällt als nächster Dominostein oft auch das Prinzip der kleinen Schritte. Aber alles auf eine Karte zu setzen und sofort 1000 Risiken einzugehen ist für mich nicht der richtige Weg. Es gibt Menschen, die, wenn wir wieder auf die Vision »Leben in Spanien« zurückkommen, die Devise leben: Das will ich haben, das mache ich jetzt! Also kündigen sie den Job, kaufen das Haus auf Mallorca und ziehen hin. So! Aber wenn sie dort angekommen sind, sind sie trotzdem todunglücklich. Dann gehen sie zurück mit schlechtem Gefühl und Schulden und noch weniger Selbstbewusstsein. Typischerweise fangen sie aber sofort an, vermeintlich mutig das Nächste auszuprobieren. Diese Menschen gibt es auch, und das sind die typischen Naiven, von denen alle denken: »Ach Gott, der lernt nie dazu, der stürzt sich ins nächste Verderben.« Warum passiert diesen Menschen das? Ist das nicht eigentlich ein Widerspruch, den es gar nicht geben dürfte. Sie haben den Mut aufgebracht und sie haben sich *committed* und trotzdem geht es am Ende schief?

Der Grund liegt in einer fehlenden oder einer falschen Vision. In diesem Fall vom Leben auf Mallorca. Was meine ich damit? Hier sind wir wieder bei dem Thema, was man im Inneren mit dem Äußeren verbindet, und du merkst vielleicht, wie alles miteinander verzahnt ist; wie wichtig es ist, die eigene Vision schon zu leben und zu sein. Man hat das Symbol mit einem Gefühl verbunden: Entspannung, Freiheit, Wärme, raus aus dem Hamsterrad. Aber wenn man dort ist, merkt man, dass das Haus am Strand gar nicht das ist, was einem dieses Gefühl bringt, das man sich wünscht, sondern dass da eigentlich erst ganz andere Themen hätten geklärt werden müssen. Man wünscht sich Freiheit, aber dann geht man mit dem Job und allen anderen Problemen, die man noch hat, nach Mallorca. Dort ist man natürlich nicht plötzlich frei. Man ist nur woanders. Die Vision, die man vielleicht in so einem Lebensstil hat, wird nicht umgesetzt, weil derjenige gar nicht bereit dazu ist. Das meine ich, wenn ich von Sein spreche. Wenn du der entspannte Mallorca-Bewohner sein möchtest, mit einer schönen Finca und einem guten Lifestyle, aber dich nervt das Wetter, dich nerven die schlecht gelaunten Menschen in Deutschland und dass alle in diesem Hamsterrad drin sind, dann bist du noch ein Teil davon. Du bist noch nicht dieser Typ auf Mallorca. Dann lebst du keine positive Vision, sondern bist nur auf der Flucht. Dann ist auch Angst da und du brauchst für den großen Schritt ganz viel Mut. So ist es mit allem. Wenn du dich eigentlich gerne selbstständig machen, aber das noch als mutigen Schritt empfinden würdest, dann bist du noch nicht der Selbstständige, der du gerne wärst. Dann geht es nur mit ganz viel Willen, Angst und Überwindung. Aber wenn du dein Future-Me schon lebst, dann brauchst du diesen Mut gar nicht. Wenn du dich innerlich schon zu dem Menschen deiner Vision entwickelt hast, mithilfe dieser kleinen Schritte: Ausprobieren, Herantasten, positive Verstärkung, dann sagst du dir irgendwann: »Ja, was ist denn daran mutig? Natürlich passe ich dahin. Natürlich gehöre ich dahin.« Dann ist das einfach das, was dir jetzt entspricht.

Dieses »das« kann unglaublich groß werden. Ist es mutig oder verrückt, zum Mars fliegen zu wollen? Wer von uns würde sich trauen, ein Unternehmen zu gründen, das genau diesen Zweck hat? Etwas, woran die wirtschaftlich stärksten Staaten dieser Erde arbeiten – und bisher gescheitert sind. Würdest du sagen, dass das ziemlich mutig ist? Für die meisten von uns sieht es so aus. Zum Mars, haha ... das kann doch gar nicht klappen. Es gibt aber Menschen, die daran glauben. Elon Musk ist einer dieser Menschen. Er hat 2002 das Unternehmen SpaceX gegründet mit dem fernen, aber erklärten Ziel, irgendwann mal zum Mars zu fliegen. Verrückt. 2004 ist Musk bei Tesla eingestiegen und seit 2008 Firmenchef. 2009 präsentierte Tesla das erste Serienfahrzeug und ist heute an der Börse der mit weitem Abstand wertvollste Autobauer der Welt. Zumindest die Tesla-Story hat man irgendwann und irgendwo schon gehört. Man weiß auch, dass Musk einer der reichsten Menschen auf diesem Planeten ist. Ob der Reichste oder nur einer der Reichsten ist bei einem geschätzten Vermögen von knapp 200 Billionen Dollar – je nach Aktienständen – aber eigentlich auch egal. Musk scheint als Unternehmer keine Angst zu kennen (sonst hätte er auch Twitter nicht gekauft). Er hat ja nicht nur SpaceX gegründet. Im Jahr 2016 gründete er The Boring Company, ein Unternehmen, das sich auf den Bau von Tunneln spezialisiert hat. Im selben Jahr war er Mitbegründer des Neurotechnologieunternehmens Neuralink und des KI-Forschungsunternehmens OpenAI, das Modelle und Tools wie ChatGPT und die GPT-Sprachmodellfamilie entwickelt hat.

Ich kenne Elon Musk nicht persönlich und möchte mich keinesfalls mit ihm vergleichen. Als Unternehmer verfolge ich seinen Weg aber aufmerksam, und was immer man von ihm hält: Seine unternehmerische Karriere ist beeindruckend. Wie kann man sich immer wieder an so große Projekte trauen? Ich glaube, dass er diese Frage gar nicht verstehen würde. Ich glaube das, weil er, auch wenn das in der Öffentlichkeit häufig übersehen wird, den Prinzipien folgte, die ich versucht habe, in diesem Kapitel darzulegen. Ich weiß nicht, ob er visioniert. Aber allein aus seinen biografischen Daten kann ich ablesen, dass Musk diese gigantische Erfolgsgeschichte mit kleinen Schritten begonnen hat. Im Alter von zehn Jahren bringt er sich das Programmieren selbst bei und verkauft zwei Jahre später sein erstes von ihm entwickeltes Computerspiel für 500 Dollar. Das Spiel namens *Blastar* war nicht besonders visionär oder innovativ. Es war, um ehrlich zu sein, ziemlich inspiriert von Arcade-Klassikern wie *Asteroids* und *Space Invaders*. Aber es war ein funktionierendes Projekt. Das erste eigene Unternehmen gründete er 1995 gemeinsam mit seinem Bruder Kimbal und dem inzwischen verstorbenen Gregory (Greg) Anthony Kouri: Zip2 war ein durchsuchbares Unternehmensverzeichnis mit interaktiven Karten, das vielleicht am besten als eine Internetversion der Gelben Seiten beschrieben werden kann. Hört sich langweilig an, war aber damals ziemlich visionär, denn es spielte eine bedeutende Rolle in der frühen Entwicklung von Online-Kartendiensten. Entsprechend gut wurde das Unternehmen finanziert. Im Jahr 1999 wurde Zip2 von der Compaq Computer Corporation für etwa 307 Millionen US-Dollar übernommen. Mit seinem Gewinn gründete er einen Online-Bezahldienst, aus dem wenig später Paypal hervorging: Musk verdiente einen dreistelligen Millionenbetrag – Geld genug, um damit 2002 SpaceX zu gründen. Im Jahr 2002 war Musk bereits seit acht Jahren Vollblut-Tech-Unternehmer. Zwischen seinem ersten 500-Dollar-Deal und dem Verkauf von Zip2 lagen 15 Jahre. Auch Elon Musk ist nicht als Milliardär auf die Welt gekommen. Auch nicht als SpaceX-Gründer oder Tesla-CEO. Auch Elon Musk hat klein – wenn auch sehr früh – angefangen und hat seine Grenzen Schritt für Schritt erweitert. So lange, bis es von außen aussieht, als würden für ihn keine Grenzen existieren. In seiner Welt war und ist der nächste Schritt immer absolut möglich. Und dieser nächste Schritt ist immer verhältnismäßig klein. Diese Erkenntnis zumindest kann uns allen Mut machen.

KAPITEL 6

HÖHER, SCHNELLER, WEITER

Warum du deiner männlichen und deiner weiblichen Energie Raum
geben solltest • Wie es dazu kam, dass der Präsident der Vereinigten
Staaten von Amerika in einem Berliner Kongresshotel neben mir
auf dem Boden lag • Und wie ich einmal gefeuert wurde

In der Natur strebt jeder Organismus eine Balance zwischen Wachstum
und Stabilität an. Stell dir einen Baum vor, der nur darauf konzentriert
ist, in die Höhe zu wachsen. Nur wachsen, wachsen, wachsen, nach oben,
zum Licht. Was in einem gesunden System nie passiert, ist, dass ein Baum
darüber »vergisst«, stabile Wurzeln auszubilden. Das passiert ihm einfach
nicht, weil der Organismus, sofern er gesund ist, weiß, dass er sich damit
in Gefahr bringen würde. Er hätte vielleicht die höchste Krone, aber jeder
kleine Sturm würde ihn umwerfen. Wasser strebt den Ausgleich aufgrund
des hydrostatischen Prinzips an. In der Physik gilt das Gesetz des Energie-
ausgleichs, das besagt, dass, wenn in einem geschlossenen System verschiedene Mengen an Energie vorhanden sind, sich diese Unterschiede im
Laufe der Zeit ausgleichen, sodass die Energiemenge in einem unendlich
kleinen Raum letztendlich gleich ist. Ohne alle diese Gesetze im Detail verstehen zu müssen, können wir intuitiv mitnehmen, dass die Natur immer
nach Ausgleich strebt. Wir Menschen sind letztlich Teil der Natur und auch
unsere Energie strebt immer nach Ausgleich. Das Problem ist, dass wir
uns als einziges Element des natürlichen Systems oft dagegen wehren. Nur
uns passiert es, dass wir diesen Ausgleich der Energien oder unserer Be-

dürfnisse bewusst oder unbewusst verhindern beziehungsweise so lange hinauszögern, dass der Ausgleich nicht langsam und konstant passiert, sondern mit einem Knall. Der Knall ist dann der Bore- oder Burnout, der Herzinfarkt oder die Scheidung. Dann zwingt uns das Leben dazu, mal anzuhalten und nachzuschauen, was wir denn anders machen dürfen. Diese extrem unangenehmen Momente sind deshalb gleichzeitig eine riesige Chance zur Selbstreflexion: Sie sind deine Chance herauszufinden: Wer bin ich wirklich? Was benötige ich gerade, um mich vollständig zu fühlen? Um ganz ich zu sein?

Schon rein äußerlich sieht man uns Menschen an, dass wir zwischen zwei Polen oszillieren. Wir haben zwei Augen, zwei Arme, zwei Beine, jeweils links und rechts, wir haben sogar eine linke und eine rechte Gehirnhälfte. Wenn wir zwei Beine haben, dann nutzen wir zur Fortbewegung auch beide. Wir hüpfen, sofern wir gesund sind, nicht auf einem Bein, sondern nutzen beide Beine in einer fein abgestimmten Schrittfolge, um uns fortzubewegen. Alles andere käme uns geradezu lächerlich vor und wäre außerdem mit einem ungleich höheren Energieaufwand verbunden. Wenn es um unsere Persönlichkeit und unser Fortkommen im Leben geht, machen wir aber häufig genau das. Denn unser Dasein wird von zahlreichen Dualitäten bestimmt. Im Äußeren beispielsweise vom Wechsel von Anspannung und Entspannung, von Aktivität und Pausen. Im Inneren beispielsweise von Rationalität und Gefühl, von Körper und Geist, Herz und Verstand – und oft geben wir dem einen viel mehr Raum als seinem Gegenpart.

Ein zentraler Dualismus, den viele Kulturen anerkennen, ist der Dualismus zwischen männlichen und weiblichen Anteilen, die wir alle in uns tragen. Das heißt, jeder Mensch trägt immer beide Anteile in sich. Auch der männlichste G.I. Joe trägt weibliche Anteile in sich, ebenso wie Barbie männliche Anteile in sich trägt. Sie stehen nicht gegeneinander, sondern ergänzen sich. Das eine ist nicht besser oder schlechter als das andere. Dabei geht es nicht darum, dass es handwerklich begabte Frauen gibt, die sich in Männerberufen behaupten. Es geht nicht darum, dass ein Mann sich die Nägel lackiert und sich schön findet oder dass er Erzieher wird. Es geht auch nicht um Homo- oder Heterosexualität und alles, was dazwischen liegt. Das Thema hat auch nichts mit körperlicher Schwäche oder Stärke zu tun. Allerdings sehr viel mit innerer Stärke. Ich bin davon überzeugt, dass wahrhaft starke Menschen diejenigen sind, die ihre Balance zwischen männlichen und weiblichen Anteilen gefunden haben. Kampfkünstler und Kung-Fu-Meister kennen den »Dantian«, auch »Centre of Mass« genannt. In der chinesischen, koreanischen und japanischen Tradition gilt der Dantian nicht nur als der physische Schwerpunkt des menschlichen Körpers, sondern auch als Sitz der inneren Energie (Qi). Wer diesen Punkt gefunden hat und in ihm ruht, den wirft so schnell nichts mehr um und er kann aus dieser Kraft schöpfen. Wir kennen diese Menschen, die »in sich ruhen«, und bewundern sie. Wir sind gerne in ihrer Nähe. Sie strahlen Ruhe, Stabilität und Vertrauenswürdigkeit aus.

Der Daoismus kennt die Dualität von männlich und weiblich als Yin und Yang: Das Yang-Prinzip steht für Aktivität und Energie, das Yin-Prinzip für Passivität und Ruhe. Der Daoismus hat erkannt, dass sich diese Gegensätze nicht nur anziehen, sondern sich auch ergänzen. Das Yin-Prinzip ergänzt das Yang-Prinzip, indem es Balance und Ausgleich schafft.

Diesen Dualismus in uns, der immer nach Balance strebt, kann man auch beschreiben als den Gegensatz zwischen »machen« und »geschehen lassen«. Dabei ist dieses »geschehen lassen« keine Passivität im eigentlichen Sinne, sondern zunächst ein aktives Vertrauen und Loslassen. Zumindest geht diesem Schritt in das »geschehen lassen« eine aktive Entscheidung voraus: Ich lasse jetzt los, trete zurück und vertraue einfach. Das ist übrigens etwas, was vielen Männern auch in ihrer Sexualität schwerfällt. Vielleicht zeigt sich hier sogar am deutlichsten der Druck, ständig »Mann sein« zu müssen. Den ersten Schritt machen zu müssen, die Initiative ergreifen, es – *pardon my french* – im Bett »gut machen« zu müssen. Annehmen zu können, zu fühlen, sich im wahrsten Sinne des Wortes hinzugeben und die Kontrolle abgeben zu können ist etwas, was vielen Männern schwerfällt, weil sie diese Rolle nie gelernt haben. Auch wenn es darum nicht beziehungsweise nur nebenbei geht: Der bessere Liebhaber ist sicher nicht nur aus meiner Sicht derjenige, der beiden Anteilen Raum geben kann.

Zwischen den beiden Polen »machen« und »geschehen lassen« wollen wir und unser Leben ins Gleichgewicht kommen. Robert Betz verdeutlicht diesen Grundrhythmus des Lebens an einem eindrucksvollen Beispiel. Mit dem ersten Atemzug als Neugeborenes trittst du in das Leben außerhalb des Körpers deiner Mutter. Du nimmst dir Luft, füllst deine Lungen, du hast Bock zu leben. Und dann lässt du los, atmest aus, in dem Vertrauen, dann wieder den nächsten Zug nehmen zu können. Und ja, auch das gehört dann dazu, mit dem letzten Ausatmen, dem letzten Loslassen geht es wieder raus aus diesem Körper und diesem Leben und wir können alle gespannt sein, ob und was uns dann erwartet. So weit ist es aber gerade noch nicht, noch leben wir. Und da stellt sich die Frage: Wie ist denn dein Leben gerade? Hast du das Gefühl, im Gleichgewicht zu sein? Bist du in der Balance? Oder fühlst du dich regelmäßig ausgepowert und getrieben und gefangen im Hamsterrad? Vermutlich tendierst du eher zu Letzterem. Und damit bist du nicht allein. Mehr als die Hälfte der Deutschen leidet an Erschöpfung, berichtete *Spiegel Online* im September 2023 und bezieht sich dabei auf eine repräsentative Umfrage im Auftrag des Beratungsunternehmens Auctority. Kein Wunder. Es soll alles sofort passieren in unserem Leben, es gibt kaum noch Raum dafür, etwas wachsen zu lassen. Wir wollen Karriere machen, viel schaffen, viel erreichen, befördert werden, schnell mehr Geld verdienen, eine Modell-Familie gründen, Haus kaufen, Urlaube machen, alles mit Druck, Stress, wir haben kaum Pause zum Atmen. Und dann wollen wir Entspannung. Aber sofort. Wir wollen persönliches Wachstum. Aber spätestens morgen soll es erreicht sein. Besser noch heute. Wir wollen, dass unsere Visionen morgen Wirklichkeit sind. Wir lassen uns keine Zeit. Stattdessen pushen und pushen und pushen wir die meiste Zeit. Es gibt jedoch eine zentrale Sache in unserem Leben, die sich nicht beschleunigen lässt. Und Männer sind von ihr ausgeschlossen. Eine Schwangerschaft, vielleicht die urweibliche Fähigkeit überhaupt, nämlich Leben wachsen zu lassen, die lässt sich nicht beschleunigen. Die dauert im Schnitt 280 Tage oder 40 Wochen. Und wenn es so weit ist, wenn eine Eizelle befruchtet ist, dann können wir im Grunde nichts mehr tun, als es geschehen zu lassen. Wir können die Entwicklung und das Wachstum nicht beschleunigen. Wir können es nur passieren lassen im eigenen Tempo und Rhythmus. Damit will ich keinesfalls infrage stellen, wie anstrengend und gefährlich und herausfordernd eine Schwangerschaft für die Mutter ist, der, wenn sie sich für die Schwangerschaft entschieden hat, wenig anderes übrig bleibt, als zu akzeptieren, was jetzt passiert. Und die Vertrauen und viel Geduld benötigt. Und die in sich reinhört: Ist alles in Ordnung? Diese Erfahrung und diese Übung fehlen Männern. Auch nicht jede Frau macht diese Erfahrung, schon klar. Aber ich bin davon überzeugt, dass sich die evolutionären Spuren dieser Erfahrung in jeder Frau finden beziehungsweise die Folgen ihres Nichtvorhandenseins in jedem Mann. Und aus dieser Überzeugung folgt eine weitere: Männer und Frauen sind gleichwertig, aber sie sind nicht gleich! Das mag für viele eine schwer verdauliche Erkenntnis sein in einer Gesellschaft, in der jeder alles sein kann, darf und soll, und die dennoch allem, was männlich attribuiert ist, mehr Wert zumisst: Machen! Sich durchsetzen! Etwas erreichen und wenn es erzwungen ist. Sich nicht so anstellen. Hart sein, indem man Empathie mit sich und anderen unterdrückt. Es sind Grundsätze, nach denen wir immer noch unsere Kinder, Mädchen und Jungen erziehen und die sich zu hartnäckigen Glaubenssätzen geronnen ganz tief in uns eingeprägt haben. Wer aus diesem System komplett aussteigt, hat es schwer. Frauen, die sich bewusst für eine Mutterrolle entscheiden, sehen sich heute schon fast genötigt, sich dafür zu rechtfertigen. Wer gar nichts beiträgt, beitragen will oder beitragen kann – wozu auch immer –, gilt als Faulpelz oder gar als Schmarotzer.

Entsprechend sind die meisten von uns vom männlichen Prinzip dominiert. Selbst wenn es in Form des brutalen Machos geächtet ist. Der Preis dieser Dominanz ist, dass wir unsere weiblichen Anteile unterdrücken. Wir machen Pläne, machen uns die Erde untertan, wollen schaffen und sind mit unseren Gedanken und mit unseren Sorgen entweder in der Vergangenheit, aber meistens schon in der Zukunft. Morgen mache ich das und das. Nächste Woche jenes. Selbst wenn wir »entspannen«, tun wir das häufig, indem wir »Erlebnisse« im Außen suchen: Alkohol, Adrenalin, Ablenkung und so weiter. Wo wir selten sind, ist im Hier und Jetzt. Denn dazu müssten wir mal abschalten. Nicht aussteigen, aber mal zur Seite treten. Vertrauen, auch Intuition – der ich ein ganzes Kapitel gewidmet habe – Fürsorge – nicht nur für andere, sondern auch für uns selbst. Das sind Werte und Bedürfnisse, denen die meisten von uns wieder mehr Raum geben dürfen, wenn sie die Balance finden wollen.

Ich kann mich selbst nicht davon freisprechen: Ich persönlich bin – auch wenn sich das vielleicht widersprüchlich anhören mag über jemanden, der Persönlichkeitsentwicklung zu seinem Lebensziel erklärt hat – eher im Außen. Ich bin extrovertiert, ich erschaffe gerne und ich habe sicherlich auch ein gewisses Dominanzstreben. Im DISG-Modell, das vielleicht der eine oder andere kennt, bin ich eher im Dominanz- und Initiativbereich zu finden. Das Fünf-Faktoren-Modell bescheinigt mir hohe Dominanz et cetera. Für mich ist das Ausdruck einer männlichen Energie. Und das finde ich für mich erst mal gut. Als Mann komme ich damit schon ziemlich weit. Vielleicht bist du auch so ein Typ. Dann ist die Wahrscheinlichkeit ziemlich hoch, dass du dir entweder schon was aufgebaut hast, oder dir aufbauen wirst. Die Wahrscheinlichkeit ist aber auch ziemlich hoch, dass du entweder irgendwo eine Leerstelle hast oder eine bekommen wirst, wenn du dich nur auf diese Energie verlässt. Dass du dir irgendwann zwar ein großes Haus leisten kannst, aber du niemanden hast, der mit dir da drin wohnen will. Oder da ist zwar jemand – aber ihr wohnt tatsächlich mehr oder weniger nur noch zusammen in diesem Haus. Warum? Weil ohne den Ausgleich oder die Ergänzung durch Empathie, Ehrfurcht, Freude, Respekt oder sagen wir es doch, wie es ist, ohne Liebe, dich diese Energie zu einem ganz unangenehmen Typen machen wird. Du wirst vielleicht respektiert für deine Leistung, vermutlich gefürchtet, weil du wenig Mitleid mit denen hast, die nicht so stark sind wie du. Aber eins wirst du nicht: geliebt. Höchstens von deinem Hund – vor dem alle anderen Angst hätten.

Vielleicht bist du auch der Typ, der genau davor Angst hat und der deshalb sagt: »Macht, Dominanz, das finde ich alles doof, da habe ich keinen Bock drauf.« Aber selbst wenn du diesen Grundsatz für dich lebst, dann hast du vorher eine bewusste Entscheidung getroffen. Und das ist auch erst mal okay. Aber das Gegenteil von Macht ist Ohnmacht. Und mit deiner Entscheidung gibst du auch die Macht ab, etwas zu erschaffen. Und dieses Etwas, was du erschaffen könntest, braucht ja nichts Äußerliches sein. Du kannst auch ein Umfeld erschaffen, eine Atmosphäre, du kannst aus der Liebe deines Herzens eine andere Gesellschaft erschaffen. Und unsere Gesellschaft könnte ein Update gut vertragen, aber dazu später mehr.

Wenn du dir noch mal vor Augen hältst, worum es letztendlich geht, nämlich darum, dein Leben glücklich und erfüllt zu gestalten, wird klar, dass du deine männlichen und weiblichen Anteile in die Balance bringen darfst. Denn die Frage ist, was du am Ende für ein Mensch sein willst? Glücklich, klar. Aber das äußerliche Glück darüber, sich jetzt die teure Uhr leisten zu können, ist kurz. Unglaublich kurz im Vergleich zu dem Glück und der Erfüllung, sich sagen zu können, dass man wirklich liebt, dass man wirklich geliebt wird, dass man für andere Menschen einen positiven Unterschied gemacht hat, für jemanden da ist und dass jemand für einen selbst da ist. Wenn du das Glück haben solltest, bewusst und bei klarem Verstand zu sterben, vielleicht sogar mit genügend Zeit und Muße, auf dein Leben zurückzublicken, willst du dir dann sagen: »Ich war zwar ein ziemliches Arschloch. Aber ich sterbe immerhin mit einer Rolex am Handgelenk«? Ich glaube nicht! Ich möchte jedenfalls so nicht sterben. Allerdings möchte ich auch nicht völlig verarmt und verschuldet »im Armenhaus« krepieren – selbst wenn eine erkleckliche Anzahl von lieben Menschen um mich weinen würde.

Es muss einen Mittelweg geben.

Das Gute ist, dass die Balance uns nicht nur glücklicher und im weitesten Sinne zu besseren Menschen macht, sondern auch noch »gut fürs Geschäft« ist. Ich habe an anderer Stelle schon geschrieben, dass man selbstverständlich auch sehr viel allein mit männlicher Energie umsetzen kann, mit Fleiß, Willen, Durchstehen und Erzwingen. Aber eben nicht auf Dauer. Auf Dauer macht es dich kaputt – und das sehen wir immer wieder, wenn der Körper irgendwann die Notbremse zieht. Übrigens finde ich es einen interessanten Aspekt, dass

> *Das Gute ist, dass die Balance uns nicht nur glücklicher und im weitesten Sinne zu besseren Menschen macht, sondern auch noch »gut fürs Geschäft« ist.*

eine Balance zwischen männlichen und weiblichen Anteilen dich nicht nur als Individuum, vielleicht sogar als Führungskraft stärker macht, sondern dass sie auch dein Team stärker macht: Eine Analyse von McKinsey hat gezeigt, dass Unternehmen mit größerer Vielfalt und Inklusion, einschließlich Geschlechterdiversität in Führungsteams, tendenziell erfolgreicher sind.

Das große Business-Projekt dieses Buches, an dem ich immer wieder die Prinzipien erkläre, ist der Obama-Besuch. Und auch dieses Projekt war nur möglich, weil ich beiden Energien ihren Raum gegeben habe. Denn die Vision kam aus meiner weiblichen Energie. Aus der ersten Idee, Obama nach Deutschland zu holen, aus diesem »Hey, man könnte doch ...« eine echte Vision werden zu lassen, war ja ein Prozess mit Ups und Downs.

Wir hatten unsere erste große Vision verwirklicht, hatten die Lanxess Arena ausverkauft. Für mich und mein Führungsteam stellte sich die Frage: Was jetzt? Wir hatten dieses »Obama-Ding«, wie erwähnt, schon länger geplant. Im Start-up-Jargon würde man das vielleicht unser *big, hairy, audacious goal* nennen, ein BHAG. Was ist das jetzt schon wieder? Ein BHAG ist ein Ziel, das ein Unternehmen oder eine Organisation dazu zwingt, in großen Dimensionen zu denken und einen Plan für langfristigen Erfolg zu erstellen. Geprägt wurde der Begriff von Jim Collins. Collins ist bekannt für Bücher wie *Built to Last* und *Good to Great*, in denen er den Übergang von Unternehmen von gut zu großartig beschreibt. Auf Deutsch wäre das BHAG ein großes, haariges, verwegenes Ziel: ein großes Ziel, das den Fortschritt vorantreibt, eine Vision für die Zukunft definiert und einfach jeden dazu bringt, auf das Erreichen dieses Ziels hinzuarbeiten. Ich mache das an dieser Stelle nur deutlich, damit nicht der eine oder andere Leser aussteigt und sich denkt, fängt der schon wieder damit an?! Denn dein persönliches Ziel ist vermutlich nicht, die besten Speaker nach Deutschland zu holen, sondern vielleicht eine eigene Oldtimer-Werkstatt zu eröffnen, ein Haus zu bauen oder Frieden mit deinem Ex-Partner zu schließen. Das ist dann dein BHAG. Wir hatten unser Ziel zwischenzeitlich zwar nicht aus den Augen verloren, aber gemerkt, dass die Widerstände zu groß waren, und die Vision erst mal losgelassen. Es hat nicht in die Zeit gepasst. Aber jetzt, da waren wir, mein damaliger COO Manuel und ich, uns einig, war es die Vision, die wir brauchten. Manuel war schon von Anfang an dabei und meine erste Führungskraft. Wir ergänzten uns lange Jahre extrem gut. Auf sein Urteil konnte ich mich verlassen und ich fühlte natürlich auch selbst, dass nach diesem ersten großen Erfolg die Zeit reif war. Es war Zeit, sich wieder intensiver mit der Idee zu befassen, die Vision in mir wieder zum Leben zu erwecken. Nichts ist in meinen Augen dafür besser geeignet als ein Meditations-Retreat. Und für mich stand, unabhängig von allem, sowieso ein viertägiges Meditationsretreat mit Joe Dispenza auf dem Programm, das ich bereits gebucht hatte. Geil. Das passte.

Um das an dieser Stelle aufzuklären: Der eine oder andere hat jetzt vielleicht Bilder im Kopf, wie ich mich in eine einsame Berghütte zurückziehe, um dort entweder allein mit mir oder in intimem Austausch mit einem Mentor in die Kontemplation zu gehen. Die Realität war aber ein Kongresshotel im januargrauen Berlin, irgendwo in Moabit, zusammen mit circa 1000 anderen Menschen, darunter zwei enge Freunde von mir. Besucher aus der ganzen Welt sind für dieses Event nach Berlin gekommen. Alle sind gespannt, haben sich vorbereitet. Du erkennst die Menschen sofort, weniger an den Badges, die sie tragen, sondern an dieser ganz besonderen Erwartung auf den Gesichtern. Jeder erwartet ja etwas. Und obwohl da so viele Menschen sind, bleibe ich sehr für mich, bin voll auf mich selbst konzentriert. Vier Nächte hintereinander hat »Dr. Joe« uns in eine unglaublich tiefe Meditation geführt. Das war auch für mich ein spezielles Ereignis. Du wartest auf den Abend und dann strömen alle in diesen riesigen Saal. Da gibt es diejenigen, die mit Yogamatten et cetera gut vorbereitet sind, und diejenigen, die, wie ich, sich kurz vorher im Zimmer umschauen und sich noch schnell eine Decke oder ein Kissen mitnehmen. Dann ab in den Saal, jeder versucht, einen guten Platz zu bekommen, und dann geht es los. Mit extra entwickelten Sounds und einer abgestimmten Lightshow. Joe Dispenza und sein Team erschaffen mit modernen Mitteln eine fast sakrale Stimmung. Du lässt dich führen, lässt dich fallen. Das ist auch nicht immer unanstrengend, aus dem stressigen Alltag zu kommen und dann krass runterzufahren. Aber das ist das Geile an den Dispenza-Meditationen, dass er es schafft, trotz der nüchternen Umgebung, trotz der vielen anderen Menschen, dass du ganz bei dir selbst bist.

In diesem Zustand habe ich mich wieder mit der Obama-Vision beschäftigt und habe sie in mir wachsen lassen. Ich erinnere mich auch heute, Jahre später, noch daran, wie intensiv und tief diese Meditation war. Acht Stunden am Stück. Zurückgezogen in einer eigenen Blase wie in einem wärmenden, schützenden Kokon. Ich erinnere mich, wie ich stundenlang in diesem Gefühl aufgegangen bin und alles loslassen konnte und losgelassen habe. Darum geht es: Jetzt, in dem Moment, so zu sein, wie du sein möchtest. Nur noch sein. Wer wollte ich sein? Derjenige, der Obama nach Deutschland holt. Und für mich war es so, als wäre Obama mit dabei, als wäre er in diesem Moment mit mir in diesem Saal zusammen mit den 1000 anderen. Das Verrückte ist, dass er es auf die eine oder andere Weise auch tatsächlich war. Nicht nur in meinem Kopf oder in meinem Gefühl, sondern ganz real. Denn am zweiten Seminartag passierte etwas, was ich bis heute nicht richtig einordnen kann. Am zweiten Seminartag habe ich – aus dem Nichts heraus – die entscheidende WhatsApp-Nachricht von einer Kontaktperson bekommen: »Alex, lass uns mal telefonieren, der scheint wirklich kommen zu wollen.« Zufall? Glück? Quantenfeld? Fakt ist, dass diese Dinge so passiert sind und die Realität plötzlich sehr laut anklopfte. Einzig und allein der Umstand, dass ich auf dem Seminar war, verhinderte, dass ich sofort ausgestiegen und ins Machen gegangen bin. Ich habe mir bewusst die Zeit genommen und konnte in den zwei folgenden Nächten meine Vision umso konkreter fühlen. Mein Herz fühlte die Vision und der Verstand bestätigte: Hey, da passiert gerade wirklich etwas!

Dann ist Schluss, dann gehst du raus aus der ganzen Situation und steigst wieder in den Alltag ein. Aber du gehst raus und fühlst dich wie neugeboren. Dann nimmst du wieder – um bei dem Gedanken von Robert Betz zu bleiben – aus dem Urweiblichen kommend deinen ersten Atemzug und fängst an.

Ich hatte mir vier Tage Zeit genommen und meditiert und gespürt, wie sich diese Idee anfühlt. Und alles, was mit dem Fühlen zu tun hat, ordnen wir erst mal dem weiblichen Prinzip zu. Fühlen, Zuhören, auch sich selbst zuhören ... ohne diese Dinge entsteht keine große Vision. Und dann hat sich eben im Verlauf dieses Prozesses eine Vision entwickelt, die ich fühlen konnte. Ich habe diese Vision zu mir kommen lassen, bis ich ihre Ganzheit gespürt habe. Man könnte auch ganz pathetisch sagen, dass ich die Vision empfangen und wachsen lassen habe. Mit der Idee schwanger zu gehen sagt der Volksmund. Und so ist es auch. Irgendwann war die Idee zur Vision gereift. Da war dieser Aha-Moment, diese Klarheit, die ich so liebe. Das war der Moment, ab dem ich sagen konnte, wenn sich jetzt die Chance ergeben sollte, dann bin ich bereit dafür. Ich bin mir sicher, dass wir die Vision Realität werden lassen können. Und das ist ehrlich gesagt etwas, was ich mir immer noch nicht rational erklären kann: dass sich während dieses Wachstums tatsächlich die konkrete Chance gezeigt hat.

Was im Anschluss kam, war wieder ganz viel männliche Energie. Auschecken, Handy ans Ohr. Zurück nach Köln. Klar, wir machen das. Wir packen es an. Und dieses Mal hat diese Energie uns durch alle Widerstände getragen. Und natürlich gab es einige Widerstände. Ich weiß noch, wie wir nach dem Verkaufsstart, der nicht ideal gelaufen ist, zusammensaßen und gebrainstormt haben, wie wir jetzt weiterkommen, was wir noch machen können. Hier noch ein Interview, Alex, kannst du da noch ins Radio? Was wäre denn, wenn wir noch diese Aktion starten? Und immer der Blick auf die Anzahl der verkauften Tickets und das Veranstaltungsdatum. Es waren drei harte Wochen, in denen wir wirklich durchgezogen haben. Hätte ich in dieser Intensität auch drei Monate durchgehalten? Nein. Dann wäre das Ganze trotz all meiner männlichen Energie irgendwann gekippt. Entweder wäre ich einfach umgefallen oder das Team hätte rebelliert. Dass wir diese drei Wochen im roten Bereich durchziehen konnten, war nur möglich, weil wir absolut im Gleichgewicht waren. Wir sind mit großer Klarheit und großem Vertrauen in unsere Vision, in den Stress reingegangen. Wir wussten, wir schaffen das. Wir wussten nur nicht genau, wie. Aber die Grundlage des Erfolgs war dieses Vertrauen darauf, dass wir es können. Mit diesem Vertrauen waren wieder ganz starke weibliche Anteile mit dem Erfolg verbunden.

Für mich persönlich ist diese Balance auch deshalb so wichtig, weil ich nur in der Balance in meine Kraft finde, die ich zum Visionieren benötige. Diese innere Ausgewogenheit zu finden bedeutet, seine Werte und Prioritäten zu klären, innere Konflikte zu überwinden und ein Gleichgewicht nicht nur zwischen den eigenen Persönlichkeitsanteilen, sondern auch in verschiedenen Lebensbereichen wie Arbeit, Beziehung und Freizeit herzustellen. Für jemanden, der in der Balance ist, existieren keine Störgeräusche und keine Zweifel. Wenn ich das Gefühl mit einem Wort beschreiben müsste, dann mit Klarheit. Wenn ich Klarheit habe, dann weiß ich, wo es für mich hingeht. Was steht an? Welche Schritte dürfen gegangen werden? Dann bin ich in meiner Kraft und dann merke ich, dass meine Energie sich ausrichtet und im Fluss ist. Für mich ist Klarheit ein extrem wichtiges Gefühl und gleichzeitig eine große Stärke. Umso größer empfinde ich die Belastung, wenn ich diese Klarheit nicht habe – sei es im Privaten oder im Business. Und die Klarheit stellt sich ein, wenn ich in der Balance bin.

Ich bin sicher, dass es Menschen beiderlei Geschlechts gibt, die ihre männlichen Anteile stärker aktivieren dürfen, um in die Balance zu kommen. Ich selbst gehöre zu den Menschen, die ihren weiblichen Anteilen immer wieder bewusst Raum geben müssen. Heute mache ich das, indem ich mich regelmäßig zurückziehe. Ich gehe in Retreats und nehme mir Auszeiten, um entweder die innere Balance zu halten oder, und in dem Fall muss ich mehr investieren, um wieder in die Balance zu kommen. Aber das war auch für mich ein schmerzhafter Erkenntnisprozess.

Es ist elf Jahre her, dass mich etwas ereilte, das ich mit vielen Menschen teile: Ich wurde gefeuert! Ich wurde nicht nur gefeuert, ich wurde aus meinem damaligen Traumjob gefeuert.

Ich war Geschäftsführer von Robert Betz in München. Mein Leben war zu dieser Zeit ziemlich geil. Tolle Stadt, tolle Aufgabe, ich mochte meinen Chef, war und bin von seiner Arbeit überzeugt. Ich hoffe, man merkt, dass ich ihn noch immer sehr schätze, als Mentor, als Coach und als Mensch. Es gibt kein böses Blut zwischen uns und ich wasche in diesem Kapitel keine schmutzige Wäsche. Aber ich habe damals auch objektiv gute Arbeit geleistet. Während meiner Zeit hat sich der Umsatz verdoppelt. Ich habe ein Team von 40 Mitarbeitern aufgebaut und die Reichweite und damit den Impact von Roberts Arbeit massiv erhöht. Robert hatte dafür über die Jahre ein unglaublich solides Fundament gelegt. Um die Situation mit einem Wort zu beschreiben: mega! Also bis auf die Tatsache, dass ich trotzdem gefeuert wurde. Ich weiß, dass jetzt alle gespannt sind, was zu dieser abrupten Trennung geführt hat. Ich kann diese Neugier dennoch nicht befriedigen. Nicht weil es irgendeinen NDA gäbe oder eine Unterlassungsanordnung oder irgendetwas dergleichen. Ich kann es nicht, weil ich den Grund bis heute nicht wirklich kenne. Sagen wir es so: Robert hatte nach zwei erfolgreichen Jahren das Vertrauen in mich verloren. Warum? Weiß ich nicht. Inzwischen ist es mir egal. Ich bin mir heute sogar sicher, dass die Gründe wenig mit mir oder meiner Arbeit zu tun hatten. Wir waren damals die klare Nummer eins in unserem Markt in Deutschland. Das zählte aber nicht. In der Konsequenz saß der mega-erfolgreiche Alex Müller von heute auf morgen auf der Straße beziehungsweise zu Hause in seiner Wohnung. Was macht jemand, der sich als Macher versteht, der ein bisschen was angespart hat und der viel im Bereich Persönlichkeitsbildung unterwegs ist? Na klar, er bleibt optimistisch, nutzt die Zeit, macht endlich den Segelschein oder lernt eine Fremdsprache, er geht in sich und nutzt die Chance zur Neuorientierung et cetera. Oder er kümmert sich um seine Familie. Denn ich bin in diesen zwei sehr intensiven Jahren als Geschäftsführer von Robert Betz auch Vater geworden. Das ist die eine Möglichkeit. Und dann gibt es da noch eine andere Alternative. Das ist die, in die die meisten von uns abrutschen, ob Baumaschinenführer oder CEO. Wir hängen ab oder rum, wissen nichts mit uns anzufangen. Wir verlieren die Energie und den Fokus. So ging es mir. Natürlich hat mich die Frage beschäftigt, was jetzt kommt. Das war schwierig zu beantworten und hat mich noch weiter runtergezogen. Ich hatte ja meinen Traumjob. Aus meiner damaligen Sicht konnte da nichts mehr kommen. Es konnte ja nur noch bergab gehen! Noch mal ein Business anfangen, hinter dem ich nicht zu 100 Prozent stehe? Das konnte ich mir nicht vorstellen. Ich habe natürlich Hunderte Geschäftsideen entwickelt. Nichts hat sich richtig angefühlt. Aber selbst wenn es richtig gewesen wäre, hätte ich es nicht fühlen können. So sehr war ich aus der Balance. So sehr stand ich neben mir, geschüttelt von innerer Unruhe. Ich habe mir eingeredet, mir eben Zeit zu lassen. Aber ich habe mir gar keine Zeit gelassen. Ich habe Zeit vergeudet. Rückblickend war dies ein ganz seltsamer Zwischenzustand. Weder habe ich meine Energie darauf fokussiert, was ich nun tun würde, noch habe ich mich entspannen und die aufgezwungene Auszeit genießen können. Ganz klassisch habe ich darüber hinaus meinen Körper vernachlässigt und keinen Sport mehr getrieben. Und dann hat mich meine Frau verlassen. Das war der Moment, wo es mir richtig die Beine weggezogen hat.

Die Entlassung war das eine. Das war ohne Zweifel unangenehm und es war schade um die investierte Energie und ganz bestimmt hat es auch an meinem Ego gekratzt. Aber ich hatte mir nichts vorzuwerfen und daher das Ganze schnell als zwar schmerzhafte, aber absurde Erfahrung verbuchen können. Passiert. Die private Trennung war ungleich intensiver. Verlassen, allein. Ich hab's kaputt gemacht! Und diese Erfahrung hat endlich einen Prozess in Gang gesetzt. Ich bin im Nachhinein unendlich dankbar, dass ich dank meines Wissens über Persönlichkeitsentwicklung über Ressourcen verfügte, die mir zwar spät, aber noch rechtzeitig erlaubten, hilfreich mit dieser Situation umzugehen. Ohne dieses Wissen hätte ich gut und gerne auch zur Flasche greifen können, viele meiner Schicksalsgenossen tun dies. Stattdessen setzte dieser zweite Schlag eine Transformation in Gang. Ich ließ mich wieder coachen. Ich fing wieder an, Sport zu treiben. Ich nahm 15 Kilo ab. Und um 15 Kilo abnehmen zu können, muss man sich als gesunder Mensch schon ganz schön gehen lassen haben. Ich investierte insgesamt viel Zeit in mich selbst und hinterfragte: Was mache ich hier gerade? Was passiert hier? Das ist im Grunde ein Muster von mir. Ich beschäftige mich in Krisen sehr stark mit mir selbst. Ich glaube, dass das in Krisen, vor allem in Beziehungskrisen, immer ein guter Ratschlag ist: Sich selbst zu fragen, wie man wieder in ein inneres Gleichgewicht und in die eigene Kraft kommt, anstatt den anderen dafür verantwortlich zu machen. Der andere sollte nie dafür verantwortlich sein, dass du glücklich bist. Dafür musst du schon selber sorgen. Aber wenn du es bist, dann ist der andere das Sahnehäubchen auf deinem Glück. Erst wenn man selbst wieder in seiner Kraft ist und seine Balance gefunden hat, kann man überhaupt eine gute Beziehung führen. Und das wollte ich unbedingt. Ich wollte meine Familie nicht aufgeben. Wir standen in dieser Zeit der Trennung aufgrund des gemeinsamen Kindes auch immer in Kontakt. Er war nie ganz abgerissen, da war immer ein Zugang. Irgendwann hatte ich das Gefühl, wieder mit mir im Reinen zu sein. Ich hatte wieder Kraft, wieder Energie. Und wir haben es tatsächlich geschafft, unsere Beziehung zu retten und noch mal auf ein anderes Niveau zu heben. Jeder von uns hat dafür hart an sich gearbeitet. Und als ich meine Balance wiedergefunden hatte, konnte ich die freie Zeit auch tatsächlich genießen, denn ein ernstzunehmendes Projekt hatte ich ja immer noch nicht, das wurde dann GEDANKENtanken.

Ich wurde in dieser Geschichte nach zwei Jahren, in denen ich meine männlichen Anteile sehr intensiv gelebt hatte, von jetzt auf gleich in ein lethargisches Nichtstun geworfen. Wobei es ehrlicher ist zu sagen, dass ich mich selbst in diese Lethargie geworfen habe. Denn letzten Endes war diese der Ausgleich für zwei intensive Jahre, die von meiner männlichen Energie bestimmt gewesen waren. Vielleicht hatten Robert und ich unsere Verbindung sogar deshalb verloren: Weil wir beide zu sehr in der männlichen Energie steckten.

Ist diese Lethargie Ausdruck von weiblicher Energie, die mir durch die ungeplante Vollbremsung quasi aufgezwungen wurde? Ganz im Gegenteil. Die Lethargie und die gleichzeitige innere Unruhe waren Zeichen, dass ich mich noch gegen die Situation wehrte. Ich konnte sie nicht annehmen. Erst als ich mich dazu entschlossen hatte, sie anzunehmen, habe ich damit meine weibliche Energie angezapft. In dem Moment bin ich nach innen gegangen. Ich habe mir Hilfe geholt und letztendlich wieder die Balance und Klarheit gefunden.

Das Gefühl der fehlenden Klarheit ist für mich inzwischen ein deutliches Warnsignal, dass irgendetwas verrutscht ist, dass ich eben nicht in der Balance bin. Wenn ich spüre, dass sich bei mir ein innerer Druck aufbaut. Wenn ich eine unspezifische Besorgtheit oder Ratlosigkeit spüre, weiß ich, ich sollte im Inneren oder im Außen etwas verändern. Beides kann ich beeinflussen und beides beeinflusst sich gegenseitig. Der erste Schritt ist dann oftmals, einfach loszulassen und zu akzeptieren. Im ersten Kapitel habe ich diesen Zusammenhang bereits beschrieben und er zeigt sich auch in der unangenehmen Episode über meinen Rauswurf und die Trennung. Erst als ich bereit war loszulassen, konnte ich wieder Energie aufbringen, um die nächsten Schritte zu gehen. Aber dazu war die aktive Entscheidung nötig, die Situation zu akzeptieren und meiner weiblichen Energie mehr Raum zu geben.

Dualität, so der scheinbare Gegensatz zwischen männlichen und weiblichen Energien, durchdringt uns nicht nur als Individuen. Scheinbarer

Gegensatz deshalb, weil sie nicht gegeneinanderstehen, sondern sich ergänzen und wir nur innerlich vollständig sind, wenn beide sich ergänzen dürfen. Und wenn wir beide als Teile von uns akzeptieren.

Wir alle dürfen es uns viel öfter erlauben, im wahrsten Sinne des Wortes zu uns zu kommen. Einfach mal nicht erreichbar zu sein, außer für uns selbst. Inseln der Ruhe und der Entspannung einzubauen. Ich kenne viele Männer, die den Weg von der Arbeit nach Hause ausdehnen, noch mal einen Umweg über die Tankstelle fahren, um zumindest 15 Minuten Luft zu bekommen, bevor zu Hause »die zweite Schicht« losgeht. Sie machen das heimlich. Weil sie das Gefühl haben, dass ihnen »das«, diese paar Minuten Ruhe, nicht zusteht und weil sie es sogar für so unmännlich halten, dass sie sich diese Ruhe heimlich gönnen. Es ist kein Makel, sich diese Ruhe zu gönnen, sich innere Einkehr zu erlauben. Du darfst das! Gönne dir Zeit für Entspannung, Meditation. Mach einen Spaziergang, einfach so. Keine Wanderung, um irgendwo anzukommen und etwas zu erleben, was du dann auf Instagram posten könntest. Erlaube dir die innere Zwiesprache oder den Austausch über deine Sorgen in Form eines guten Gesprächs. Schwäche zu zeigen ist okay. Gute Männerfreundschaften, in denen man ehrlich miteinander sein kann, seine Sorgen und Ängste nennen kann, davon gibt es viel zu wenige, denn das ist vermeintlich unmännlich. Aber diese Dinge machen uns in Wahrheit stark, indem sie uns Kraft vermitteln. Sie geben uns die Kraft für unser Leben im Außen.

Denn nicht nur unser Innenleben ist von Dualität geprägt, sondern unser gesamtes Leben im Außen. Es hört sich banal an, aber ohne Schatten gibt es kein Licht. Ohne das Böse gibt es das Gute nicht. Es gibt keinen Erfolg ohne das Überwinden von Widerständen. Widerstände sind deshalb okay. Das Leben ist nicht immer gut und es ist kein Versagen, wenn du mal traurig bist oder dir eine schwierige Phase eingestehst, das sind Dinge, denen du dich im Leben stellen musst. Wenn du aus diesen Phasen mit einer positiven Entwicklung herausgehst, dann sind es aus meiner Sicht sogar die besten und

> *Es ist kein Makel, sich diese Ruhe zu gönnen, sich innere Einkehr zu erlauben. Du darfst das! Gönne dir Zeit für Entspannung, Meditation. Mach einen Spaziergang, einfach so.*

fruchtbarsten Phasen, in denen du die Weichen neu stellen kannst. Wenn du nichts rausziehst, wenn du zu lange drinbleibst und nicht die entsprechenden Konsequenzen ziehst und deine Entscheidungen aus dieser Situation triffst, dann gerätst du in eine deutlich schwerer zu stoppende Abwärtsspirale. Und auch bei dieser Abwägung geht es letztlich wieder um männliche und weibliche Energien. Was ist jetzt gerade nötig? Anpacken, Planen, Machen? Oder doch erst mal zurücktreten, eine Trauerphase annehmen, sich Zeit nehmen?

Auf einer sehr praktischen Ebene der Betrachtung von Dualität und Balance kannst du auch sagen, dass du den passenden Rhythmus zwischen Anspannung und Entspannung finden musst. Zwischen Phasen der Aktivität und Pausen. Zwischen Genuss und Überfluss auf der einen und Mäßigung oder sogar bewusstem Verzicht auf der anderen Seite. Diese Wechsel sind auch das, was unserer menschlichen Natur entspricht.

Heute sind wir es gewohnt, in Rhythmen zu leben, für die wir einfach nicht gemacht sind. Nur weil wir es gewohnt sind, heißt es nicht, dass es uns guttut. Wir leben ohne Rücksicht auf unseren Biorhythmus nach der Uhr und nach Arbeitstagen, die sich aus dem Rhythmus von Maschinen abgeleitet haben. Wenn wir Familie haben, dann leben wir im Rhythmus der Schulferien und nach dem Fahrplan des Schulbusses. Aber es ist kein Naturgesetz, um 6 Uhr aufzustehen. Es ist auch kein Naturgesetz, dass dein Tag erst um 17 Uhr mit dem Feierabend beginnt und du erst ab dann so etwas wie Freude empfinden darfst. Nachtschichten sind kein Naturgesetz, sondern erst möglich, seit elektrisches Licht in großem Umfang verfügbar ist. Es ist kein Naturgesetz, dass du nur über 30 Tage im Jahr verfügst, an denen du dich zwanghaft entspannen sollst, um deine Arbeitskraft wiederherzustellen. Wir glauben nur, dass es so sein muss, weil wir nichts anderes kennen. Dabei pflegen wir unseren industrialisierten Lebensstil erst seit knapp 300 Jahren. Das sind gerade einmal zwölf Generationen. Diese Zeitspanne ist nur ein Wimpernschlag in der Menschheitsgeschichte. Die neolithische Revolution, also das Sesshaftwerden des Menschen und der Übergang von einer Jäger-und-Sammler- zu einer bäuerlich geprägten Kultur begann in Mitteleuropa erst vor ungefähr 7000 Jahren. Davor lebten wir Zehntausende von Jahren – unter sehr unterschiedlichen Bedingungen – im Paläolithikum und Mesolithikum als Jäger und Sammler. Immer im Rhythmus der Natur, des Mondes, der Sonne und der Jahreszeiten. Wir standen auf, wenn es hell wurde, und suchten uns vor dem Dunkelwerden ein sicheres Plätzchen am Feuer. Das Leben selbst garantierte ein Herunterfahren. Das Leben selbst war Balance. Wir haben diesen Rhythmus komplett verlernt. Jahreszeiten spielen abseits der neuen Herbst-, Winter- beziehungsweise Sommermode für die meisten von uns keine Rolle mehr. Draußen sind wir sowieso fast nicht mehr. Wenn wir im Winter Sommer wollen, dann fliegen wir eben in die Sonne oder drehen zumindest die Heizung auf. Noch 1880 war die Hälfte der Menschen in der Landwirtschaft tätig. 2010 noch 2 Prozent. Was wissen die meisten von uns noch vom Rhythmus der Natur? Nichts. Herbst ist, wenn es Mon Chérie gibt. Herbst ist, wenn die Halloween-Deko in den Läden steht und die ersten Lebkuchenherzen.

Ja, ja, früher war alles besser. Aber, höre ich dich gerade sagen, früher, ja sogar bis vor wenigen Jahrzehnten, konnte man auch an einem kleinen Kratzer sterben. Dass Kinder vor ihrer Zeit starben, war eher die Regel als die Ausnahme. Die Lebenserwartung war auch für Erwachsene viel niedriger. Oben und unten im Sinne von Arm und Reich gibt es auch schon seit Tausenden von Jahren. Und auch früher haben die Menschen Raubbau an der Natur getrieben. War das wirklich besser? Ich stelle die Gegenfrage, ob du glaubst, dass die Menschen damals unglücklicher waren als heute? Ich glaube das nicht. Ich glaube aber, dass wir heute sehr viel mehr darauf achten müssen, eine innere und äußere Balance zu finden, wenn unser vergleichsweise längeres Leben nicht nur eine Gelegenheit sein soll, länger unglücklich zu sein. Von einer anderen Seite betrachtet: Wohin hat uns unsere aktuelle Lebensweise als Gesellschaft gebracht? Innerhalb kürzester Zeit haben wir unseren Planeten an den Rand der Bewohnbarkeit gebracht. Wenn man sich vor Augen hält, wie kurz diese industrialisierte Phase erst währt, haben wir das wirklich schnell hinbekommen. Globale Erwärmung (oder Klimakatastrophe, wie du willst), Artensterben, pandemische Zoonosen, kaputte Böden … Kipppunkte wohin man sieht. Von Kriegen und Terrorismus habe ich da noch gar nicht angefangen. Auch nicht von drohenden globalen Verteilungskämpfen. Wie auf individueller Ebene geht eine Lebensweise mit dominierenden männlichen Energien auf gesellschaftlicher beziehungsweise globaler Ebene ein paar Jahre oder Jahrzehnte gut. Als junger Mensch kannst du ein paar Jahre overpacen, ohne nach links und rechts zu schauen. Einfach Vollgas. Aber irgendwann, so mit 40, 50 Jahren, kommst du aus dem Gleichgewicht und es wirft dich aus der Kurve. Als globale Gesellschaft haben wir das viel schneller geschafft – es ist Zeit, mal innezuhalten. Wir haben als Gesellschaft das männliche Prinzip überstrapaziert. Es ist an der Zeit, sich Gedanken zu machen, wie wir wieder in die Balance kommen. Ich glaube, dass wir im wahrsten Sinne des Wortes mehr Erdung brauchen. Auf gesellschaftlicher und individueller Ebene. Das schließt mich ein. Ich weiß, dass ich diese weibliche Quelle viel zu selten anzapfe. Ich bin kein Naturbursche. Ich liebe die Stadt und brauche urbanes Leben. Und trotzdem ist da so eine versteckte Sehnsucht nach Natur, nach Landleben, von dem ich überhaupt nicht weiß, ob ich es leben könnte oder ob es überhaupt so existiert, wie ich es mir vorstelle.

Ich weiß nicht, ob du das Buch *Der verlorene Horizont* von James Hilton kennst. Das Buch von 1933 – auch eine Zeit voller äußerer Krisen und Spannungen – erzählt die Geschichte von Hugh Conway, einem Mitglied des britischen diplomatischen Dienstes. Conway wird zusammen mit mehreren anderen Menschen aus Indien evakuiert, aber ihr Flugzeug wird entführt und stürzt in einer abgelegenen Region in Tibet ab. Die Gruppe wird daraufhin in das verborgene Tal von Shangri-La gebracht, ein utopisches Lama-Kloster im Himalaya. In Shangri-La findet Conway inneren Frieden, Liebe und einen Sinn im Leben, während er immer tiefer in die friedliche und harmonische Gemeinschaft eingebunden wird. Am Ende verlässt er, hin- und hergerissen zwischen den Welten, das Kloster, nur um sich nach einer kurzen Rückkehr in die moderne Welt wieder auf die Suche nach seinem »verlorenen Paradies« zu machen. Der Erzähler lässt offen, ob er den Weg zurück nach Shangri-La jemals wiedergefunden hat. Wir alle sind dieser Conway. Und ich glaube, dass es sicher Menschen gibt, die ihr Paradies finden. Für die meisten von uns geht es darum, sich diesem Ideal einer tollen Vision oder dem totalen Flow möglichst weit anzunähern. Und auch bei dieser Annäherung können wir auf die Balance achten. Vielleicht hast du mal von einer Praxis namens »Sokushinbutsu« gehört? Sokushinbutsu ist ein Prozess, bei dem buddhistische Mönche jahrelang extreme Aske-se praktizieren, einschließlich einer strengen Diät aus Tannennadeln und Meditation, um sich vor dem Tod selbst zu mumifizieren. Das Ziel besteht darin, Erleuchtung zu erlangen und auch *nach* dem Tod ein spiritueller Führer für andere zu sein. Das mag beeindruckend sein. Aber man muss es – finde ich – auch nicht gleich übertreiben mit der eigenen Suche. Wir wollen unser *Leben* glücklicher gestalten. Das wird uns besser gelingen, wenn wir bei unserer Suche akzeptieren, dass das Leben an sich Dualität bedeutet, dass unser Leben in Wellen verlaufen wird.

Shangri-La, unsere Vision, ist ja quasi der Gegenentwurf zu einem Leben, das aus der Balance ist. Ein Leben, in dem wir getrieben sind von den Umständen und unglücklich im Job oder der Beziehung oder mit einem anderen Aspekt unseres Lebens.

Manchmal haben wir eben nur eine vage Vorstellung von dem, was uns glücklich macht. Oftmals nicht mal die, dann machen und machen und machen wir. Das ist der Schneller-Höher-Weiter-Modus. Der Baum, der immer weiterwachsen will. Mehr, mehr, mehr. Mehr Geld, mehr Partner, mehr Party – oder eben mehr »Erleuchtung«, noch mehr Reflexion, noch mehr vermeintliches persönliches Wachstum. Ohne zu wissen, wofür. Wir wollen »Erfolg« haben. Ohne ein größeres Bild davon zu haben, was Erfolg eigentlich für uns bedeutet. Wir fühlen es nicht oder nicht mehr und haben unsere Erfolgsdefinition abgekoppelt von unseren inneren Bedürfnissen und dem, was uns eigentlich glücklich machen würde. Wir haben uns von unseren Wurzeln abgeschnitten. In der Folge sind wir frustriert, unglücklich, werden vielleicht sogar krank. Dann ist es unbedingt notwendig, eine neue Vision zu entwickeln. Aber um diese neue Vision entwickeln zu können, musst du in der Balance sein. Diese Balance brauchst du aber nicht nur in deinem Inneren. Es ist eine Einladung, das Gleichgewicht in allen Aspekten deines Lebens zu finden.

> *Um eine neue Vision entwickeln zu können, musst du in der Balance sein. Diese Balance brauchst du aber nicht nur in deinem Inneren. Es ist eine Einladung, das Gleichgewicht in allen Aspekten deines Lebens zu finden.*

KAPITEL 7

EIN RAD BRAUCHT ALLE SPEICHEN

Welche Parallelen zwischen deinem Leben und einem Auto bestehen •
Was innere Krisen mit deiner Gesundheit zu tun haben • Und welcher
Glaubenssatz dafür verantwortlich war, dass ich mir das Bild eines
Instagram-Models abgespeichert habe

Wenn sich ein Rad nicht gleichmäßig dreht, kann ein Auto nicht fahren. Es kann schon fahren. Aber eben nicht so gut. Auch zwei oder drei Räder, die leichtgängig sind, reichen nicht aus; sie müssen alle leichtgängig sein. Für eine Weile mag es gut gehen – aber gut für das Auto ist es nicht. Mit der Zeit wird es zu Folgeschäden kommen, wenn du zehn Jahre lang Vollgas fährst und ein Rad oder sogar mehrere Räder Unwucht haben. So ist es auch in deinem Leben. Auch das sollte in all seinen unterschiedlichen Bereichen rundlaufen. Blöd, dass man eine Unwucht gar nicht so spürt, solange man jung ist. Denn dann kannst du noch viel ausgleichen. Das geht so lange, bis dein Lebensrad eben nicht mehr läuft.

Kennst du dieses Gefühl, wenn einfach alles rundläuft? Wenn du dich zurücklehnst und ganz tief in dir fühlst, hier und jetzt, in diesem Moment, passt einfach alles? Du bist ganz nah an deiner Vision? Ich stelle mir dieses Gefühl ein bisschen so vor wie das, was die Buddhisten Nirwana nennen. Es ist die Auflösung der Unterscheidung zwischen dem inneren Selbst und der äußeren Welt. Ein Zustand absoluten Glücks, inneren Friedens und vollkommener Befreiung von weltlichen Begierden. Es muss ein schönes Gefühl sein. Vor allem, weil es unabhängig von allen äußeren Umständen ist. Aber, und das ist leider die Wahrheit, irgendwas piekt uns ja immer. Oft ist es finanziell, oft ist es gesundheitlich, wir finden keinen Draht zu unseren Kindern. Manchmal passt die Wohnsituation nicht, im Job sind wir unzufrieden. In all diesen Bereichen finden sich oft Störfaktoren, die für Unruhe sorgen. Und es gehört auch zur Wahrheit, dass es uns leichter fällt, diesem angestrebten Gefühl des inneren Friedens zumindest nahe zu kommen – nicht ins Nirvana einzugehen –, wenn die Umstände einigermaßen zu unserer Vision eines erfüllten Lebens passen, also unsere weltlichen Bedürfnisse annähernd erfüllt sind. Und zwar sowohl in qualitativer als auch in quantitativer Hinsicht.

Manchmal passen aber die Umstände und unsere Bedürfnisse überhaupt nicht zusammen. Weil sie noch nie gepasst haben oder weil wir uns weiterentwickelt haben und die Umstände, selbst wenn wir sie uns selbst geschaffen haben, jetzt nicht mehr zu der Person passen, zu der wir uns entwickelt haben. Kenne ich diese Gefühle? Na klar. Ich habe im letzten Kapitel ja bereits einen kleinen Einblick gegeben, dass auch ich mir diese Dinge immer wieder bewusst machen muss. Ich bin mir sehr sicher, dass jeder von uns diese Gefühle kennt. Und jeder von uns kennt auch die entsprechenden Geschichten, von einem erfolgreichen Geschäftsmann, der von außen betrachtet alles hat und der eigentlich glücklich sein müsste. Business läuft, schönes Haus, Frau, Kinder ... und der, obwohl er all das hat, tief in seinem Herzen trotzdem nicht glücklich ist. Eine dieser Geschichten habe ich in diesem Buch sogar schon erzählt oder zumindest angerissen. Erinnere dich, wie es gekommen ist, dass ich zum ersten Mal auf einem Seminar für Persönlichkeitsentwicklung war. Mein Vater hat mich dorthin mitgenommen. Bei ihm war es ja im Grunde ganz genauso. Geschäftlich erfolgreich, das ganze Paket gebucht, bis der Burnout kam, bis irgendwas im Leben aus dem Gleichgewicht geriet. Sein Rad lief nicht nur nicht mehr ganz rund, sein Rad lief in diesem Moment überhaupt nicht mehr. Es wäre weniger schmerzhaft, aber nicht ehrlich, wenn ich an dieser Stelle nur auf meinen Vater als Beispiel für den nach außen erfolgreichen und im Inneren unglücklichen Mann verweisen würde. Ich kenne diesen Mann nämlich nicht nur, ich war selbst dieser Mann. Ich bin in meinem Leben immer wieder in Phasen angelangt, wo bestimmte Lebensbereiche nicht mehr mit meiner großen Vision übereingestimmt haben. Dann war es Zeit, diese Bereiche wieder an die große Vision anzupassen. Das ist das Grundprinzip, das sich durch das vorherige und dieses Kapitel zieht. Wie wir nicht nur Balance in unserem Inneren, sondern in allen Lebensbereichen erreichen. Und das kann ähnlich schmerzhaft sein wie das Herstellen der inneren Balance. Und natürlich: Beide Bereiche sind intensiv ineinander verzahnt und bedingen sich wechselseitig. Dass wirst du spätestens dann erkennen, wenn wir uns die einzelnen Bereiche des Lebensrades – oder auch Balance-Rads – anschauen. Bei Greator verwenden wir ein Rad, das sich aus sieben Bereichen zusammensetzt. Es ist Teil der Life-Coach-Ausbildung mit Christina und Walter Hommelsheim. Andere Coaches verwenden Räder mit zwölf oder noch mehr Speichen oder Bereichen. Aber die Anzahl ist im Grunde egal. Ebenso, ob du die Bereiche Speichen oder Lebensaspekte nennst. Das Prinzip ist immer gleich. Für mich ist das Lebensrad keine philosophische Betrachtung, wie es das Lebensrad im Buddhismus darstellt, sondern ein ganz praktisches Tool, das dabei hilft, das eigene Leben wieder ins Gleichgewicht zu bringen, eben dafür zu sorgen, dass es wieder rundläuft. Dabei ist das Lebensrad nur das Werkzeug, dass dir dabei hilft zu erkennen, in welchem Bereich du eine Speiche justieren darfst. Wenn es um das eigentliche Justieren geht, dürfen wir uns mit unseren Glaubenssätzen beschäftigen, unseren tief verankerten Annahmen oder Überzeugungen über uns selbst, andere Menschen oder die Welt im Allgemeinen. Die gibt es in positiver und in negativer Ausprägung. Es ist leider wahr, dass auch das, was uns limitiert, in uns liegt. Aber wo genau? Den Bereich zu identifizieren, der wirklich piekt, ist nicht immer ganz leicht, denn die Symptome, die sich in einem Bereich zeigen, können ihre Ursache in einem ganz anderen Bereich haben. Deutlich wird diese Verflechtung besonders im Bereich Gesundheit. Robert Betz beschreibt diese Zusammenhänge in seinem Vortrag »Raus aus den alten Schuhen« viel eindrucksvoller, als ich es je könnte: »Zwischen 40 und 50 werden die meisten Menschen auf irgendeine Weise krank, sei es, dass die Gelenke nicht mitmachen, die Bänder reißen, die Knochen brechen, der erste Herzinfarkt, der Brustkrebs, die Myome und Zysten sprießen. Das ist ein sehr großer Punkt bei den Damen. Die Gebärmütter rebellieren. Das ist der eine Bereich. Die anderen gehen beruflich in ein Krisenstadium hinein, scheitern, werden gekündigt oder machen mal Pleite als Selbstständiger. Oder es passieren andere dramatische Dinge, Unfälle. Viele werden verlassen. Die Beziehung, die Ehe scheitert oder auch schon die zweite Ehe. All das ist mit sehr viel Leid verbunden, mit sehr viel Schmerz für die Menschen.« Und für ihn sind diese Dinge vor allem Ausdruck einer inneren Krise, Warnsignale, für die wir im Grunde sogar dankbar sein müssten. Ich bin mir nicht sicher, wie umfassend diese Idee ist. Ich glaube nicht, dass alle gesundheitlichen Probleme sich in einer direkten Kausalkette auf innere Krisen zurückführen lassen. Dennoch bin ich davon überzeugt, dass unser Innenleben einen größeren Einfluss auf unseren physischen Körper hat, als uns bewusst ist. Den Zusammenhang zwischen Rückenschmerzen und Stress oder Stress und diesen verdammten Kopfschmerzen kennen wir sicher alle. Und wenn wir unseren seelischen Trost jahrelang in zu viel und zu ungesundem Essen gesucht haben und jetzt die berühmten »paar Pfund« zu viel mit uns herumtragen, die in Wahrheit 15 oder 20 Kilo Bauchfett sind, dann rebellieren die Knie oder die Organe eben ein paar Jahre früher. Gesundheit ist aber nur ein Aspekt, zwar ein ziemlich offensichtlicher, aber eben nur einer von vielen.

Ich habe selbst ein paar Jahre gebraucht, um das Grundprinzip zu verstehen, und habe ein paar schmerzhafte Learnings in puncto Trennungen und berufliche Neuorientierung gemacht. Wenn du das Leben zu einseitig lebst, dann rollt dein Rad nicht. Der Klassiker ist, dass du im Geschäftsleben immer nur Vollgas gegeben und alles dem äußeren Erfolg untergeordnet hast. Du weißt schon: Im Inneren ist zu viel männliche Energie. Im Außen machen, machen, machen. Das ist bei vielen Topmanagern der Fall. Sie sind in einem Bereich sehr erfolgreich, haben aber andere wesentliche Dinge im Leben nicht im Blick. Und wenn du so eine Person bist, stellst du vielleicht irgendwann fest, dass du keine Familie hast. Oder du hast eine Familie, aber diese Familie ist nur noch eine Hülle und das ist das gemeinsame Dach, unter dem ihr ab und zu gemeinsam schlaft. Für die Kinder bist du nur noch so ein Typ. Und wenn du dann geschieden bist, wunderst du dich, warum die Kinder keinen Kontakt haben wollen. Was die Gesundheit betrifft, kann man sowieso die Uhr danach stellen, wann der Burnout oder der erste Herzinfarkt kommt. Und eins von beiden kommt. Das ist natürlich der Extremfall, der einen dann so richtig aus der Bahn wirft. Und jetzt sehen wir vor unserem inneren Auge alle diesen einen Typen vor uns, den Klischee-Manager. Toxisch ist da ein populäres Schlagwort. Aber natürlich gilt das auch für ganz viele andere Branchen und natürlich auch für Frauen. Sie konzentrieren sich vielleicht über Jahre ganz auf die Familie, nehmen sich selbst komplett zurück, die Kinder, vielleicht auch das eine, lang ersehnte Wunschkind, sind der absolute Bezugspunkt, dem alles untergeordnet wird. Aber die Kinder werden älter und plötzlich sagen sie: »Mama, lass mich mal da vorne an der Ecke raus.« Und dann fangen sie eine Ausbildung an oder ziehen zum Studieren in eine andere Stadt und dieser ganze Lebensmittelpunkt bricht plötzlich weg. Wenn man dann in einer ruhigen Minute Bilanz zieht, merkt man, dass da plötzlich nicht mehr viel ist. Der Mann hat sich schon vor Jahren emotional verabschiedet, vielleicht hat er schon eine andere. Und plötzlich wird es ganz schwierig. Diese Erkenntnis kann mit dem berühmten Knall kommen – Herzinfarkt, Scheidung, schlimme gesundheitliche Probleme – oder sich langsam anschleichen. Du hast jahrelang dein Leben gelebt, ohne dir Gedanken um die Zukunft zu machen. Aber obwohl du gestern erst 30 warst, bist du heute aufgewacht und bereits 50! Dann fragst du dich, wie lange du noch so leben kannst, und wenn du auf deinen Rentenbescheid oder deinen Kontoauszug schaust, dann siehst du, dass du dieses Leben am besten bis zum Ende so führst, denn großartig etwas aufgebaut oder Reserven angelegt hast du nicht. Und das hat wiederum Auswirkungen auf alles andere. Jetzt hast du finanzielle Sorgen, die dich drücken. Stress. Innere Krise und die große Frage: Was habe ich all die Jahre eigentlich gemacht?

Je älter man wird, umso eher zeigt einem das Leben, dass etwas nicht passt. Man kann in jungen Jahren, in den Zwanzigern, noch viel ausgleichen und übergehen, aber irgendwann holt dein Leben dich ein. Wir sollten nicht warten, bis sich das Rad nicht mehr dreht. Wir sollten es nutzen, bevor eine große »Reparatur« nötig ist. Das Lebensrad ist aus dieser Perspektive betrachtet vor allem ein Präventionsinstrument. Damit dein Leben rundläuft, schaust du regelmäßig auf die einzelnen Speichen. Fühlst nach, ob da etwas ist, was nicht funktioniert. Oftmals merkst du auch bei der Betrachtung, dass es Themen gibt, die einfach unterrepräsentiert sind oder denen du – vielleicht schon über einen langen Zeitraum – nicht genug Raum gegeben hast. Auch das Gegenteil kann der Fall sein. Du merkst plötzlich, dass du einer Sache viel zu viel Raum gegeben hast. Dass du dich jahrelang bemüht hast, eine Beziehung aufrechtzuerhalten, zu einem alten Freund vielleicht, zu deinen Geschwistern, aber die Energie, die du in diesen Bereich steckst, kommt irgendwie nicht zurück. Dann ist es vielleicht Zeit, Energie zu reduzieren. Ein Mann hat mir erzählt, dass er jahrelang den Wunsch hatte, ein besseres Verhältnis zu seinem Bruder aufzubauen. Denn schließlich sei man ja ein Geschwisterpaar. Aber es gelang ihm nie. Man sah sich einmal im Jahr zu Weihnachten bei den Eltern. Wenn das nicht klappte, so hatte er den Eindruck, waren beide Parteien erleichtert. Was ihm stattdessen gelang, war, beständig ein schlechtes Gewissen zu haben, eben weil er nicht schaffte, was man erwartete: tiefe Verbundenheit, irgendein magisches Band. Er hatte in Bezug auf die Familie ganz starke Glaubenssätze, die er nicht erfüllen konnte. Wenn er in sich hineinfühlte, wäre da bei ihm nichts außer dem Gefühl, zufällig von derselben Frau geboren zu sein. Erst als er sich des Gefühls sicher war, konnte er loslassen. Er akzeptierte es und das schlechte Gewissen hörte auf. Auch so kann man Speichen justieren. Ich mag diese Geschichte vor allem deshalb, weil sie deutlich macht, dass es nicht immer um ein Mehr oder ein Besser im quantitativen Sinn gehen muss, sondern die Qualität entscheidet. Ich selbst habe eine ähnliche Geschichte durchlebt. Mit meinem Vater. Auch ich musste meinen Frieden mit ihm machen. Mein Vater war das, was man einen schwierigen Menschen nennt. Ausgestattet mit einem großen Ego war er als Bauingenieur analytisch sehr stark und hatte einen klaren Blick auf andere. Allerdings weniger auf sich selbst.

Dass er durch eine schwere Krise gegangen ist, habe ich bereits erzählt. Mit 28 Jahren wurde er Geschäftsführer bei einem großen Bauunternehmen.

Nach ein paar Jahren ist er dort ausgestiegen und hat seine eigene Firma aufgebaut. Er hat durchgezogen. Immer im Außen, bis es nicht mehr ging. Sein Burnout inklusive Klinikaufenthalt war massiv. Er verbrachte seine Zeit meistens mit Rumliegen und hatte so schlimme »Tennisarme«, dass er sie kaum noch nutzen konnte. In dieser Situation hat er sich von Hans coachen lassen. Etwas, was gar nicht zu ihm passte und vor über zwanzig Jahren auch nicht so verbreitet war wie heute. Über sein Greifen nach dem letzten Strohhalm, einem Coaching, kam auch ich, wie bereits erzählt, zum ersten Mal in Kontakt mit Persönlichkeitsentwicklung. Ich bin meinem Vater daher dankbar, doch nicht allein dafür. Als Kind hat er mich immer unterstützt. Er hat mich machen und ausprobieren lassen und mich bestärkt. Trotzdem wurde unser Verhältnis immer schwieriger. Aus seinem Coaching erwuchs bei ihm der Wunsch, selbst eine Coachingausbildung zu machen, um als Coach zu arbeiten und damit seinen Lebensunterhalt zu verdienen. Er ging von einem Extrem ins andere. Von außen nach innen. Spiritualität wurde sein bestimmendes Thema, über das er im Laufe der Jahre viele andere Aspekte vernachlässigte. Die letzten 20 Jahre seines Lebens hat er sich konsequent dem Thema Coaching und Persönlichkeitsentwicklung gewidmet. Das, was ihm so sehr geholfen hatte, wieder auf die Beine zu kommen, wollte er in die Welt bringen. Das wurde zu seiner Mission. Und das ist wörtlich zu verstehen. Ich erinnere mich, wie ich als Jugendlicher mit meinen Freunden durch die Innenstadt lief und wie er dort Flyer an Passanten verteilte. Ich habe mich geschämt und zur Seite geschaut. Denn all seine großen Pläne sind gescheitert. Das Vermögen, das er aufgebaut hatte, ging nach und nach verloren. Die Ehe ging nach einiger Zeit in die Brüche, was kein Wunder war, denn seine ganze Energie floss in seine »Missionsarbeit«. Alle sollten es wissen. Ich erinnere mich, wie er ziemlich am Anfang einmal einen Lauf hatte und ein paar Klienten erfolgreich gecoacht hat. Sie hatten ihn sogar weiterempfohlen. Er rechnete mir vor, dass er in einigen Monaten die Veltins Arena auf Schalke füllen könnte, wenn jeder neue Klient ihn wiederum auch weiterempfehlen würde. Das war sein Traum. Er fragte mich, ob ich, ich war 18 Jahre alt, bereit wäre, ihm dabei zu helfen. Für mich als Schalke-Fan war das eine verlockende Vorstellung. Aber mein Gefühl sagte mir: Mein Vater ist da auf einem falschen Weg. Sein Leben schien mir mehr und mehr aus dem Gleichgewicht und das wirkte sich natürlich auch auf uns als Familie aus. Die Klienten, die er gewinnen konnte, hat er häufig schnell wieder verloren. Bei seinem Traum stand er sich selbst im Weg, ohne zu erkennen, dass er selbst, dass sein eigenes Ego sein größtes Hindernis war. Denn dieses Ego, das er bei anderen so klar definieren konnte, sah er bei sich selbst meist nicht. Er war der Durchblicker. Derjenige, der das System durchschaut hatte und die Welt retten konnte. Es war paradox. Er hatte durchaus eine große Gabe, Menschen zu coachen, ihnen den Spiegel vorzuhalten. Die wenigen Menschen, die er länger begleitete, konnten mit seiner Hilfe sogar große Erfolge erzielen. Aber auch die wandten sich früher oder später ab. Mit den wenigen Klienten, die er über die Zeit halten konnte, lebte er jahrelang am Existenzminimum. Ich glaube heute, dass es vor allem daran lag, dass er trotz der scharfen Analytik nicht genug Empathie aufbringen konnte; die wertschätzende Haltung, die einen wirklich guten Coach auszeichnet, fehlte ihm.

Er wurde im Laufe der Jahre immer »schwieriger«. Er liebte es zu diskutieren, bis zur Rechthaberei. Er wusste fast immer sehr schnell, wo die Schwächen der anderen sitzen, und hatte die Tendenz, das auch zu zeigen. Dadurch eckte er früher oder später selbst bei wohlgesinnten Freunden, Bekannten und Geschäftspartnern an. Und auch bei seiner Familie. Es war nicht leicht, mit ihm auszukommen. Mehr und mehr zogen sich die Menschen in seinem Umfeld von ihm zurück. Ich habe irgendwann gemerkt, dass mir Zeit, die ich mit ihm verbrachte, dass mir intensive Gespräche mit ihm nicht guttaten. Sie zehrten an mir. Sie kosteten mich so viel Kraft, dass ich mich mehr und mehr zurückzog. Es hat keinen großen oder theatralischen Knall gegeben. Der Kontakt ist einfach immer weniger geworden. Wir haben am Ende noch ab und zu telefoniert oder uns auf einer Familienfeier gesehen. Diesem leisen Abschied war über die Jahre eine intensive Auseinandersetzung mit den Prägungen meiner Vergangenheit vorausgegangen. Ich habe erkannt, dass er so sein darf, wie er ist. Es ist nicht meine Angelegenheit, wie er mit anderen Menschen umgeht, wie er lebt, was er denkt. Dass seine Lebensweise und sein Handeln nicht den gesellschaftlichen Normen entsprochen haben, war nicht meine Angelegenheit. Ich konnte ihn endlich so sein lassen, wie er ist. Meine letzten Begegnungen mit ihm waren sehr friedvoll.

Das heißt nicht, dass *wir* Frieden gemacht hätten in dem Sinne, dass wir uns irgendwann ausgesprochen und alle Konflikte zwischen uns geklärt haben. Aber das war auch gar nicht nötig. Frieden kannst du nur in dir machen. Für seinen eigenen inneren Frieden ist dein Gegenüber schließlich selbst verantwortlich. Darauf kannst du positiv einwirken, indem du diesen Frieden zuerst mit dir machst. Erzwingen kannst du es beim anderen aber nicht. Ich habe gemerkt, dass es gar nicht darum geht, dass man unbedingt eine gute Beziehung zu seiner Familie haben muss, um glücklich zu sein. Viel entscheidender ist, dass man keine belastende Beziehung hat. Das heißt aber auch, dass du dann in die Klärung darfst, wenn der fehlende oder auch der zu intensive Kontakt eine Belastung für dich ist.

Als mein Vater mit 66 Jahren im Jahr 2021 in der Nacht zu Ostersonntag an einem Herzinfarkt starb, allein im Regen, am Bahnhof auf den Nachtzug wartend, hatte ich keine negativen Gefühle mehr ihm gegenüber. Ich konnte ihn gehen lassen. Heute habe ich ein Gefühl der Dankbarkeit für all die Unterstützung und positive Prägung, die er mir in den 36 Jahren gegeben hat.

Es geht immer um die Gefühle, die mit einem Thema verbunden sind, und ob sie unserer Vision von einem erfüllten und glücklichen Leben entsprechen.

Damit das Lebensrad seinen präventiven Charakter erfüllen kann, empfehle ich jedem, sich immer wieder und regelmäßig damit auseinanderzusetzen. Immer wieder mal stehen zu bleiben und sich anzuschauen und zu fragen: Hey, wo stehe ich denn gerade in einzelnen Lebensbereichen? Wie ist da gerade die Qualität? Wie ist da gerade die Zufriedenheit? Als ich jünger war, hatten Familie und Kinder für mich nicht die hohe Priorität wie heute. Ich war jemand, der sich stark über den Beruf ausgelebt hat. Vielleicht ist das auch ein Zug, den mein Vater in mir geprägt hat. Hatte ich schon erwähnt, dass es schmerzlich sein kann, sich mit den einzelnen Aspekten auseinanderzusetzen? Dann legt diese Auseinandersetzung Konflikte frei, auf die man nicht stolz ist. Aber niemand von uns ist perfekt. Plötzlich waren jedenfalls Kinder da. Und das hat mich, vor allem als die Kinder kleiner waren, in einen Konflikt gestürzt. Denn eigentlich wollte ich weiter Gas geben und nun war da etwas in meinem Leben, was mich zum ersten Mal davon abgehalten hat. Ich habe die Kinder über alles geliebt, aber beruflich fühlte sich der Umstand, Vater zu sein, an wie eine Bremse – so habe ich es damals empfunden. Ich habe gespürt, dass mein Rad nicht mehr rundlief. Und ich musste mich fragen, welche Qualität ich in der Familie und mit den Kindern leben und erleben wollte. Ich habe – zugegeben erst im Lauf der Zeit – gemerkt, wie wichtig mir Familie und meine Kinder sind. Ich habe diesen Konflikt aus einer unspezifischen Unzufriedenheit im Leben gespürt. Immer war da dieses Gefühl: »Ich werde den Dingen nicht gerecht.« In dem Moment lief mein Leben eben nicht mehr rund. In dem folgenden Prozess der Auseinandersetzung merkte ich, dass ich mich letztendlich immer noch viel zu sehr über den Erfolg definiere, also über den Erfolg bei der Arbeit, und dass ich viel zu sehr für die Arbeit lebe. In der Konsequenz habe ich mir andere Prioritäten gesetzt und für mich visioniert. Das heißt nicht, dass ich heute der Übervater bin. Es gibt sicherlich Männer, die in dieser Rolle noch ganz anders aufgehen – aber ich empfinde mich auf einem guten Weg. Du merkst vielleicht, dass es mir wirklich schwerfällt, diesen Konflikt hier zu schildern. Und das wird dir bei der Beschäftigung mit dem Lebensrad sicher in einigen Aspekten auch so gehen. Denn wenn du dieses Instrument nutzen willst, ist es unabdingbar, dass du ehrlich zu dir bist, was uns – ehrlicherweise – oft am schwersten fällt.

Was uns neben mangelnder Ehrlichkeit zu uns selbst oft daran hindert, wirklich klar auf uns zu schauen, sind gewisse »blinde Flecken« in unserem Leben. Damit meine ich Bereiche, zu denen wir gar keinen oder nahezu keinen Zugang haben. Auch weil sich in unserem aktuellen Leben nur sehr wenige Berührungspunkte mit diesen Bereichen ergeben. Bist du vielleicht jemand, der keine Beziehung führen mag, weil du dich für einen totalen Eigenbrötler hältst, der niemanden braucht. Bist du jemand, der seinen überzogenen Dispo und seine drei vollen Kreditkarten auf Dauer verdrängt, weil du Geld verdienen an sich ablehnst, dich aber gleichzeitig wunderst, dass die Fülle überall ist, nur nicht bei dir? Bist du jemand, dem Sport gar nicht so wichtig ist, obwohl du eigentlich mit 65 gerne noch mit deinen Enkeln spielen willst?

Aspekte wie Beziehung oder Gesundheit liegen für die meisten klar auf der Hand. Jeder von uns hat Beziehungen und jeder hat einen Körper. Also weiß man zumindest theoretisch, wie es da aussehen sollte und was man sich wünscht. Aber was ist zum Beispiel mit dem Bereich Spiritualität? Für viele Menschen ist dieser Aspekt ihres Lebens völlig abgekoppelt oder gar nicht existent. Ohne dass sie sich dessen bewusst sind, verbleibt in diesem Bereich aber eine Leerstelle. Und deshalb ist es aus meiner Sicht extrem hilfreich, dass das Lebensrad, so wie ich es verstehe, einen Anstoß gibt, sich auch mal mit den großen Fragen zu beschäftigen: Was glaube ich eigentlich? Glaube ich an irgendeine Art Leben nach dem Tod, dass da noch was kommt? Wer bin ich eigentlich? Welche Werte will ich leben? Und wie sollen sich diese Werte in den einzelnen Aspekten meines Lebens widerspiegeln? Mit wem will ich mein Leben überhaupt teilen?

Gerade bei Themen, mit denen wir uns noch nicht intensiv beschäftigt haben, und die eigene Spiritualität ist sicher bei vielen Menschen eins davon, besteht aber eine Gefahr. Nämlich die Gefahr, sich selbst und auch andere zu überfordern. Wenn du dich beispielsweise plötzlich nach langen Jahren mit deiner in Routine dahinplätschernden Beziehung beschäftigst, sie wieder ganz anders aussehen soll und du ganz viel Energie hineingibst, dann kannst du nicht erwarten, dass dein Gegenüber in der Beziehung auch auf den Zug aufspringt und ihr innerhalb kürzester Zeit (wieder) die tollste Beziehung führt. Vor allem nicht genau so, wie du dir das vorstellst. Das ist der falsche Anspruch. Es geht immer darum, mit dir selbst anzufangen, dich zu fragen, was du dir wünschst, und eine Qualität zu fühlen und diese Qualität in der Folge auch zu leben. Das kann zum Beispiel im Bereich Beziehungen unerwartete Folgen haben. Du merkst im Lebensrad, dass du mit deiner Ehe nicht mehr erfüllt bist, und entscheidest, dass du deine Beziehung, deine Ehe, auf ein neues Level heben möchtest. Du visionierst und fühlst, wie sich diese Beziehung anfühlen soll. Du merkst aber, dass sich deine Beziehung nicht spürbar verändert. Das kann unerwartete Folgen haben. Denn plötzlich ist da eine andere Person, bei der du genau das spürst. Mit einer Person, die neu in dein Leben gekommen ist, sei es, weil du einen anderen Aufmerksamkeitsfokus hast oder weil da doch im Quantenfeld etwas in Bewegung gekommen ist. Soll schon vorgekommen sein. Und das ist auch eine ziemlich einschneidende Erfahrung. Wenn du dich noch nie mit Spiritualität beschäftigt hast, kann das ähnlich einschneidend sein, und du stürzt dich mit allem, was du hast, in die neue Erfahrung und nimmst vielleicht sogar eine Abkürzung via Psychedelika und alle sollen an deinen neuen Erkenntnissen teilhaben. In Wahrheit nervst du nur alle. Sogar Sport kann eine ähnliche Wirkung entfachen. Wer kennt ihn nicht, diesen einen Bekannten, der ganz plötzlich das Laufen für sich entdeckt hat. Gestriges Ziel: eine gute Flasche Wein auf dem Sofa. Morgiges Ziel: Ultramarathon. Ich bin kein Freund von Extremen. Meist ist es dann nämlich nur ein heftiges, aber kurzes Strohfeuer und die Änderungen, die du anstrebst, sind nicht nachhaltig, sondern haben viel mehr den Charakter einer Flucht. Dahinter steht auch die Hoffnung, dass du in diesem einen Bereich die Lösung für alle Probleme gefunden hast. Oder du bist schlicht überwältigt von dem, was du plötzlich neu erfahren hast. Sei es ein Runners High und die Erkenntnis, dass du plötzlich 11 Kilometer am Stück laufen kannst, oder eine Erkenntnis aus der Persönlichkeitsentwicklung.

Das oft beschworene Prinzip der kleinen Schritte gilt auch bei der Beschäftigung mit dem Lebensrad und der Verbesserung der einzelnen Aspekte. Jeder kleine Schritt zahlt ein. Das heißt aber nicht, dass auch dein Anspruch klein sein muss. Deine Vision darf groß sein. Dein Rad darf richtig rund sein und laufen wie geschmiert. Auf Dauer benötigt jeder Lebensbereich deine Aufmerksamkeit, um dieses erfüllte Leben zu führen, denn nichts anderes bedeutet es, wenn das Rad rundläuft.

Deine Vision darf groß sein. Dein Rad darf richtig rund sein und laufen wie geschmiert. Auf Dauer benötigt jeder Lebensbereich deine Aufmerksamkeit, um dieses erfüllte Leben zu führen, denn nichts anderes bedeutet es, wenn das Rad rundläuft.

Was kannst du konkret tun, um einzelne Speichen deines Rades gerade zu ziehen? Erst einmal nimmst du das Rad und schaust die einzelnen Lebensbereiche an. Du kannst das

Greator-Rad mit den oben genannten sieben Bereichen wählen oder ein anderes mit mehr Aspekten, wenn nötig. Diese Bereiche können ineinander übergehen und sich überschneiden. Vor allem können die Probleme, die sich im Äußeren manifestieren, ihre Lösung in deinem Inneren haben. Um ehrlich zu sein, wird das sogar in den allermeisten Fällen so sein. Du hast vielleicht den Glaubenssatz, dir von »denen da oben« nichts gefallen zu lassen. Wenn du im Job immer wieder mit deinen verschiedenen Vorgesetzten aneinandergerätst und dich das frustriert, dann ist das auf den ersten Blick ein Thema für den Bereich Job/Karriere. Aber lösen kannst du es häufig nur, wenn du das Verhältnis zu deinen Eltern bearbeitest. Das Gleiche gilt für das Thema Finanzen oder wirtschaftlicher Erfolg. Diese Aspekte sind häufig sehr stark emotional mit der Vergangenheit verstrickt. Großen Einfluss hat beispielsweise das Verhältnis zu deinem Vater. Nicht zu deinem Vater aus der Jetztzeit, sondern das Verhältnis zu dem Vater deiner Kindheit. Psychologie und Persönlichkeitsentwicklung wissen inzwischen, dass das Erleben des Vaters in der frühkindlichen Prägephase in starkem Zusammenhang mit deinem späteren wirtschaftlichen Erfolg als Erwachsener stehen kann. Insbesondere hat die psychologische Vaterforschung gezeigt, dass eine emotional sichere Bindung des Kindes zum Vater, in der frühen Kindheit, die Entwicklung eines positiven Selbstbildes fördern kann. Wie war denn dein Vater? Hat er dich unterstützt oder eher kleingehalten? Gab es ihn überhaupt? Die frühkindliche Prägephase, in der Kinder zwischen null und drei Jahren besonders empfänglich für die Einflüsse ihrer Umwelt sind, spielt nämlich eine wichtige Rolle bei der Entwicklung von grundlegenden Fähigkeiten. Eine sichere Bindung zum Vater bedeutet, dass das Kind das Gefühl von Sicherheit, Unterstützung und Geborgenheit bei ihm findet. Dieses Gefühl kann sich positiv auf das Selbstbild des Kindes auswirken. Und ein positives Selbstbild bedeutet, dass das Kind ein gesundes Vertrauen in die eigenen Fähigkeiten und ein Gefühl von Wertigkeit entwickelt. Es hat das Gefühl, dass es geliebt und geschätzt wird, was zu einem positiven Selbstwertgefühl führt. Ein gutes Selbstwertgefühl und Vertrauen in die eigenen Fähigkeiten sind wichtige Voraussetzungen, um sich beruflich zu entwickeln und erfolgreich zu sein. Du bist motivierter, hast eher den Glauben an deine eigenen Fähigkeiten und bist bereit, Herausforderungen anzunehmen und Risiken einzugehen. In der Regel führt ein positives Selbstbild auch zu besseren sozialen Kompetenzen und dazu, besser mit anderen interagieren zu können, was ebenfalls für den beruflichen Erfolg wichtig ist. Aber natürlich ist das ein komplexes Thema, viel komplexer als hier in aller Kürze angerissen. Andere Faktoren spielen natürlich auch eine Rolle, wie zum Beispiel die Beziehung zur Mutter, das familiäre Umfeld, Bildungsmöglichkeiten und andere individuelle Persönlichkeitsmerkmale. Aber selbst als Erwachsener steht dieser Vater von früher heute energetisch noch hinter dir. Angesichts solcher Zusammenhänge stellt sich die Frage, wo das Thema hingehört. Ich würde es definitiv bei Familie verorten, denn du wirst dieses Thema nur in den Griff bekommen, wenn du Frieden mit deinem Vergangenheitsvater geschlossen hast. Das heißt, die Einteilungen sind für dich gewissermaßen Starting-Points deiner Betrachtung und es ist offen, wo der Weg dich von dort aus hinführt. Geh in den Bereich rein und fang mit einer Zustandsbeschreibung an. Wie fühlt es sich für dich an? Und hier kannst du sogar Punkte vergeben, um deinen Zufriedenheitsgrad zu bestimmen. Stell dir eine Skala von 0 bis 10 vor. 0 steht dabei für »äußerst unzufrieden« und 10 für »äußerst zufrieden«. Das kannst du, unabhängig von der Bewertung, die du vergibst, auch erst mal so stehen lassen. Es zeigt dir nur die Bereiche, in die du auf jeden Fall investieren solltest.

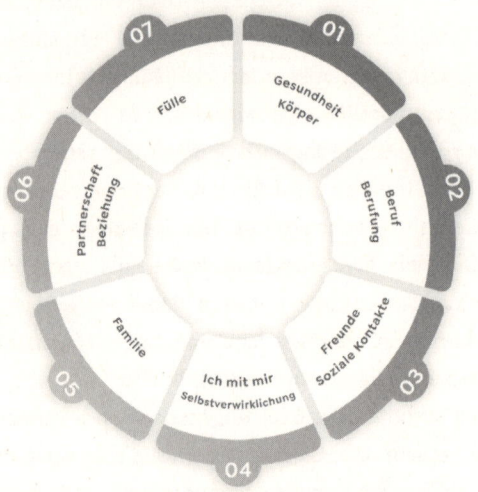

Das Lebensrad

Der nächste Blick geht in die Zukunft. Welche Qualität willst du in den einzelnen Bereichen eigentlich leben? Und wenn das richtig geil sein soll, dann traue dich, groß zu denken. Was ich an diesem Punkt immer wieder erlebe, ist, dass die Leute zwar wissen, was sie nicht wollen. Sie wissen aber nicht, was sie wollen. Vielen fehlen Fantasie und Mut, groß zu denken. Der Traum von der Finca auf Mallorca ist für viele Menschen ein Traum. Aber ein Traum, den sie als zu groß für sich erachten und ihn sich deshalb selbst verbieten. Dabei geht es doch gar nicht darum, das, was ich denke, direkt umzusetzen oder jetzt, in diesem Moment, irgendetwas zu entscheiden. Aber sich die gedankliche Antwort zu erlauben, ist schon das Innovative, was Veränderung herbeiführt. Es geht in diesem Schritt nur darum, sich den Gedanken überhaupt zu erlauben. Das ist noch nichts, wovor man Angst haben müsste. Trotzdem ist für viele Menschen dieser Schritt schon verrückt genug. Da kommt der direkte Reflex: Nee, jetzt spinnt der Müller. Ich! In einer Finca! Hallo, mein Vater war Bademeister? Das ist zu groß für mich. Und so weiter und so fort. Viele Menschen können sich nach dem Ende einer langen Beziehung gar nicht vorstellen, sich noch mal auf einen neuen Partner einzulassen. Ich soll mich noch mal verlieben, meinen Traummann finden? Nee, die Zeit ist vorbei. Ich? Wer bin ich denn, in dem Alter? Wer will denn eine alte Schachtel wie mich ... Diese Gedanken sind völlig normal. Jede größere Veränderung ist ein längerer Prozess. Es ist nicht so, dass man sich schnell in einer Stunde abends etwas visioniert und dann zieht man sein Leben auf links. Dennoch bist du an dieser Stelle schon an einem entscheidenden Punkt angelangt. Hier fällst du eine Entscheidung: Möchtest du dich auf die Reise des Lebens machen und Stück für Stück wachsen und schauen, was das Leben für dich noch bereithält? Bist du bereit, dir den Gedanken zu erlauben, dass bald der Traummann in dein Leben kommt, mit dem du nie gekannte Höhen erlebst. Wie würde sich das anfühlen? Bist du offen dafür, dass das Leben vielleicht viel, viel mehr für dich bereithält, als du bisher gelebt hast und als du es für möglich hältst? Bist du bereit für Wunder? Bist du bereit, dieses Spiel zu spielen? Wenn du Ja sagst, dann nimm dir einen Lebensbereich vor, von dem du sagst: Da möchte ich wirklich Veränderung. Und dann? »Ja, was soll ich in meiner Situation denn groß verändern«, ist an diesem Punkt eine zwar häufig gestellte Frage, aber sie ist eigentlich nur eine Ausrede dafür, nichts zu ändern. Ja, was sollst du denn ändern? Ich weiß es nicht. Die Frage, die du dir stellen musst, lautet ganz anders. Sie lautet: Was willst du ändern? Und dieser Frage gehen zwei andere Fragen voraus: Was ist das Problem? Was soll aufhören? Sich diese Fragen zu stellen sind die ersten kleinen Schritte von vielen. Denn von der Beantwortung der Frage bis zur Umsetzung der Antwort ist ein weiter Weg, der nicht immer auf Anhieb offen vor dir liegt. Das weiß jeder, der mal versucht hat, sich das Rauchen abzugewöhnen, oder der versucht hat, irgendeine andere vielleicht nur kleine Gewohnheit zu ändern. Im nächsten Schritt kannst du die Frage schon umformulieren: Was möchtest du, das passiert? Wie soll es sich anfühlen? Wenn das passiert, was ist dann? Und dann? Und dann? Und auf diese Weise entwickelst du Stück für Stück eine Vision von dem, wie es sein soll. Eine Vision, in der du dein Future-Self fühlst. Und du musst vor dieser Vision keine Angst haben, selbst die größte Vision wird in kleinen Schritten umgesetzt. Der nächste kleine Schritt ist die Beantwortung der Frage, was du jetzt, in diesem Moment, für einen Schritt gehen könntest, um deine Vision Realität werden zu lassen. Irgendetwas kannst du immer tun. Jeder kleine Schritt zählt, der dir hilft, dem Gefühl näherzukommen, das du mit deiner Vision verbunden hast. Wenn du wirklich von der Finca auf Mallorca träumst, kann dieser Schritt sein, dass du dir eine Palme ins Wohnzimmer stellst oder sonst eine Veränderung vornimmst. Und wenn es nur ist, dir einen Termin einzutragen, wann du in den Baumarkt fährst, um eine Wandfarbe zu kaufen, in der du dir deine Traumvilla vorstellst. Oder richte dir einen Bildschirmschoner ein, sammle Bilder für dein Mindmovie ... Gerade weil die Schritte so klein sind, kannst du dir wirklich erlauben, groß zu denken, große Fragen zu stellen.

Jemand, der diese großen Fragen gut stellen kann, ist Elon Musk. Die Frage, wie wir auf diesem Planeten weiterleben können, ist eine ziemlich große Frage. Er hat sie sich gestellt. Was ihn so besonders macht, ist, dass er diese Fragen konsequent herunterbricht. Wie können wir auf diesem Planeten weiterleben? Ein guter Anfang wäre, wenn wir unseren CO_2-Ausstoß senken könnten. Wie geht das? Den Individualverkehr zu elektrifizieren könnte ein Ansatz sein. Und dann steigt jemand wie Musk eben bei Tesla ein und treibt das Thema im Großen und – wie man hört – oft zum Leidwesen seiner Ingenieure im Detail voran. Aber die Frage, wie wir auf diesem Planeten überleben können, beinhaltet für ihn weitere Fragen. Denn vielleicht schaffen wir das nicht. Und was wäre dann? Dann wäre es gut, wenn wir Alternativen hätten, irgendwo da draußen im Weltall vielleicht. Also gründete er SpaceX. Das sind große Antworten auf große Fragen, aber ich wette, auch der Einstieg bei Tesla, auch die Gründung von SpaceX haben mit einem Anruf oder einer E-Mail begonnen.

Trau dir große Visionen zu und hab keine Angst, dich in kleinen Schritten auf deine Reise zu machen. Irgendwann auf deiner Reise wirst du an einen Punkt gelangen, an dem du dich fragst, was dich eigentlich zurückhält. Und an diesem Punkt kann es wieder intensiv werden. Denn was hinter dem ganzen »Das schaffe ich nicht«, »Das ist eine Nummer zu groß für mich«, »Wird eh nichts« steckt, sind unsere Glaubenssätze. Ich hatte so einen Glaubenssatz zum Thema Sportlichkeit. Ich war jung und es ging wirklich nicht um Gesundheit, sondern vielmehr um Optik. Toll, oder? Ich meine, da schreibe ich im Absatz vorher noch, dass du ruhig groß denken sollst, und dann komme ich mit dem Wunsch nach einem Sixpack um die Ecke. Aber darum geht es ja: alle Bereiche, in denen es piekt, gerade biegen zu können. Und jede Kleinigkeit zahlt ein. In dieser Lebensphase hat mich eben gepiekt, dass ich nie so richtig sportlich aussah. Ich habe in meiner Kindheit viel und gerne Sport gemacht. Aber ich war nie der Schnellste, der Beste oder der Leistungsträger. Und ich war auch nie der wirklich sportliche Typ in dem Sinne, dass man es mir angesehen hat. Das habe ich tief verinnerlicht: Ich kann ja gar nicht sportlich sein! Ich war nicht dick, aber doch immer etwas kräftiger als die Sportlichen. Das hatte ich so akzeptiert: Ich war halt der, der einen kleinen Bauch hatte. Es würde mir nie gelingen, so richtig Instagram-mäßig durchtrainiert auszusehen. Dass ich gerne esse und auch mal ein Bierchen genossen habe, hat auch nicht zur Besserung beigetragen. Irgendwann hat es mich geärgert, dass ich mich so häufig darüber geärgert habe, dass andere einfach eine bessere Genetik haben müssen. Aber ich hatte schon so häufig bei mir erlebt, dass sich die verrücktesten Visionen umsetzen lassen, dass ich mich auch da nicht mehr von meinem Kopf begrenzen lassen wollte. Ich habe mich entschieden, auch das werde ich mir jetzt erschaffen, auch wenn mein Verstand rebelliert hat »Ja, ist klar, jetzt lass mal gut sein, das wird nun wirklich nichts«, aber ich wollte trotzdem so aussehen. Ich habe mir das Bild von einem sportlichen Instagram-Model ausgedruckt. Der junge Mann auf dem Bild hatte genau die Figur, die ich mir erträumte und die ich mir in den nächsten Monaten visionieren wollte. Nach einem Dreivierteljahr hatte ich mein Vorbild nicht nur eingeholt, sondern gar überholt. Nicht weil ich mir das Bild unter das Kopfkissen gelegt habe. Aber ich habe mir diesen Körper und das mit ihm verbundene Gefühl visioniert und ich hatte plötzlich Spaß daran, ins Gym zu gehen – oft und intensiv. Ich hatte nicht gewusst, dass es mir möglich sein würde, so auszusehen. Am Anfang meiner Reise lag dieses Resultat außerhalb jeglicher Realität. Mein Kopf sagte, das ist nicht möglich. Mein Gefühl sagte, es ist schon Wirklichkeit: der Verzicht auf die Dinge, die ich sonst gerne genieße, der fast tägliche 10-Kilometer-Lauf. Er hat sich gut angefühlt, denn das Gefühl, sportlich und schlank zu sein, hatte ich schon vorher und es fühlte sich gut an. So gut, dass es mich auch durch die Phasen trug, in denen die Motivation schon mal weniger geworden wäre. Und dann wurde es Wirklichkeit.

Klar ist, dass wir in jedem Bereich unseres Lebens Glaubenssätze haben. Dass die Summe unserer Gedanken unsere Realität formt. Und unsere wahrgenommene Realität formt wiederum unsere Glaubenssätze: Siehst du? Habe ich doch gesagt! Das wird nichts. Aber verändern wir unsere Gedanken, unsere Glaubenssätze und Überzeugungen, ändern wir unsere Realität. Trau dich in eine »verrückte« Was-wäre-wenn-Vision und sofort sind sie da. Und natürlich sind es vor allem Glaubenssätze, die darauf hinauslaufen, warum irgendetwas nicht funktionieren kann und warum es zwar bei allen anderen, aber gerade bei dir nicht funktionieren kann und

Allein einen Glaubenssatz mal schwarz auf weiß vor sich zu sehen macht uns oft schon klar, wie absurd und unwahr viele dieser Limitierungen sind.

warum du zu schlecht, zu schwach, auf jeden Fall nicht genug bist. Wenn du einen Glaubenssatz identifiziert hast, solltest du ihn aufschreiben. Allein einen Glaubenssatz mal schwarz auf weiß vor sich zu sehen macht uns oft schon klar, wie absurd und unwahr viele dieser Limitierungen sind. Die Erkenntnis, wie sehr uns unsere Glaubenssätze beeinflussen, schwächt sie oft schon stark ab. Wenn du genauer über sie nachdenkst, wirst du nämlich eins feststellen: Sie sind alle nur so lange wahr, wie wir ihnen Bedeutung geben und sie für uns als gegeben ansehen. Wenn ich selbst in der Lage bin, die emotionale Wertung und Bedeutung rauszunehmen, schwäche ich sie ab und sie verlieren ihre negative Wirkung. Plötzlich merke ich, dass sie doch nicht in Stein gemeißelt sind. Es gibt natürlich auch positive Glaubenssätze. Wenn ich die Vision erzeuge, eine großartige Beziehung zu führen, dann steckt in dieser Vision der Glaubenssatz, dass eine Beziehung etwas Lohnenswertes ist, was mir guttut. Positive Glaubenssätze sind im Gegensatz zu ihren negativen Pendants nicht per se falsch. Aber auch sie kannst du überprüfen, vor allem im Hinblick darauf, wie sehr du den daraus abgeleiteten Ansprüchen gerecht wirst. Außerdem musst du darauf achten, dass sie dich nicht indirekt negativ beeinflussen. Denn aus dem Glaubenssatz »Eine Beziehung ist etwas Erstrebenswertes« wird schnell ein belastendes »Ohne Beziehung bin ich nichts wert«. Wenn sie uns limitieren, dann müssen sie weg. Leicht gesagt, oder? Aber es ist möglich, wenn wir uns erlauben, uns intensiv mit ihnen auseinanderzusetzen. Es gibt tolle, wunderbar hilfreiche Techniken, um die eigenen Glaubenssätze zu identifizieren, zu hinterfragen und aufzulösen. Hypnose, Coachings ... Die großartige Byron Katie, eine wahre spirituelle Lehrerin, hat ein großartiges, ebenso einfaches wie wirkungsvolles System dazu entwickelt und ist damit weltweit bekannt geworden: The Work. »KT« litt selbst jahrelang unter Depressionen, massiven Essstörungen und Alkoholsucht und hat es mit ihrer eigenen Methode geschafft, ihrem Leben eine neue Richtung zu geben. Ihre Arbeit basiert auf vier einfachen Fragen, die eine »Umkehrung im Geist« auslösen. Also genau da, wo wir die Welt und uns selbst wahrnehmen, bewerten und gestalten. Ihre Arbeit ist Teil der Greator-Life-Coach-Ausbildung, aber auch frei zugänglich. Es gibt wie gesagt auch noch andere Methoden, aber immer geht es darum, die Bedeutung, die wir unseren Glaubenssätzen geben, zu reduzieren und zu erkennen, dass sie meistens gar nicht so wahr sind, wie wir immer glauben.

Du kannst also das Lebensrad nehmen und damit Bereiche identifizieren, in denen es gerade nicht so rundläuft oder auf die du jetzt deine Priorität legen willst, weil du spürst, dass das Thema gerade für dich ansteht. Am Ende hängen die Lebensbereiche natürlich zusammen und beeinflussen sich gegenseitig. Wenn du die einzelnen Bereiche für dich durchgehst, wirst du auf Aspekte treffen, bei denen für dich alles rundläuft. Jeder hat schließlich seine persönlichen Stärken und entsprechende Bereiche, die er vernachlässigen kann. Auf der anderen Seite wirst du Bereiche entdecken, wo du nicht mal in dich hineinfühlen musst, sondern von vornherein weißt, dass es da objektiv nicht gut läuft. Je älter du bist, desto klarer werden diese Bereiche sein. Jetzt könnte man sich die Frage stellen, ob es sich lohnt, in diese Bereiche zu investieren. Es ist auf den ersten Blick eine Entscheidung wie früher in der Schule: Investiere ich viel Energie, um in einem schwachen Fach ein, zwei Punkte mehr zu holen, oder konzentriere ich mich komplett auf meine Stärken? Wie beschrieben sind es oftmals einfach unsere Glaubenssätze, die uns im Weg stehen, diese Bereiche aufzuräumen. Wenn du also einen Bereich oder einen Aspekt deines Lebens entdeckst, von dem du sagen würdest: »Hat eh keinen Zweck«, sind gerade das Bereiche, die du aus meiner Sicht unbedingt angehen und versuchen solltest, die limitierenden Glaubenssätze zu eliminieren. Du wirst gerade in diesen Aspekten mit kleinen Schritten unglaublich viel Verbesserungspotenzial heben können.

Es kann auch sein, dass du bestimmte Aspekte bisher gar nicht wahrgenommen oder dich für sie interessiert hast, weil wirklich alles rundläuft. Hier empfindest du dein Leben nicht nur als grundsätzlich okay, sondern da läuft es einfach ganz von selbst. Bei mir war beispielsweise Gesundheit lange Zeit ein Bereich, der »so mitlief«. Wenn ich mich damit beschäftigt habe, dann, wie beschrieben, eher aus ästhetischen Gründen oder weil ich noch energetischer sein wollte. Es stand jedenfalls immer eher der »Tuning-Gedanke« im Vordergrund. Ich habe vielleicht eine gute Genetik oder vielleicht bisher auch einfach nur Glück gehabt und habe erst im Zuge der Greator-Krise spüren müssen, wie fragil auch meine Gesundheit ist, wenn ich meinen Körper über 1,5 Jahre dauerhaftem und vor allem negativem Stress aussetze. In diesen Fällen ist das Lebensrad ein ausgezeichnetes Vorsorgeinstrument. Heute beziehe ich diesen Aspekt regelmäßig in meine Betrachtungen ein. Es gibt noch andere blinde Flecken: die bereits erwähnte Spiritualität. Auch Familie kann so ein übersehener Bereich sein. Gerade in diesen Bereichen halte ich es für wichtig, genauer hinzusehen. Wenn Familie ein Punkt ist, der dir nicht wichtig ist, rate ich dir trotzdem, auch wenn du die Notwendigkeit gerade nicht siehst, dich zu hinterfragen, warum das so ist. Denn »nicht wichtig« kann wie beschrieben auch bedeuten, dass es tatsächlich rundläuft, es kann aber auch durch eine unbewusste Ablehnung forciert sein. Dann ist dein »nicht wichtig« in Wahrheit ein trotziges »mir doch egal!«. Es stellt sich die Frage, welche Glaubenssätze diesen Trotz bewirken.

Sich mit diesen Dingen zu beschäftigen kostet nichts außer Zeit. Na? Bei wem blitzt da sofort der Glaubenssatz auf, keine Zeit für so was zu haben? Bullshit! Für mich selbst ist diese intensive Betrachtung oder Selbst-Analyse des Ist-Zustands und das Visionieren meiner Zukunft zu einem Teil meiner Routine und meiner morgendlichen Meditation geworden. Es hilft mir selbstverständlich auch, mich tatsächlich mal intensiver rauszuziehen und mir wirklich Raum und Zeit dafür zu geben. Auch das

Wahre und dauerhafte Veränderung wirst du nicht erfahren, wenn du nicht bereit bist, in dich zu investieren. Nimm dir die Zeit dafür!

mache ich regelmäßig. Das kann ein Wochenende sein oder sogar mal ein Wochenretreat. Das kann und will nicht jeder in dieser Intensität; dann kannst du diese Selbstreflektion auch in deinen Alltag integrieren. Einfach mal eine Stunde oder zwei in die Auszeit gehen und sich mit diesen Fragen beschäftigen. Ich weiß, dass bereits an dieser Stelle viele Leser die Augen rollen. Wo soll ich denn zwei Stunden hernehmen? Dann lass es eine Stunde sein. Ein Weg ist, sich über zwei oder drei Wochen jeden zweiten Tag eine Stunde zu blocken, wo du dich hinsetzt und dich damit beschäftigst. Diese Zeit findet jeder. Du findest nicht mal die? Dann fange an, dir täglich 30 Minuten für dich zu nehmen. Zeit für eine Meditation, ein

Journal … Hauptsache, du beschäftigst dich mit dir. Dass wir nicht genug Zeit haben, ist eine Illusion, weil wir sie für viel zu viele unbewusste Verdrängungsmechanismen aufwenden: Fernsehgucken, ein Gläschen trinken, TikTok oder Insta. Die Stunden, die du damit verbringst, haben sicherlich auch ihre kurzfristigen positiven Aspekte. Aber, und das ist ein sehr großes Aber, im Grunde ist es einfach ganz viel Übersprungshandlung, Betäubung und verschwendete Lebenszeit. Wie viel Zeit investieren wir in Netflix und irgendwelche Serien? Wie viel Zeit verbringen wir im Urlaub mit unruhigem Nichtstun und glauben, dass wir nach diesen ein, zwei Wochen viel entspannter sind und es uns besser geht? Wie viele von uns merken schon in der ersten Arbeitswoche, dass es wohl doch nicht so viel gebracht hat, wie wir uns erhofft haben? Wenn du das verstanden hast, ist schon viel gewonnen. Denn das Argument, keine Zeit zu haben, fängt ja schon dort an zu zerbröseln, wo man sich mal genau anschaut, wofür man seine vorhandene Zeit verschwendet und was man sich selbst Wert ist. Aber auch das gehört zur Wahrheit: Wahre und dauerhafte Veränderung wirst du nicht erfahren, wenn du nicht bereit bist, in dich zu investieren. Nimm dir die Zeit dafür! Zieh dich auch mal ein paar Tage raus aus dem Alltag. Jeder von uns sollte sich jedenfalls mehr Wert sein, als eine Stunde Netflix. Sei auch du es dir wert!

KAPITEL 8

INTUITION FÜHRT IMMER ZUM ERFOLG

Warum wir Intuition nicht mit Angst verwechseln dürfen • Warum
wahre Intuition am Ende immer zum Erfolg führt • Und was
Intuition damit zu tun hat, dass ein paar der erfolgreichsten
deutschsprachigen Speaker nicht bei Greator sind

Greator ist inzwischen eine Heimat für viele der besten und erfolgreichsten
Experten aus ganz vielen unterschiedlichen Bereichen. Für Experten aus
der Persönlichkeitsentwicklung, Motivation, Verkauf, Rhetorik, Finanzen ...
Wir, mein Team und ich, werden davon getrieben, das Wissen dieser Experten möglichst vielen Menschen zugänglich zu machen. Verrückt eigentlich,
wie sehr diese Vision im Grunde dem ähnelt, was meinen Vater in seinen
letzten zwanzig Lebensjahren angetrieben hat. Wir haben beide entdeckt,
dass Persönlichkeitsentwicklung ein mächtiges Instrument ist, das Menschen dabei unterstützt, sich selbst zu helfen, zu heilen, glücklicher zu
werden. Denn das Ziel aller Maßnahmen, die sich unter Persönlichkeitsentwicklung subsumieren lassen, besteht darin, Menschen zu helfen, ihr
individuelles Potenzial zu entfalten, eine positive Selbstentwicklung zu
fördern und das Wohlbefinden und die persönliche Erfüllung zu steigern.
Auch ganz praktisches Wissen zähle ich zur Persönlichkeitsentwicklung.
Sich selbst motivieren zu können, produktiver zu sein, besser reden zu
können zum Beispiel. Ich beglückwünsche jeden, der sich auf diese Reise

zu sich selbst, zu einem besseren, weil glücklicheren Future-Self macht. Bei dieser Reise sind wir leider selbst unser größtes Hindernis. Tief verwurzelte Glaubenssätze, frühkindliche Prägungen und Traumata und Verflechtungen sind Ursache von Symptomen, die unser ganzes Leben prägen und vor allem limitieren. Zu spät begreifen wir, dass wir selbst es sind, die dieses eine Leben in der Hand haben. Wir selbst entscheiden, ob wir glücklich sind oder nicht. Das ist ein Versprechen, dass ich aus der Tiefe meines Herzens geben kann: Auch in dir ist alles vorhanden, was dazu nötig ist, glücklicher und erfüllter zu leben.

Wenn ich dich jetzt frage, ob du glücklicher sein willst, wirst du diese Frage intuitiv bejahen. Du spürst im Herzen, dass das Leben mehr bereithält als das, was du gerade erlebst. Dieser Intuition darfst du folgen. Du solltest ihr sogar folgen. Leider handeln viel zu viele Menschen gegen ihre Intuition. Sie halten an Situationen fest und sie halten Verhaltensweisen aufrecht, die nicht gut für sie sind. Manchmal ist ihnen gar nicht bewusst, dass ihnen diese nicht guttun, manchmal sagt uns der klare Verstand: Lass das! Das tut dir nicht gut. Und trotzdem halten wir an diesen Verhaltensweisen fest. Ich habe beispielsweise in den letzten zehn Jahren immer mal wieder für eine kurze Phase geraucht, zuletzt zum Glück nur noch diese E-Einwegzigaretten. Aber dennoch nervig. Es begann immer in eher stressigen Phasen. In Phasen, in denen ich eben nicht so sehr in meiner Mitte war und keine gute Verbindung zu mir selbst hatte. Zumindest nicht so sehr, dass ich einfach so wieder aufhören konnte. Tut mir das gut? In dem Moment, wenn das Nikotin kickt, habe ich das Gefühl, dass es mir guttut. Und gleichzeitig weiß der Verstand, wie es Dr. med. Stefan Frädrich so schön sagt: Raucher müssen rauchen, um sich für ein paar Minuten so zu fühlen, wie sich der Nichtraucher die ganze Zeit fühlt. Mein Verstand weiß natürlich um die Gefahren, die mit Nikotinkonsum verbunden sind und dass Einweg-Elektrozigaretten nicht nur für meine Gesundheit, sondern auch für die Umwelt eine extreme Belastung sind. Wer darüber verwundert den Kopf schüttelt, darf sich gern selbst befragen, an welchen Verhaltensweisen er festhält, von denen er mit klarem Verstand weiß, dass sie nicht gut sind. Wie gut tut dir eigentlich die Beziehung, die du gerade führst? Dieser Job, in dem du feststeckst, erfüllt er dich wirklich? Ist die Ernährungsweise, die du pflegst, wirklich die, die dir hilft? Ich bin sicher, dass in dieser Hinsicht sehr viele Menschen fündig werden, wenn sie ihr Lebensrad betrachten.

Oftmals ist es aber gar nicht der Verstand, der uns ein »Lass das« einflüstert, sondern etwas ganz anderes. Wir fühlen intuitiv, dass eine Situation nicht gut für uns ist. Wir merken, dass hier irgendetwas nicht stimmt, ohne dass wir genau benennen können, was es ist. Wir treffen einen Menschen und *wissen* intuitiv – obwohl sich die Begriffe eigentlich widersprechen –, dass uns diese Person nicht guttut. Umgekehrt gibt es Menschen, denen wir intuitiv vertrauen. Für Erlebnisse und Erfahrungen gilt das Gleiche. Manche Dinge können wir mit dem Verstand nicht erfassen, aber wir wissen, dass sie uns guttun. Ich habe in meinem ersten Seminar bei Hans nicht verstandesmäßig erfassen können, was in diesen sieben Tagen passiert ist. Aber ich habe intuitiv gefühlt, dass sich mir hier gerade eine wirklich große Sache eröffnet. Mit Intuition bezeichnen wir die Fähigkeit, etwas unmittelbar zu verstehen oder »zu wissen«, basierend auf einem Gefühl statt auf bewusster Überlegung oder logischem Denken. Dieses Wissen manifestiert sich in uns, ohne dass rationales Denken erforderlich ist. Wir wägen keine Vor- und Nachteile ab, rechnen nichts durch, sondern treffen eine unmittelbare Entscheidung für oder gegen etwas. Das ist grundsätzlich eine gute Sache. Stell dir vor, du müsstest nur einen Tag lang jede Entscheidung in deinem Leben gründlich abwägen, bevor du sie triffst. Hast du eine Idee davon, wie viele das überhaupt sind? Untersuchungen zeigen, dass wir jeden Tag vor etwa 20 000 Entscheidungen stehen. Jede davon gründlich und immer neu zu durchdenken ist natürlich unmöglich. Dein Kopf würde aussteigen, noch bevor du aus dem Bett gestiegen bist. Jeder von uns nutzt seine Intuition also bereits. Und das nicht nur bei Kleinigkeiten wie der Frage, mit welchem Fuß wir unser Bett zuerst verlassen. Auch bei großen Entscheidungen ist bei vielen Menschen letztlich die Intuition ausschlaggebend. Nämlich dann, wenn wir entweder zu wenig Informationen oder wenn wir zu viele Informationen haben, um eine rationale Entscheidung treffen zu können. In einer Welt, die so komplex ist wie unsere, sind wir häufig einfach überfordert, rationale Entscheidungen zu treffen, selbst wenn wir uns unsere Entscheidungen hinterher rationalisieren, also versuchen wir uns einzureden, dass es ja rationale Gründe sind, die uns zu der Entscheidung geführt haben. Übrigens egal, ob sich diese Entscheidungen hinterher als richtig oder falsch herausstellen. Denn, das ist der große Nachteil der Intuition, sie kann uns auch täuschen. Aber wie kann sie uns dann immer zum Erfolg führen? Unser Unterbewusstsein speichert sämtliche Informationen aus früheren Erfahrungen und Erinnerungen ab. Bei einer intuitiven Entscheidung sucht unser Unterbewusstsein blitzschnell nach subtilen Hinweisen oder Mustern und gleicht sie mit unseren vergangenen Erfahrungen ab. Aber dort, in den Kellern unserer Erinnerung, sind eben auch unsere frühkindlichen Traumata, unsere familiären Verflechtungen und Prägungen abgelegt. Unser Bewusstsein hat vielleicht all die Dinge, die wir erfahren haben, Missbrauch, Vernachlässigung, Gewalterfahrungen oder andere belastende Ereignisse, verdrängt. Unser Unterbewusstsein nutzt sie dennoch als Basis von Entscheidungen. Auch die Prägungen und Glaubenssätze, die wir von unseren Eltern übernommen haben und die wir uns noch nicht bewusst gemacht haben, dienen der Intuition als Bibliothek. Das ist eine ziemlich uncoole Nachricht. Denn wenn wir beispielsweise eine Person treffen, dauert es oft nur einen Bruchteil einer Sekunde, bis wir die Person für uns eingeordnet haben. Psychologische Experimente zeigen, dass wir oft bereits nach dem ersten Blickkontakt ein Gefühl von Sympathie oder Antipathie entwickeln. Bei der Frage, ob wir jemanden mögen oder nicht, können wir deshalb – konsequent zu Ende gedacht – nicht nur Opfer unserer eigenen Verzerrungen und Vorurteile sein, sondern sogar Opfer der Vorurteile und Verzerrungen unserer Eltern. Für mich steckt in dieser Warnung eine große Motivation, sich regelmäßig mit den eigenen Glaubenssätzen zu beschäftigen. Sich auch zu fragen, wie man auf Menschen zugehen möchte. Nimmt man die Menschen, die man trifft, als Bereicherung wahr oder erwartet man, dass andere Menschen grundsätzlich gemein zu uns sind, dass sie Stress bedeuten und es grundsätzlich darauf angelegt haben, uns zu schaden? Natürlich hat auch die zweite Einstellung ihre Gründe. Wir haben schlechte Erfahrungen gemacht und unser Unterbewusstsein versucht, uns davor zu schützen, dass sich diese Erfahrungen wiederholen. Nur, was kann der arme Kerl, dem wir aus irgendwelchen Gründen in einer beliebigen Situation begegnen, dafür, dass sein Gangbild dein Unterbewusstsein an den verhassten Turnlehrer von früher erinnert? Der Turnlehrer wollte dir vermutlich schon nichts Böses, sondern war, wie er eben war. Und egal, wie er war, ob dir wirklich nicht wohlgesinnt oder das lediglich deine Interpretation ist, er hat auf jeden Fall gar nichts mit dem Menschen zu tun, der dir jetzt gerade in diesem Moment gegenübersteht. Dieser Mensch könnte dein Leben bereichern, er könnte eine Chance sein. Wenn du ihn lässt.

Der Mechanismus, den ich dir an diesem Beispiel zeigen möchte, wirkt auch in allen anderen Lebensbereichen. Deshalb halte ich es für unglaublich wichtig, selbst in der Balance zu sein, Frieden mit der eigenen Vergangenheit geschlossen zu haben und eine Vorstellung davon zu haben, nach welchen Werten man leben möchte und wie diese Werte sich manifestieren sollen. Ja, genau. Das hört sich nach der Arbeit mit dem Lebensrad an. Wenn dieser Prozess noch läuft, vielleicht noch gar nicht angestoßen wurde, ist es umso wichtiger, sich diese Zusammenhänge zwischen Intuition und der eigenen Vergangenheit und den eigenen Glaubenssätzen immer wieder zu verdeutlichen. Je klarer deine Vision ist, je besser du sie fühlst, umso besser funktioniert deine Intuition. Du spürst, was dich unterstützt, sie zu leben, und was dich limitiert. Dein Unterbewusstes führt dich durch das Leben. Tatsächlich glaube ich, dass Intuition eine der stärksten und hilfreichsten Fähigkeiten ist, die wir als Mensch haben können – wenn wir sicher sein können, dass wir uns auf unser Gefühl verlassen können. Und das führt uns schon wieder zu dem Thema innerer Balance. Sich auf sein Gefühl verlassen zu können heißt auch, Gefühle zuzulassen und den eigenen weiblichen Anteilen den entsprechenden Raum zu geben. Nur wenn ich in mich hineinhöre, kann ich so etwas wie eine bewusste Intuition entwickeln. Ich muss mir dazu Fragen stellen wie: Was fühle ich gerade? Fühlt sich das für mich richtig an? Fühlt es sich gut an? Hier schließt sich der Kreis. Denn um zu wissen, ob sich etwas gut anfühlt, musst du über einen Maßstab verfügen. Über einen inneren Kompass, an dem du dich orientieren kannst, frei von Störungen durch limitierende Glaubenssätze. Stell dir vor, was Intuition für ein mächtiges Werkzeug sein kann, wenn sie sich ihre Informationen aus einer Bibliothek besorgt, in der alle deine limitierenden Glaubenssätze durch positive Glaubenssätze ersetzt wurden? Durch Glaubenssätze, die sich im Einklang mit deiner großen Vision eines glücklichen und erfüllten Lebens befinden? Wow, wie geil wäre das?! Ich selbst habe – wenn ich in meiner Kraft und Balance bin – eine, wie ich glaube, sehr gute Intuition für alles, was mit Unternehmertum zu tun hat. Da bin ich stark. Da ist auch meine Intuition stark. Wie gesagt, wenn ich in meiner Balance bin. Deine eigenen Stärken liegen vielleicht in einem anderen Bereich. Du bist jemand, der besser mit Menschen als mit Zahlen umgehen kann (Vorsicht: Glaubenssatz!) oder dessen Stärken im künstlerisch-kreativen Bereich liegen. Gerade in der Kunst hat Intuition unglaubliche eindrucksvolle und innovative Werke hervorgebracht. In der Musik steht der Name des deutschen Komponisten Karlheinz Stockhausen für Intuition. In der Malerei schaffte Wassily Kandinsky mit seinen »Kompositionen« Bilder, in denen sich rationale Konzeption, Vorstellungskraft und Intuition zu Meisterwerken verbunden haben. »Was erfahre ich, wenn ich meinen Blick nach innen wende, in mich hineinlausche und in mich hineinspüre«, formuliert der Filmemacher, Journalist und Autor Thomas Gonschior dabei die Grundfrage der Künstler. Die Erfahrungen, die diese beiden Künstler in ihrer jeweiligen Ausdrucksform fanden, revolutionierten ihre Genres. Aber könnte ich aus meiner Intuition solche Werke hervorbringen? Wohl kaum. Wenn ich ein Bild malen sollte, dann könnte ich wild drauflos klecksen, bis es sich für mich irgendwann »rund« anfühlen würde. Aber Kunst wäre das sicher nicht. Ich habe in diesem Bereich keine beziehungsweise nur eine sehr kleine Bibliothek. Aber ich bin sicher, dass ich in Unternehmensführung viel besser bin als Kandinsky. Was ich damit sagen möchte: Auf deine Intuition kannst du dich am stärksten bei Lebensaspekten verlassen, in denen du »gut« bist. Es sind Bereiche, in denen du auch aufgrund von Erfahrung ein »Gefühl für die Sache« hast, Dinge und Details in Sekundenschnelle erfasst, die andere gar nicht sehen. Vielleicht kennst du solche Momente von dir, in denen du absolut im Flow bist und intuitiv weißt: Das passt. Und dann passt es auch. Das sind Bereiche, in denen du dich absolut auf deine Intuition verlassen kannst. Du bist dir deiner Sache ganz sicher. Selbst wenn andere sagen, dass das nicht funktionieren kann, vertraust du deiner Intuition. Vertrauen ist das Schlüsselwort. Denn wenn du Angst und Unsicherheit verspürst, dann kommen die Zweifel und pushen dich aus deiner Balance – und auf einmal hast du deinen Schwerpunkt verloren. Aus dem zuversichtlichen »Das passt!« wird in deinem Kopf ganz schnell ein zweifelndes »Passt das wirklich?« und daraus ein »Das passt doch nicht!«. Wenn du keine Sicherheit fühlst und aus Angst und Unsicherheit heraus quasi mit dem Verstand nachmessen musst, ob *es* passt, dann funktioniert Intuition nicht mehr. Wenn die Angst zu groß wird, übernimmt sie sogar die Intuition. Dein Kopf flüstert: »Das passt nicht!« Aber in Wahrheit ist es nicht die Intuition, sondern die Angst, die sich als Intuition getarnt hat. Angst führt uns nicht zum Erfolg. Angst verhindert ihn. Und Angst ist eben keine Intuition. Das immer klar zu erkennen beziehungsweise auseinanderhalten zu können ist schwierig. Wann immer dir deine Intuition sagt, dass etwas *nicht* funktioniert, dann nimm es als Warnsignal und prüfe, ob nicht in Wahrheit nur Angst dahintersteckt. Kommt die Angst von limitierenden Glaubenssätzen oder weil du aus deiner Kraft gekommen bist?

Eine Zeit, in der ich keine Intuition hatte, zumindest nicht mehr für mein Business, waren die Monate der Greator-Krise. Meine Arbeit bestand in dieser Zeit aus Feuer löschen, kämpfen, den Untergang verhindern. Ich funktionierte für eineinhalb Jahre in einer Art Überlebensmodus. Und wenn man in solch einem Modus Entscheidungen treffen muss, dann ist es eigentlich selbsterklärend, dass man, sagen wir mal etwas beschönigend, nicht die besten Entscheidungen trifft. Eineinhalb Jahre sind ein völlig anderer Zeitraum als ein paar stressige Monate. Denn man kann sicher eine kurze Krise überstehen, ohne seine Intuition zu verlieren. Man darf währenddessen und danach aber auf sich achten, darauf achten, wieder zu Kräften zu kommen. Wenn man wie ich über einen so langen Zeitraum von Krise zu Krise rennt, wird es deutlich schwieriger.

Das, was ich hier schildere, passierte in der Phase vor dem Wendepunkt, als ich noch versuchte, an dem Umbau zum großen Tech-Konzern festzuhalten. Alle meine »kleinen« Entscheidungen zu dieser Zeit resultierten aus dieser großen Fehleinschätzung, von der ich im Inneren zwar nicht mehr überzeugt war, aber die ich mir noch nicht eingestehen konnte. Ich hatte im Großen keine Klarheit mehr und konnte mich entsprechend auch im Kleinen nicht mehr auf meine Intuition verlassen. Das machte die Arbeit doppelt anstrengend. Was mich wiederum noch weiter aus der Balance warf. Dabei mussten in dieser Phase wirklich viele wichtige Entscheidungen getroffen werden: Wen stelle ich ein, wen stelle ich nicht ein? Wie investieren wir unser knapper werdendes Geld? Welche Produkte setzen wir um? Und alle Entscheidungen mussten unter Zeitdruck aus dem Verstand heraus getroffen werden. Zeit, um innezuhalten und den Kurs zu überprüfen, blieb in diesen Wochen und Monaten nicht. Entsprechend konnte ich mir in einer extrem unsicheren Situation auch selbst keine Sicherheit mehr geben. Angst frisst Intuition auf.

Zwei Dinge waren nötig, damit ich meine Kraft wiederfinden konnte. Als Erstes die Akzeptanz, dass der Weg, den ich verfolgt habe, zum Scheitern verurteilt war. Diese Akzeptanz hat mir erst wieder Luft zum Atmen verschafft und mir ermöglicht, mich auf bewährte Strategien zu besinnen. Und diese Strategie war, mich coachen zu lassen, mir Hilfe von außen zu holen. In diesem Fall von Dieter Lange. Denn Dieter ist ein Meister darin, Menschen dabei zu helfen, eine neue Perspektive zu gewinnen, ihre subjektiven Wahrnehmungen infrage zu stellen und eine offene Denkweise zu entwickeln. Genau das, was ich am dringendsten brauchte. Die zentrale Frage, die ich mir mit seiner Hilfe beantworten konnte, war ja: Was will ich wirklich? Als mir das bewusst wurde, konnte ich mich an dieser Vision neu ausrichten. Und damit kam auch meine Intuition zurück. Das führte sogar zu der Situation, dass ich Entscheidungen getroffen habe, die zunächst kontrafaktisch aussahen. Ich habe mit der Sicherheit meiner neuen Vision im Rücken das Team nochmals verkleinert. Das hätte ich sowieso gemusst. Aber gleichzeitig habe ich das Produktportfolio nicht nur aufrechterhalten, sondern sogar eine Produktoffensive gestartet. Viele Menschen in meinem Umfeld und auch im Managementteam haben in dem Moment gesagt, dass das nicht funktionieren kann. Die Sichtweise kann ich auch niemandem verübeln: Wir sind von 100 auf 50 Mitarbeiter runter-gegangen und haben das komplette Angebot aufrechterhalten. Wie sollte das funktionieren? Wie kam ich darauf zu glauben, dass es funktionieren wird? Es war meine wiedererstarkte Intuition. Ich habe in diesem Moment gespürt, dass es die richtige Entscheidung ist. Und ich wusste, dass es geht und auch noch viel Spaß machen wird! Ich wusste, dass es der einzige Weg ist, Greator wieder zu einem Unternehmen zu machen, das ich nicht nur führen, sondern auch fühlen kann. Vielleicht hat sich das auf die anderen Mitarbeiter übertragen, vielleicht hatten sie es früher gespürt als ich. Am Ende haben wir es gemeinsam gegen jede Wahrscheinlichkeit geschafft, das Ruder herumzureißen und wieder auf Erfolgskurs zu kommen.

Heißt das, dass man als Unternehmer ruhig auch mal Entscheidungen aus dem Bauch heraus treffen soll? Oder dass man überhaupt seiner Intuition mehr vertrauen sollte als Kennzahlen? Ja. In Bereichen, in denen du stark bist, ist Intuition meiner Meinung nach das entscheidende Element. Wenn du klar und in deiner Kraft bist, verlass dich am Ende auf deine Intuition. Aber verstehe mich nicht falsch. Sich auf seine Intuition zu verlassen ist etwas völlig anderes, als aus einer Laune heraus zu entscheiden. Das wäre grundfalsch. Ich habe an anderer Stelle geschrieben, dass ich in ge-schäftlichen Belangen keine bewussten Risiken eingehe, die am Ende das ganze Projekt gefährden könnten. Bis auf eine, allerdings wirkmächtige, Ausnahme ist mir das auch gut gelungen. In diesem Fall hätte ich notfalls das Produktportfolio im Nachhinein anpassen können. Das ist mir an die-ser Stelle wichtig zu wiederholen. Ich bin nämlich trotzdem ein sehr stark von Zahlen getriebener Mensch. Leistungskennzahlen sind extrem wichtig für mich. Am Ende kommst du aber an einen Punkt, wo du entscheiden musst. Stell dir vor, du musst dich zwischen zwei Lösungen entscheiden. Du hast alle Vor- und Nachteile gegeneinander abgewogen, die Risiken ab-geschätzt, beide Lösungen sind realistisch in dem Sinne, dass du sie um-setzen könntest, ohne das Gesamtprojekt zu gefährden. In so einem Fall verlass dich auf deine Intuition. Wähle die Lösung, die sich für dich besser anfühlt. Wenn wir ehrlich sind, ist das etwas, was wir in geschäftlichen Belangen sowieso täglich machen. Ja, wir gleichen Fakten ab, vergleichen

Kosten, suchen den besten Fit. Aber wenn es um komplexe Dinge geht, die wir am Ende aufgrund der Vielzahl von Informationen auch gar nicht mehr bis ins Detail durchdringen, entscheidet unsere Intuition. Dann wählen wir für unser Unternehmen das CMS, dessen Verkäufer uns sympathischer erscheint oder das uns aus irgendeinem Grund ein besseres Gefühl vermittelt. Wir wählen Lösung A oder Lösung B nach dem besseren Gefühl. Und darum geht es eben auch. Ich glaube, dass reines Entscheidungsmanagement nach Kennzahlen im besten Fall vielleicht kurzfristig ein kleines bisschen besser für deine Bilanzen ist. Ganz bestimmt nicht auf lange Sicht. Und auch nicht für dein Lebensglück. Ich komme gleich noch genauer dazu, wenn ich dir erkläre, warum einer der erfolgreichsten deutschen Motivationstrainer nicht mit Greator zusammenarbeitet. Beziehungsweise umgekehrt, wir nicht mit ihm.

Insbesondere bei der Personalauswahl spielt Intuition eine entscheidende Rolle. Unternehmen versuchen, ihre Entscheidung für den besten Fit durch eine Vielzahl von Interviews und Assessments und Myers Briggs Tests weitestmöglich zu objektivieren. In kleineren Unternehmen stehen diese Auswahlinstrumente oft nicht zur Verfügung oder der Aufwand würde sich für die zu besetzende Position nicht rentieren. Wonach entscheidet der Personaler? Nach der Intuition. Auch dem hoch bezahlten Director Global HR kann es am Ende passieren, dass er, wie ein x-beliebiger Handwerksmeister, zwischen gleichwertigen Kandidaten anhand des »Nasenfaktors« entscheiden muss. Wir gestehen uns das nicht gerne ein. Aber wenn du hundert Lebensläufe vor dir hast, die du screenen musst, dann bleiben am Ende erfahrungsgemäß immer mehrere Alternativen, zwischen denen du entscheiden musst, und andere Alternativen sind aus irgendwelchen Gründen durchs Raster gefallen. Ich selbst versuche, so systematisch zu sein, wie es mir möglich ist. Aber ich kann nicht hundert Menschen bis ins kleinste Detail kennenlernen. Das sind zu viele Informationen. Ich versuche immer, mir ein möglichst gutes Bild zu machen, herauszubekommen, wie dieser Mensch tickt und wie er ins Team passen könnte. Aber am Ende bleibt dir die Intuition als Entscheidungsinstrument, das bei formal gleicher Qualifikation den Ausschlag gibt. Es ist wie bei allen wichtigen Entscheidungen: Versuche, so weit wie möglich zu objektivieren. Aber lass am Ende deine Intuition den Ausschlag geben. Wenn das objektive Ergebnis deiner Intuition widerspricht: Folge deiner Intuition. Gerade weil diese Entscheidungen für beide Seiten eine so große Bedeutung haben, ist es aus meiner Sicht so wichtig, dass man sich selbst ganz klar und seiner Motive sicher ist.

Für mich sind diese Zusammenhänge umso wichtiger, weil sich Recruiting, die Entscheidung für oder gegen einen Menschen, bei Greator nicht nur auf die Mitarbeiter bezieht. Auswahl ist ein zentrales Element unseres Unternehmenszwecks. Denn wenn ich hier ganz nüchtern von Produkten schreibe, dann meine ich immer unsere Kurse und Coaching-Angebote und unsere Events. Was macht diese Produkte aus? Bei unseren Kursen und Coaching-Angeboten ist es die Tiefe, das fachlich-methodische Konzept und vor allem die vermittelten Werte, die mit unseren Werten unbedingt übereinstimmen müssen. Tiefe, aus einer Wertschätzung erwachsene Entwicklung. Das gilt natürlich auch für unsere Events. Bei den Events kommt ganz klar auch ein unterhaltendes Element dazu. Nicht unbedingt im Sinne von Show. Ja, wir investieren auch »ein bisschen« in Licht und PA. Vielleicht warst du ja schon einmal bei uns zu Gast? Was hat dich am meisten gefesselt, fasziniert, was hat das Event im Kern ausgemacht? Ich bin überzeugt, dass das, was dich berührt hat, die Menschen sind. Die Persönlichkeiten, die dort auf der Bühne stehen. Es sind die Botschaften, die diese Menschen, die aus der ganzen Welt kommen, vermitteln. Egal, ob sie Business- oder Mindset-Themen vermitteln. Menschen sind der Kern von Greator. Und diese ganz besonderen Menschen müssen wir finden. Klar, wir haben eine ganze Reihe von objektiven Kriterien, die, wenn sie erfüllt sind, die Chance wesentlich erhöhen, dass sie zu uns passen. Wenn jemand eine hohe Reichweite mitbringt, dann ist das sicherlich sehr gut. Noch wichtiger ist, dass dieser Mensch gezeigt hat, dass er andere Menschen bei ihrer positiven Entwicklung begleiten konnte. Eine nachhaltige positive Entwicklung in einem Menschen anzustoßen ist nämlich etwas fundamental anderes, als eine hohe Followeranzahl auf Instagram oder TikTok zu haben. Wenn das das Kriterium wäre, dann hätten wir jede Menge Influencer beim nächsten Festival zu Gast, die Kalendersprüche vorläsen. Es gibt auch wirklich viele eindrucksvolle und sehr talentierte Speaker da draußen. Wenn du ihnen zuhörst, denkst du, wow, der Typ ist ja mega. Aber wenn du drei Rückfragen stellst, merkst du, dass wenig Tiefgang da ist. Diese Menschen sind für mich eher Showmaster. Die will ich nicht, weil sie unsere Kunden nicht weiterbringen. Dann könnte ich auch Stand-up-Comedians buchen.

Daneben gibt es noch Kriterien, die vielleicht nicht so objektiv sind. Es gibt auch im deutschsprachigen Raum eine ganze Reihe von Experten, auf die vor allem das Kriterium der hohen Reichweite zutrifft, aber mit denen ich trotzdem nicht zusammenarbeiten möchte. Die eine faszinierende Lebensgeschichte haben und mit ihren Seminaren und Büchern Millionen von Menschen erreichen. Auf den ersten Blick sind das Menschen, die sehr gut zu uns passen würden, wenn es nur um kommerzielle Erfolgsaussichten ginge. Und trotzdem saß ich mit einigen dieser Experten zusammen, habe die Möglichkeiten einer Zusammenarbeit besprochen und am Ende blieb ein ungutes Gefühl. Irgendetwas war da, was mir gesagt hat: Mach's nicht. Mit diesem Menschen wirst du nicht glücklich. Bei anderen haben wir uns schon das Gespräch gespart. Und dann habe ich es nicht gemacht. Natürlich sorgt das mitunter für interne Diskussionen. Aber am Ende trage ich die Verantwortung, treffe Entscheidungen und verlasse mich dabei auf meine Intuition. Was diesen einen Trainer angeht, wirklich einen der erfolgreichsten Trainer auf dem deutschsprachigen Markt, hat mich meine Intuition lange gewarnt, bevor ich fassen konnte, was dahintersteckte. Inzwischen weiß ich, dass sich unsere Wertesysteme einfach fundamental unterscheiden.

Auch wenn du selbst auf der Suche nach einem Coach bist oder einem Lebenslehrer, dessen Vorträge du anhörst oder dessen Seminare du besuchen willst, rate ich dir, auf deine Intuition zu hören: Passt der oder die zu dir? Intuition ist auch Empathie mit dir selbst. Höre auf dich. Hast du das Gefühl, dass es wirklich um dich und dein nachhaltiges Wachstum geht oder doch nur um das Wachstum des Kontostands des Experten? Das sind die zentralen Fragen, die auch ich mir stelle, wenn es um Kooperationen bei Greator geht. Und da ist es wie gesagt egal, ob es um Verkaufstraining, Rhetorik-Kurse oder um Mindset-Themen geht. Wenn ich spüre, dass es nicht passt, dann mache ich es nicht, auch wenn das heißt, dass dem Unternehmen vielleicht Umsatz entgeht. Das ist der Grund, warum du vielleicht die eine oder andere Marktgröße bei Greator vermisst.

Umgekehrt bedeutet dieses Sich-verlassen-Können auf die eigene Intuition auch, dass ich mich manchmal für Menschen entscheide, die noch keinen großen Namen mitbringen, aber dennoch erfolgreich und gut sind in dem, was sie tun. Es bedeutet, dass wir nicht nur auf die Großen setzen, sondern dass wir auch selbst neue Größen fördern, von denen ich einfach komplett überzeugt bin, weil ich ihre Arbeitsweise kenne und schätze. Weil sie selbst einfach genug sind. Bei der Konzeption unseres Ausbildungsprogramms zum Greator Life Coach bin ich diesen Weg gegangen. Ich wusste einfach, wen ich in dieser Position haben wollte, und hatte von Anfang an überhaupt keine Zweifel. Ich wollte Christina und Walter Hommelsheim haben. Ich habe beide in meiner Zeit bei Robert Betz kennengelernt, wo sie zum absoluten Kernteam gehörten. Walter hat mich außerdem als Coach durch die Krise geführt, die mich im Nachgang zu meiner Episode bei Robert Betz ereilt hat. Genau wie mich hat die beiden immer interessiert, wie man ein glückliches Leben erschaffen kann und welche Werkzeuge wirklich funktionieren. Ich schätze ihre Arbeit und die Philosophie dahinter einfach sehr. Wir hatten außerdem zu einem guten Teil die gleichen Lehrer: Robert Betz, Byron Katie, Dr. Joe Dispenza – mit Walter war ich zum ersten Mal bei Tony Robbins. Sie haben es auf eine beeindruckende Weise geschafft, die unterschiedlichen Inhalte dieser Lehrer miteinander zu verbinden. Ihre Arbeit ist extrem klientenzentriert. Auf dieser Basis haben die beiden an ihrer eigenen Akademie Coaches ausgebildet. Aber da drin steckte so viel mehr Potenzial. Ich wusste, dass das fliegen würde, wenn wir es auf ein anderes Level heben könnten. Die Inhalte waren so gut, dass sie wirklich verdient hatten, viel mehr Menschen zu erreichen. Und auch das ist Intuition. Es gab in Deutschland kein Vorbild für eine Online-Ausbildung beziehungsweise ein hybrides Programm. Wir konnten nicht auf Erfahrungswerte zurückgreifen. Aber ich habe gespürt, dass es funktionieren würde, und ich habe die beiden dann mit dieser inneren Sicherheit, die ich hatte, überzeugen können. Wir haben gemeinsam die Greator-Life-Coach-Ausbildung ins Leben gerufen, die vielleicht der eine oder andere schon kennt und die zu einem unserer erfolgreichsten

Produkte geworden ist: Diese Ausbildung bildet die gesamte Philosophie ab, die ich in diesem Buch beschreibe. Inzwischen haben einige Tausend Menschen diese circa neunmonatige Ausbildung durchlaufen. Das Programm ist die erfolgreichste Coachingausbildung Deutschlands geworden – und auch sie zielt darauf ab, deine Intuition wieder zu stärken, zu entdecken und zu nutzen.

In der Coachingausbildung gehen wir nicht umsonst immer wieder in die Vergangenheit. Genauer: Als Auszubildender – als angehender Coach – gehst du in deine Vergangenheit. Um dort aufzuräumen. Um mit dir selbst Frieden zu schließen. Viele sind immer noch davon überrascht, wie stark das Programm zunächst auf die eigene Vergangenheit fokussiert. »Aber ich wollte doch lernen, anderen Menschen zu helfen«, ist ein Satz, der dann ab und zu fällt. Vielleicht ist dieser Vergleich zu groß, vielleicht auch nicht. Wenn du als Rettungsschwimmer andere Menschen vor dem Ertrinken retten möchtest, dann musst du dir zunächst selbst ganz sicher sein, musst deinen Körper und das Element kennen. Erst wenn du dich selbst retten kannst, kannst du andere retten. In der Ausbildung wirst du deshalb lernen, empathisch mit dir selbst zu sein. Es geht darum, dich zunächst zu befähigen, deine eigenen Gedanken, Emotionen und Motive zu erkennen und dich darauf einzulassen. Das ist die Grundlage von Intuition. Und beides, Empathie und Intuition, zeichnet gute Coaches aus. Zu Beginn der Ausbildung wird der angehende Coach oftmals angehalten, einfach dem Prozess zu vertrauen und Methoden zu folgen. Aber dann, im Verlauf der Ausbildung, wächst mehr und mehr die Fähigkeit, sich in andere Menschen hineinzufühlen. Und dann kommt Intuition ins Spiel. Zunächst wenn es darum geht zu erkennen, welche Methode in diesem Moment dem Coachee und seiner Entwicklung angemessen ist. Und wieder dann, wenn es darum geht zu erkennen, was eigentlich wirklich hinter der Antwort des Coachees steht. Wenn es darum geht, die blinden Flecken und wunden Punkte freizulegen. Nicht für das eigene Ego, sondern im Dienst des Coachees. Für mich selbst war es eine unglaublich hilfreiche Erfahrung für den Umgang mit mir selbst im Rahmen meiner eigenen Ausbildung – im geschützten Raum –, andere Menschen coachen zu dürfen und dabei ein Gespür zu entwickeln, was in diesem Moment die Bedürfnisse des Coachees sind. Ich musste dafür lernen, noch genauer hinzuhören und zu spüren. Aber wie willst du bei anderen hinhören, wenn du es nicht zuerst bei dir selbst gelernt hast? Genauso wie ich damals macht über die Hälfte der Teilnehmer die Ausbildung übrigens primär für sich, ohne die Absicht zu haben, selbst Coach werden zu wollen. Dass auf diesem Weg viele auf den Geschmack kommen und schon der ein oder andere ein sehr erfolgreicher Coach geworden ist, ist aus meiner Sicht ein sehr positiver Nebeneffekt und unterstreicht die Qualität der Ausbildung.

Jedenfalls war es nicht nur in diesem Fall für mich eine gute Entscheidung, mich auf die Intuition zu verlassen und für diese beiden großartigen Menschen zu entscheiden, obwohl sie damals überhaupt nicht den großen Namen hatten. Rückblickend kann ich sagen, dass ich nahezu alle grundlegenden geschäftlichen Entscheidungen, die dann auch erfolgreich waren, intuitiv getroffen habe. Die Entscheidung, Franchisenehmer bei Subway zu werden: Intuition. Ich habe damals die Broschüre gelesen, die ich zufällig eines Abends in die Hand bekommen hatte, und wusste, das will ich machen. Ich kannte Subway vorher nicht. Aber es hat sich einfach so richtig und so klar angefühlt, dass gar keine Zweifel möglich waren. Ich habe am gleichen Abend intuitiv die Entscheidung gefällt und sechs Monate später war die Eröffnung. Die Entscheidung, trotz aller Zeitknappheit den Obama-Besuch zuzusagen: Intuition. Dass wir ihn überhaupt haben wollten, konnte ich auch rational begründen. Er war der bekannteste und populärste Redner, sein Auftritt würde uns sofort nach ganz oben katapultieren. Dass jetzt der richtige Moment war, war dagegen eine intuitive Entscheidung.

Immer wenn ich klar und in meiner Kraft war, habe ich gute geschäftliche Entscheidungen getroffen – aus der Intuition heraus. Intuition ist eine mächtige Kraft. Und sie ist auch in dir.

Was du selbst tun kannst, um diese Fähigkeit freizulegen, ist, dich herauszuziehen. Im Grunde genommen habe ich den Weg, der zu einer starken und verlässlichen Intuition führt, zu einer Intuition, die keine versteckte Angst ist, in den letzten Kapiteln beschrieben. Balance, Harmonie zwischen deinen männlichen und weiblichen Anteilen, rechtzeitig und regelmäßig vom Außen ins Innen zu wechseln.

Ich erinnere mich an eine geschäftliche Situation, in der ich nicht mehr weiterwusste und die mich völlig frustrierte. Ich hatte mich regelrecht festgebissen. Ich war 22 und wollte bei einem Gesundheitskonzept Franchisepartner werden und einen eigenen Standort aufmachen. Alles, was dazu nötig war, war eine Lizenz. Ich wollte sie vom Inhaber kaufen. Ich wusste, dass eine Zusammenarbeit für uns beide ein großer Erfolg werden würde. Ich wollte mich mit diesem Menschen treffen, ich hatte das Geld und das Konzept und er hätte nur Ja sagen müssen. Aber immer wieder schob er eine Entscheidung heraus, sagte Treffen und Telefonate ab. Fand angeblich keine Zeit für mich. Ich konnte damit nicht umgehen, verstand nicht, wieso sich jemand so dumm anstellen konnte. Ich verlor bereits die Lust, mit »diesem Idioten« zusammenzuarbeiten, bevor wir überhaupt zusammenarbeiteten. Die ganze Situation hat mich extrem frustriert. Aber ich kam auch nicht aus ihr heraus. Ich fand keine Lösung. Eines Tages, nach einem weiteren erfolglosen Telefonat, in dem ich wieder vertröstet wurde, war ich so frustriert, dass ich nicht mehr weiterwusste und erst mal schwimmen ging. Ich bin an den See gefahren und habe mich so richtig ausgepowert, wollte die ganze Wut aus dem Körper haben. Und ich bin losgeschwommen, bin geschwommen und geschwommen und habe nicht mehr aufgehört. So lange, bis mein Körper das kalte Wasser nicht mehr gespürt hat. Irgendwann stellte sich dieser Zustand ein, der beim Laufen »Runners High« genannt wird, dieser fast tranceartige Zustand, wenn durch die monotone Bewegung des Körpers die Unruhe im Kopf endlich aufhört. Ich hatte mich also in so einen kleinen Rauschzustand geschwommen, so wütend war ich. Und dann war der Kopf endlich leer. Leer geschwommen. In dem Moment hat sich die Lösung für mein Problem vor meinem inneren Auge manifestiert. Sie lag die ganze Zeit offen vor mir, weil aber alle meine Gedanken so darauf fixiert waren, das Geschäft *mit* ihm zu machen, bin ich nicht auf das nächste Naheliegende gekommen: Ich mache das Geschäft einfach *ohne* ihn. Ich brauchte ihn im Grunde ja gar nicht. Dieser Gedanke war wieder so klar, dass es keine Zweifel mehr gab. Und dann habe ich das Geschäft tatsächlich ohne ihn gemacht und jahrelang erfolgreich betrieben. Ich bin nach der ersten erfolgreichen Eröffnung selbst Franchisegeber geworden, bin durch die Welt geflogen und habe andere Menschen unterstützt, sich mit dem Konzept selbstständig zu machen. Was in diesem Moment eher zufällig passiert ist, nämlich den Verstand heruntergefahren zu haben, habe ich in den Jahren danach immer wieder bewusst praktiziert. Durch Meditation, allein und mit Hilfe von Coaches. Nicht immer müssen es mehrere achtstündige All-Night-Meditationen mit Dr. Joe Dispenza sein. Nicht immer muss man den Baggersee durchschwimmen. Aber es darf ein Zustand von großer geistiger Entspannung im Hier und Jetzt sein. Ein Zustand, in dem dein Geist offen dafür ist, dass du neue Ideen empfangen kannst.

Falls die letzten Seiten wie ein großes Plädoyer für Intuition auf dich wirken, habe ich meine Sache gut gemacht. Aber! Natürlich kommt ein »Aber«: Ohne einen Plan, ohne Struktur, ohne KPI kommen wir nicht gut durchs Leben. Nur mit Plan und Struktur kommen wir schon ein bisschen besser durchs Leben. Die Frage ist, wie glücklich wir dabei sind. Mit Plan *und* Intuition kommen wir erfolgreich und glücklich durchs Leben. Denn darum geht es am Ende. Verstand und Intuition – dein Herz – in Einklang zu bringen. Wenn diese Elemente zusammenarbeiten, sind sie ein Traumduo. Denn wenn du klar bist, wenn du bei dir und in der Balance bist, dann weiß dein Unterbewusstsein viel besser als dein Bewusstsein, was du in diesem Moment eigentlich willst. Es wählt intuitiv das aus im Leben, was sich besser für dich anfühlt. Und was sich besser für dich anfühlt, ist das, was dich glücklich macht. Dass du nicht immer nur das tun kannst, was dich kurzfristig glücklich macht, sagt dir dagegen dein Verstand.

KAPITEL 9

WEM WIDMEST DU
DEINE AUFMERKSAMKEIT?

Was Marshmallows mit Erfolg zu tun haben • Was das größte
Geschenk ist, das wir anderen Menschen machen können •
Und warum wir uns vor allem selbst damit beschenken sollten

Die meisten von uns denken kaum darüber nach, wem sie ihre Aufmerksamkeit schenken. Sie richten sie auf die Person, die aus irgendeinem Grund eben gerade da ist. Physisch, wie der Kollege, der den Kopf im unpassenden Moment zur Tür reinsteckt, oder dieser Kunde, der immer im unpassenden Moment anruft. Der Idiot im Wagen vor einem, der nicht innerhalb von zwei Millisekunden, nachdem die Ampel umgesprungen ist, von der Linie kommt. Psychisch, wie die Mutter, die einen in Form eines schlechten Gewissens mitten in der Nacht heimsucht, wenn man gerade nicht schlafen kann. Und wenn die Mutter sich verabschiedet hat, dann manifestiert sich in den Gedanken wie aus dem Nichts der alte Mathematiklehrer. Willkommen in meinem Kopf!

Wenn wir an Menschen denken, denen wir unsere Aufmerksamkeit schenken, dann denken wir viel zu oft an Menschen, denen wir eigentlich keine Aufmerksamkeit schenken wollen: Energiesauger. Stresser, Menschen, die uns nicht guttun. Und das können sogar Menschen sein, die wir nicht einmal persönlich kennen; Politiker, gegen die wir eine Abneigung haben; oder sogar wildfremde Menschen aus dem Internet, mit denen wir uns über irgendein Randthema eine Fehde leisten und über die wir uns ärgern. In klaren Momenten fragen wir uns schon, was das soll. Aber diese Momente sind viel zu selten. Viel zu selten denken wir bei dieser Frage an Menschen, denen wir ganz bewusst Aufmerksamkeit schenken sollten, weil wir eine wirkliche Verbindung zu ihnen haben, aufbauen oder intensivieren wollen. Ich glaube sogar, wenn ich dich in diesem Moment fragen würde, wem du jetzt bewusste Aufmerksamkeit schenken wollen würdest, wenn ich dich bitte, einen Moment darüber nachzudenken, würdest du einen ganz besonderen Menschen in deinem Leben vergessen. Dieser Mensch bist du.

Schenke dir Aufmerksamkeit. Erlaube dir eine tiefe Verbindung zu dir selbst. Damit fängt es an. Das heißt nicht, dass du im Sinne eines kalten Egoismus über die Bedürfnisse aller Menschen in deinem Umfeld hinwegtrampeln sollst. Das könnte zwar kurzfristig Glücksgefühle auslösen, dem einen oder anderen mal richtig die Meinung zu geigen, aber wozu einen weiteren Konfliktherd anheizen, wenn es, wie du sehen wirst, auch viel bessere Methoden gibt. Ungeteilte Aufmerksamkeit ist unser höchstes und oftmals knappstes Gut. Viel knapper als Geld beispielsweise. Das kennt vermutlich jeder: Es ist einfacher, schnell ein teures, aber nichtssagendes Geschenk für jemanden zu kaufen, als etwas zu finden, was ihn tatsächlich berührt. Denn um das zu finden, müssten wir ja erst mal wissen, was ihn berührt. Und dazu hätten wir ihm zuerst Aufmerksamkeit schenken müssen; zuhören, verstehen, was ihn bewegt. Aber der Stress und die Hektik ... wir kaufen die viel zu teuren Jordans für den Sohn oder das Parfum für die Partnerin und haben eigentlich da schon ein schlechtes Gewissen, weil uns bewusst wird, dass wir wieder nicht zugehört, wieder nicht aufgepasst haben. Aufmerksamkeit wäre das Geschenk gewesen. Aber genau wie wir selbst wollen auch andere Menschen in der Tiefe ihres Selbst gesehen und wahrgenommen werden. Oft können wir das gar nicht mehr. Wir haben es unter dem Einfluss des eigenen Egos verlernt oder es sind einfach so viele

> *Schenke dir Aufmerksamkeit. Erlaube dir eine tiefe Verbindung zu dir selbst.*

»Kontakte«, dass wir den Überblick verlieren, welcher uns wichtig sein sollte. Oder welcher uns wichtig sein darf. Dabei ist die Auswahl der richtigen
Menschen in unserem sozialen Umfeld einer
der wichtigsten Aspekte, um ein glückliches
und erfülltes Leben zu führen. Die Menschen, mit denen wir uns umgeben, beeinflussen uns auf unglaublich vielfältige Weise
und können einen erheblichen Einfluss auf

Wenn man nur mit Idioten
umherzieht, ist die Wahr-
scheinlichkeit groß, dass
man selbst zu einem wird.

unsere Stimmung, unser Verhalten und unsere persönliche Entwicklung
haben. Es gibt Menschen, wie beispielsweise die Palliativ-Krankenschwester
Bronnie Ware, die viel Zeit mit Menschen verbringen, deren Leben zu Ende
geht. Menschen wachsen sehr, wenn sie mit ihrer eigenen Sterblichkeit
konfrontiert werden. Und jeder Einzelne erlebte in diesem Moment eine
Vielzahl von Emotionen: Leugnung, Angst, Wut, Reue, noch mehr Leugnung und schließlich Akzeptanz. Jeder einzelne Patient fand noch seinen
Frieden, bevor er ging, jeder Einzelne von ihnen. Das ist extrem tröstlich,
aber vielleicht können wir von diesen Menschen etwas für unser Leben
lernen? Denn das, was die meisten von ihnen bedauerten, war, dass sie
nicht mehr Zeit mit Menschen verbracht haben, die sie geliebt haben. Dass
sie die Familie vernachlässigten, aber vor allem, dass sie Freundschaften
schleifen ließen. Die Qualität deiner Beziehungen bestimmt die Qualität
deines Lebens nicht nur ein bisschen mit. Beziehungen sind das Wichtigste: Sie prägen dich, sie nähren dich. Mit anderen Menschen wirklich
von Seele zu Seele verbunden zu sein hat großen Einfluss auf Glückseligkeit. Ziemlich weit oben steht auch das Bedauern, sich mit den falschen
Leuten umgeben zu haben. Tief in uns spüren wir, dass wir, abhängig von
den Menschen um uns herum, nicht unser volles Potenzial ausschöpfen.
Um ein bisschen das Pathos herauszunehmen: Wenn man nur mit Idioten umherzieht, ist die Wahrscheinlichkeit groß, dass man selbst zu einem
wird. Aber steht diese Erkenntnis nicht im Widerspruch zu allem, was wir
bisher festgestellt haben, nämlich dass du selbst für dein Glück und deine
Erfüllung im Leben verantwortlich bist? Auf den ersten Blick sieht das vielleicht so aus. Schließlich sind wir alle fest eingebunden in soziale Netz-

werke und wir können uns nicht immer aussuchen, welche Menschen Teil dieses Netzwerkes sind. Seine Eltern kann man sich nicht aussuchen. Seine Geschwister auch nicht. Die Arbeitskollegen vielleicht schon eher. Klar, wir können zu einem Unternehmen wechseln, wo die Kultur zu uns passt, zu einer Firma mit einem Produkt, hinter dem wir voll stehen können. Aber das bedeutet natürlich viel Veränderung. Und die Umstände ... schon klar. Viele von uns haben als einzelner Mitarbeiter auf ihr Arbeitsumfeld auf den ersten Blick kaum Einfluss. Wer von uns es sich leisten kann, einen Kunden abzulehnen, weil er nicht mit ihm klarkommt, weil er feststellt, dass dieser Kunde andere Werte hat als man selbst, ist in einer extrem glücklichen oder sagen wir privilegierten Position. Viele von uns können sich das jedenfalls nicht leisten. Liegt es also an uns, wenn uns dieser eine Kunde oder Kollege immer wieder stresst? Wir neigen immer dazu, den anderen die Schuld zu geben. Aber wie bereits mehrfach erwähnt, lohnt es sich, immer zuerst den Blick auf sich selbst zu richten. Denn das ist in vielen Fällen das Einzige, worauf wir wirklich Einfluss nehmen können. Jede Änderung beginnt bei uns selbst. Und jede Änderung beginnt mit einer bewussten Bestandsaufnahme: Welche Qualität haben die Beziehungen in deinem Leben? Dabei dürfen wir nicht nur an die »guten« Beziehungen denken, sondern auch an die Menschen, die wir meiden. Auch zu ihnen haben wir schließlich eine Beziehung. Auch wenn sie uns nicht gefällt. Wie sieht es aus, mit dem Teil der Familie, mit dem du über Kreuz liegst, mit den Menschen, die von alten Freunden zu Bekannten von früher geworden sind? Wie mit dem Chef, der dich mal rausgeschmissen hat, oder mit dem verhassten Mathelehrer, der inzwischen einfach nur ein alter Mann ist, der dir nichts mehr tun kann? Erlaube dir auch, dir die wichtigste und vielleicht schmerzhafteste Frage zu beantworten: Welche Qualität hat die Beziehung zu dir selbst, zum wichtigsten Menschen in deinem Leben?

Das ist mein erster Ratschlag an dich: Befriede alle deine Beziehungen, dann wohnen vielleicht trotzdem noch ganz viele Menschen mietfrei in deinem Kopf, aber das ist auch alles. Wenn man sich begegnet, grüßt man sich freundlich und jeder geht seiner Wege. Schaffe Frieden. Egal, ob du danach entscheidest, bewusst Zeit mit ihnen zu verbringen (wenn sie dich lassen, wozu wir noch kommen) oder eben nicht. Denn worauf wir Einfluss haben, ist nicht nur die Art und Weise, wie wir uns in diesem Umfeld bewegen, sondern auch wem wir aus unserem Umfeld unsere Aufmerksamkeit schenken wollen. Und es geht noch weiter. Wir haben es ebenso in der Hand, wie wir auf die Menschen in unserem Umfeld reagieren. Erinnere dich an die kleine Geschichte mit meiner Französischlehrerin. Ich war wirklich fest davon überzeugt, dass sie mich nicht leiden kann. Entsprechend konnte ich sie auch nicht leiden. Natürlich habe ich auch alles, was sie gesagt und getan hat, entsprechend interpretiert. Aber nach meinem Coaching bei Hans hat sich unser Verhältnis extrem geändert. Wie kann das sein? Schließlich hat sich nicht die Person geändert, Frau Bachmann war immer noch die Gleiche wie vorher. Sie hat nichts an ihrem Unterricht geändert und nichts an der Art und Weise, wie sie sich mir gegenüber verhalten hat. Das Einzige, was sich geändert hat, war meine Einstellung ihr gegenüber. Ich habe mich verändert. Das Krasse ist, dass diese Methode auch bei Menschen funktioniert, die gar nicht mehr in deinem Leben sind. Ich habe in vorherigen Kapiteln schon viel über frühkindliche Prägung gesprochen, über familiäre Verflechtungen aus der Vergangenheit und den großen Einfluss, den diese Verflechtungen auf dein heutiges Leben haben. Wie kannst du dein Verhalten zu Menschen ändern, die physisch gar nicht mehr in deinem Leben existieren, sondern nur noch als belastende Erinnerung? Die Antwort auf diese Frage kennst du schon: Frieden mit deiner Vergangenheit zu machen. Konkret: Frieden mit dir selbst zu machen. Das ist nicht immer leicht. Aber es ist auch nicht immer leicht, den schweren Rucksack der Vergangenheit durch das ganze Leben zu schleppen. Der war schwer genug bis hierher. Es gibt keinen Grund, ihn auch in Zukunft noch schleppen zu müssen. Du hast es in der Hand.

Wenn ich immer auswählen könnte, mit welchen Menschen ich mich umgeben möchte, dann natürlich mit diesen. Mit Menschen, die mich inspirieren und nach vorne bringen. Mit Menschen, zu denen ich eine gute Verbindung habe, die meine Werte teilen, die mich challengen und die mit mir für das Gleiche kämpfen. Unterm Strich also mit Menschen, die mir guttun. Aber gelingt mir das immer? Schließlich gibt es auch jede Menge

Menschen, denen wir in unserem täglichen Leben begegnen. Begegnungen, denen man sich gar nicht entziehen kann, es sei denn, man zöge in eine einsame Waldhütte. Und oft geben wir gerade diesen völlig Unbekannten viel Energie oder lassen uns von ihrer negativen Energie anstecken. Viel zu selten nehmen wir eine Situation nur wahr. Viel zu häufig fühlen wir uns dazu genötigt, auf diese Situation zu reagieren. Was meine ich damit? Ich gebe dir ein kleines Beispiel. Du bist morgens früh mit dem Auto auf dem Weg zur Arbeit und irgendjemand nimmt dir die Vorfahrt – oder zeigt dir gar den Vogel, weil *du* nicht innerhalb einer Sekunde bei Grün durchstartest. Du hast zwei Alternativen. Du kannst dich fürchterlich aufregen und dem Typen ebenfalls den Vogel zeigen. Hupen, was auch immer, oder du machst gar nichts. Du könntest die zweite Alternative noch ausbauen und dir sagen, dass der arme Kerl wohl gerade keine gute Zeit hat. Warum sonst würde er sich so aufregen. Du kannst dich selbst fragen, welche Alternative besser für deine Stimmung für den Tag ist. Sich von Situationen beeinflussen zu lassen ist eine aktive Entscheidung. Das Verhalten von anderen Menschen an sich herankommen zu lassen ist eine bewusste Entscheidung. Leider ist uns oftmals gar nicht bewusst, dass es diese Option gibt. Wir *re-agieren*, statt bewusst zu *agieren*. Doch was braucht es dafür, dass wir bewusst agieren und nicht reagieren? Wir brauchen innere Klarheit und innere Balance. Wenn es uns gut geht und wir glücklich sind, in uns ruhen, dann können wir für den anderen gestressten Autofahrer Mitgefühl empfinden. Wir werden nicht Teil des Dramas, sondern beobachten von der Seitenlinie. Wir nehmen es nicht persönlich, wenn wir von unserem Arbeitskollegen grimmig angeguckt werden, und beziehen es auf uns, sondern wir denken uns: »Man, schaut der heute grimmig, interessant. Ich frage ihn in einer ruhigen Minute gleich mal, wie es ihm wirklich geht.« Es ist unsere Verantwortung, ob wir uns in die Dramen des Alltags anderer Menschen hineinziehen lassen oder ob wir die innere Stärke haben, bei uns zu bleiben.

Wir selbst geben den anderen Menschen die Macht, unser Leben zu beeinflussen. Dies gilt im Kleinen, aber auch im Großen. Ich bin mir sicher, dass jeder von uns Geschichten erzählen kann von Menschen, die unser bisheriges Leben extrem beeinflusst haben – zum Positiven oder zum

Negativen. Herr Tepaße, der Lehrer, der mit meinen Klassenkameraden und mir das Unternehmensplanspiel durchgeführt hat, ist ein Beispiel für einen Menschen, der mir – natürlich nicht nur mir – erlaubt hat, mich auszuprobieren, der mich unterstützt hat und der vermutlich gar nicht weiß, wie sehr er mein Leben positiv beeinflusst hat. Mein erster Coach, Hans, ist ein weiteres Beispiel für einen Menschen, der mein Leben positiv beeinflusst hat. Diese beiden Menschen stehen in meiner Erinnerung für das Unternehmertum und die Persönlichkeitsentwicklung. Mein Leben hätte sicherlich auch anders verlaufen können, wenn ich andere Erfahrungen gemacht hätte. Vielleicht hätte ich weniger Mut gefunden, mich in die Selbstständigkeit zu stürzen. Vielleicht hätte ich die Persönlichkeitsentwicklung erst viel später für mich entdeckt. Es ist krass, wie sehr die Menschen um dich herum dein Leben beeinflussen – obwohl wir uns doch am liebsten als völlig frei agierende Subjekte verstehen wollen. Autonom in unserer Entscheidung und vor allem davon ausgehend, dass wir das, was wir sind, vor allem uns selbst zu verdanken haben. Stattdessen bist auch du als soziales Wesen abhängig von Beziehungen zu anderen Menschen. Diese Beziehungen formten und formen einen wichtigen Teil deiner Identität und deines Wohlbefindens.

Wenn also andere Menschen für unsere Persönlichkeit so wichtig sind und sie so großen Einfluss auf uns haben, dann sollten wir sehr genau hinschauen, mit wem wir uns umgeben. Dass wir uns mit Menschen umgeben, die uns auf unserem Weg des Wachstums und der Erfüllung unterstützen. Dazu müssen wir Wege finden, die Geister der Vergangenheit zu befrieden, dazu müssen wir Wege finden, mit den Menschen möglichst gut auszukommen, denen wir nicht aus dem Weg gehen können, und dazu müssen wir Kriterien finden, wen wir in unser Leben lassen oder welche Menschen wir sogar bewusst in unser Leben holen wollen.

Die Vergangenheit lässt sich gut bearbeiten über die Beschäftigung mit deinen Glaubenssätzen, die diese Vergangenheit repräsentieren. Sie sind aus deiner Vergangenheit gewachsen. Du darfst genau hinschauen, welche Menschen du mit welchen Glaubenssätzen verbindest. Wenn du merkst, dass viele deiner Themen mit deiner Vergangenheit zu tun haben, empfehle ich dir aber tatsächlich, die Hilfe eines Coaches in Anspruch zu nehmen. Ein guter Coach hat oftmals einen viel klareren Blick auf die komplizierten Verflechtungen und Beziehungen, die dein aktuelles Leben beeinflussen. Aber wie geschrieben soll es in diesem Kapitel ja vor allen Dingen um die Menschen gehen, denen du in der Gegenwart begegnest. Und die sind oft schwierig genug.

Wenn es darum geht, deine Beziehungen zu schwierigen Menschen auf einer ganz praktischen Ebene zu gestalten, gibt es zahlreiche Experten zu dem Thema. Aus dem Greator-Portfolio ist insbesondere Dr. Frederik Hümmeke zu nennen, der als Neurowissenschaftler das Thema wortwörtlich bis in die letzte Gehirnwindung herunterbricht. Natürlich gibt es wirklich schwierige Menschen. Menschen, die tatsächlich schädliche Persönlichkeitseigenschaften an den Tag legen. Menschen, die darauf angewiesen sind, andere Menschen kleinzuhalten, sich über sie zu erheben und andere schlechtzumachen. Es gibt Choleriker und Menschen, die zu Gewalt neigen, es gibt übergriffige Menschen, die keine Grenzen akzeptieren können und die sich ungefragt in dein Leben drängen. Und auch für den Umgang mit solchen Persönlichkeiten kann man Strategien erlernen. Viel häufiger gibt es aber einfach ganz normale Menschen, die sind, wie sie sind, und die uns ab und zu Stress machen. Es sind Menschen, die mit Persönlichkeitseigenschaften ausgestattet sind, die wir selbst als schwierig empfinden: Besserwisser, Schleimer, Pedanten. Oder – auf der anderen Seite der Persönlichkeitsskala empfinden wir sie als schlampig und unzuverlässig. Menschen sind oft einfach, wie sie sind, und die Schwierigkeiten, die wir mit ihnen haben, liegen in uns. Vielleicht sind wir selbst sehr ordentlich und empfinden deshalb bereits den eher unordentlichen Kollegen und seinen moderat chaotischen Schreibtisch als ständigen Stressor. Es hilft, die eigenen Persönlichkeitseigenschaften sehr gut zu kennen. Und sich dann die zentrale Frage zu stellen, was das ist, was Stress und das Unbehagen in uns auslösen. Ist es wirklich der andere? Oder liegt es eher an uns? Wie in dem kleinen Beispiel mit der Fahrt zur Arbeit geschrieben, müssen wir nicht auf jede Situation reagieren. Wir müssen noch nicht einmal auf eine ausgesprochene Provokation reagieren. Entscheidend darf dabei immer die

Frage sein, was der Stress des anderen mit uns zu tun hat. Das erspart wirklich viel Ärger im Kleinen. Von dem unfreundlichen Typ, der sich beim Bäcker vordrängelt, *können* wir uns zwei Nächte lang in unseren Träumen verfolgen lassen und uns überlegen, was wir dem eigentlich am besten erzählt hätten. Oder wir lassen die Sache ziehen. Weil sie nichts mit uns zu tun hat. Wir dürfen auch die negative Energie an uns vorbeiziehen lassen, die die Menschen, denen wir im Job oder in der Freizeit begegnen, wiederum anderen Menschen entgegenbringen. Die alltäglichen Lästereien über die Kollegin, die natürlich nicht anwesend ist, die hämischen Geschichten, das ganze »Hast du schon gehört?« rauben uns Energie und Fokus. Das Bedürfnis, sich über andere zu erheben, rührt in den meisten Fällen aus Unzufriedenheit mit einem selbst. Aber es ist nicht unsere Angelegenheit, wenn jemand anders unzufrieden mit sich und nicht in seiner Mitte ist.

Diese ganzen Störgeräusche sind wie das Wetter. Wir können uns aufregen, wenn es regnet. Aber deshalb hört es nicht auf zu regnen. Je mehr wir selbst aber in unserer Mitte sind, umso besser gelingt es uns, diese Zusammenhänge zu akzeptieren. Je weniger innere Balance wir selbst haben, umso schwerer fällt es uns, unsere Energie nicht zu verschwenden.

Noch schwieriger wird es, wenn es darum geht, unser Umfeld wirklich aktiv zu formen. Jeder von uns hat das Recht auf erfüllende und unterstützende Beziehungen, die uns motivieren und uns helfen, unser volles Potenzial auszuschöpfen. Aber die bewusste Auswahl deiner sozialen Kontakte erfordert Selbstreflexion und Mut. Es bedeutet, ehrlich zu dir selbst zu sein und zu erkennen, welche Menschen dir wirklich guttun und welche eher negative Auswirkungen auf dein Leben haben. Es ist ein Prozess des Loslassens von toxischen Beziehungen und der Öffnung für neue, positive Verbindungen. Bei diesem Prozess geht es dann nicht mehr nur um oberflächliche Gemeinsamkeiten, sondern um eine tiefere Verbindung, die euch gegenseitig inspiriert und vorantreibt. Es geht darum herauszufinden, wie dein ideales soziales Umfeld aussieht und wie du dieses Umfeld aktiv gestalten kannst. Damit sind auch schon zwei Vorbedingungen gegeben: Du musst deine eigenen Werte, Bedürfnisse und Ziele reflektieren. Nur dann wirst du in der Lage sein, die Menschen anzuziehen, die dich auf dieser Reise begleiten und unterstützen möchten. Und auch dieser Teil steckt in den Worten »aktiv gestalten«, du musst eventuell bereit sein, Brücken hinter dir niederzubrennen oder, um es nicht ganz so martialisch klingen zu lassen, du musst bereit sein, mit Beziehungen abzuschließen. Damit ist nicht gemeint, jemandem dramatisch die Freundschaft zu kündigen und bei Kerzenlicht Fotos zu zerschneiden. Ich habe dir geschildert, wie die Beziehung zu meinem Vater quasi *ausfadete*. Während ich meinen Frieden machte, klang die Beziehung einfach aus. Ich habe innerlich und ohne Groll Abschied genommen. Zumindest von dem Vater, den ich mir immer gewünscht habe, der Vater, der er für mich sein sollte. Das war heilsam für mich.

Doch wie kannst du wissen, welche Menschen zu dir passen? Wie kannst du feststellen, ob jemand deine Werte teilt und deine Ziele unterstützt? Weißt du überhaupt, welche das sind? Ich erwähnte es bereits: Dieter Lange hat das Bild des Nordsterns populär gemacht. Der Nordstern fungiert als ein metaphorisches Instrument, um Klarheit über unsere Ziele zu erlangen und unseren Weg voranzugehen. Es geht darum, uns selbst zu fragen: »Was ist mein Nordstern? Was sind meine tiefsten Werte, meine größten Träume und meine wahren Leidenschaften?« Wenn wir uns auf diese Fragen einlassen, können wir uns mit unserem inneren Kompass verbinden und eine klare Richtung für unser Leben finden. Er steht als fester Bezugspunkt am Himmel, der uns den Weg weist, egal wie weit wir uns von ihm entfernen. Manchmal ist die Sicht schlecht, aber wenn sie aufklart, dann steht der Nordstern immer noch da oben als Wegweiser. Wenn eure Schiffe in die gleiche Richtung fahren, ist das ein gutes Indiz. Die Bedeutung von gemeinsamen Werten und Zielen in unseren Beziehungen kann nicht überschätzt werden. Sie bilden einen unsichtbaren Faden, der uns verbindet und unsere Beziehungen stark und erfüllend macht. Wenn wir Menschen um uns haben, die ähnliche Überzeugungen und Leidenschaften teilen, können wir uns gegenseitig motivieren und unterstützen. Das Verrückte ist auch hier, dass du diese Menschen gar nicht suchen musst. Sie werden dich finden. Das heißt, dass du dich gar nicht bewusst dafür entscheiden musst, diese unterstützenden Menschen in dein Leben zu holen. Je sicherer du dir in deinen eigenen Werten und Zielen bist, je besser du weißt, was du jetzt in diesem Moment benötigst, desto eher wird sich dein Umfeld in diese Richtung entwickeln. Dein Aufmerksamkeitsfokus verschiebt sich, gleichzeitig gerätst du in den Fokus von Menschen in deiner Umgebung, die ähnliche Ziele haben wie du. Andere Menschen werden dir vielleicht nicht mehr folgen. Der Nordstern hilft dir nämlich auch dabei, dich von den Erwartungen anderer Menschen zu lösen und deine eigenen Wünsche zu erkennen. Mit dem Nordstern als Navigationshilfe kannst du dich immer fragen: »Bin ich auf dem Weg, der mich glücklich macht? Stehe ich im Einklang mit meinen Werten?« Es ist eine beständige Einladung, dich selbst zu hinterfragen und dir zu erlauben, deine eigene einzigartige Reise zu gestalten.

Auch wenn dein Umfeld deine Werte widerspiegelt, besteht eine viel größere Chance, dass sich in diesem Umfeld die »richtigen« Menschen wohlfühlen. Ich lebe ganz bewusst in einer Großstadt. Weil ich mich hier wohler fühle und weil ich weiß, dass es hier einfach mehr Menschen gibt, die meine Werte teilen. Ich schaffe mir mein Umfeld, denn das Schaffen einer passenden Umgebung ist ein Weg, den Prozess zu forcieren, spannende und inspirierende Menschen in dein Leben zu lassen. Der Unternehmer Richard Branson hat sich irgendwann in den späten siebziger Jahren des vergangenen Jahrhunderts eine Insel gekauft. Branson ist vor allem für die Gründung der Virgin Group bekannt, einem Konglomerat von Unternehmen, die in verschiedenen Branchen wie Reisen, Telekommunikation, Unterhaltung und Weltraumforschung tätig sind. Statt der zunächst geforderten 6 Millionen Dollar konnte er jedoch nur 180 000 zahlen. Er bekam den Zuschlag dennoch, unter der Voraussetzung, dass er innerhalb von vier Jahren auf der Insel ein Resort eröffnen würde. Angesichts des Preisnachlasses von über 90 Prozent scheint sich da vielleicht auch etwas im Quantenfeld bewegt zu haben. Branson hat ein Paradies im Paradies geschaffen, mit einem kleinen exklusiven Hotel. 200 Mitarbeiter kümmern sich um die Gäste. Damit zieht er natürlich spannende Menschen an, die auf dieser Insel Urlaub machen oder sich dort zu Masterminds treffen. Nicht selten spielt der Gastgeber morgens mit den Gästen Tennis, isst mit ihnen zusammen oder geht zum gemeinsamen Kitesurfen. So kommt es dann auch, dass Menschen wie Barack Obama nach seiner Amtszeit erst mal zwei Wochen auf seiner Insel ausspannen. Ich hoffe, dass ich selbst auch in absehbarer Zeit diese Insel, Necker Island, besuchen darf.

Auch ich habe mir mit Greator bewusst ein Umfeld geschaffen, das meine Werte widerspiegelt und das hoffentlich – und erfahrungsgemäß tut es das – ähnlich inspirierend wirkt. Wir schaffen dort eine Atmosphäre, von der ich glaube, dass die Leute sich in ihr wohlfühlen und gerne hier arbeiten. Diese Atmosphäre ist kein Zufall, sondern mein Ziel gewesen. Ich wollte eine Kultur schaffen, in der die Mitarbeiter Bock haben, das zu tun, was wir tun. Ich wollte, dass sie einen Sinn darin sehen und sich mit der Idee identifizieren können, dass sie genau wie ich für diese Idee brennen. Und das ist ganz und gar nicht uneigennützig. Weil ich selbst immer in so einer Kultur arbeiten wollte. Ich wollte nie in einer Firma sein, in der die Leute von neun bis fünf abhängen und dann abends nach Hause gehen und sagen: Jetzt fängt das Leben an. Ich wollte immer eine Kultur, in der ich gerne morgens um 9 Uhr zur Arbeit gehe, eine Kultur, die Leute anzieht, die morgens auch Bock haben, zu uns zu kommen, zu arbeiten und auf Kollegen treffen, die ebenso Bock haben.

Aber Achtung: Gleichgesinnte können uns auf unserem Weg unterstützen. Gleichzeitig steigt die Gefahr, in einer Art Blase zu verschwinden. Das Phänomen kennen sicher auch viele von uns. Vielleicht bist du mal auf eine Tagung von Hardcore-Vertrieblern geraten. Jedes Gespräch im Get-together dreht sich um Umsatz, um Kunden et cetera. Andere Themen scheinen nicht zu existieren. Das passiert natürlich nicht nur bei Vertriebstagungen. Jede monothematische Blase wird irgendwann extrem unangenehm und anstrengend – insbesondere für Neuankömmlinge. Genauso ist es auch, wenn du dich aus irgendeinem Grund plötzlich in einer Gruppe »Erleuchteter« wiederfindest, die ganz begeistert sind von den Fortschritten, die sie machen, und von der Welt, die sie gerade kennenlernen. Du kannst Persönlichkeitsentwicklung entdecken, ohne dich nur noch mit anderen »Jüngern« deines aktuellen Mentors zu umgeben. Andersdenkende können uns dazu anregen, unsere eigenen Überzeugungen zu überdenken, Impulse zu geben und unsere Horizonte zu erweitern. Wenn ich in ein Retreat oder Coaching gehe, ist das oft sogar der Zweck der Übung. Dann will ich mich ausrichten und überprüfen und auch challengen lassen. Es ist immer die Balance zwischen Gemeinsamkeit und Verschiedenheit, die den Reichtum einer wahrhaftig erfüllenden Beziehung ausmacht. Lass in deinem Leben auch Raum für Vielfalt. Es ist nicht nur im Business bereichernd, unterschiedliche Perspektiven und Ansichten zu erfahren. Ich selbst treffe mich mit anderen Unternehmern in Masterminds und wir tauschen uns über Online-Marketing, Geschäftsstrategien et cetera aus und haben Spaß zusammen. Es eint uns das Interesse an Unternehmertum und die Vision, tolle Unternehmen aufzubauen. Auf der anderen Seite besuche ich ein neuntägiges Fasten- und Schweigeretreat bei Ruediger Dahlke, bei dem ich neun Tage nichts mache, außer sechsmal am Tag zu meditieren und Tee zu trinken. Kein Buch, kein Hörbuch, kein Gespräch. Nur DU. Das sind völlig unterschiedliche Bubbles, in denen man völlig unterschiedliche Perspektiven bekommt. Auch wenn im Fasten- und Schweigeretreat der Kontakt zu anderen Teilnehmern zugegebenermaßen nicht so intensiv ist.

Viel häufiger aber, als Beziehungen komplett zu beenden, wirst du in die Situation kommen, innerhalb einer Beziehung Grenzen ziehen zu müssen. Zu sagen: Nein, das will ich nicht! Das ist etwas, was viele Menschen nicht gelernt haben. Und es gibt auch Menschen, denen es aufgrund ihrer, auch angeborenen, Persönlichkeitsstrukturen extrem schwerfällt, die eigenen Bedürfnisse in den Mittelpunkt zu stellen. Bewusst Nein zu etwas zu sagen bedeutet im Umkehrschluss, bewusst Ja zu etwas zu sagen. Ja zu sich selbst und den eigenen Bedürfnissen. Damit geht oft der Glaube einher, dass wir andere Menschen enttäuschen. Letztlich kann sich ein Mensch jedoch nur selbst enttäuschen. Dieser Mensch hat eine Erwartungshaltung aufgebaut, die du lange erfüllst. Nun erfüllst du sie nicht mehr. Der andere darf an seiner Erwartungshaltung arbeiten, wenn er das möchte.

Manche haben kein Problem mit dieser vermeintlichen Enttäuschung, für andere ist es die Hölle auf Erden. Dabei gibt es einen Menschen, den du aufs Große und Ganze gesehen am allerwenigsten enttäuschen willst: dich selbst.

Persönlichkeitsentwicklung umfasst auch einen sehr klaren und analytischen Blick auf Persönlichkeitsmerkmale. Menschen waren schon immer davon fasziniert, warum Menschen sich so verhalten, wie sie sich verhalten. Im Laufe der Zeit haben wir als Menschheit viele Modelle entwickelt, um das Verhalten von anderen Menschen in bestimmten Situationen vorhersagen oder einschätzen zu können. Ein extrem valides und gleichzeitig faszinierendes Modell ist das sogenannte DEEP-O.C.E.A.N.-Modell, das auf den sogenannten Big Five basiert. Die Forschung hat fünf grundlegende Persönlichkeitszüge identifiziert, die jeder Mensch in sich trägt. Offenheit für Erfahrung, Gewissenhaftigkeit, Extraversion, Verträglichkeit und Neurotizismus. Jeder trägt jede Eigenschaft in sich. Allerdings nicht jeder in der gleichen Ausprägung. Auch der größte Streithammel hat das Persönlichkeitsmerkmal »Verträglichkeit«. Aber halt in sehr niedriger Ausprägung. Das O.C.E.A.N.-Modell hat das Big-Five-Modell erweitert und präzisiert. Jeder Charakterzug besteht aus zwei Dimensionen. Offenheit ergibt sich aus Erleben und Intellekt, Gewissenhaftigkeit aus Fleiß und Ordnung, Extraversion aus Enthusiasmus und Dominanz, Verträglichkeit aus Empathie und Höflichkeit, Neurotizismus aus Volatilität und Rückzug. Jeder Mensch hat also beispielsweise auch das Persönlichkeitsmerkmal »Dominanz« in sich. Die einen in hoher Ausprägung, andere in relativ niedriger. Es gibt kein Richtig oder Falsch. Auch kein Gut oder Schlecht. Jede Kombination hat ihre spezifischen Vor- und Nachteile und ihre Berechtigung. Aber jede Kombination hat auch ihre eigenen Themen zu lösen. Und eines dieser Themen kann sein, Grenzen bei anderen wahrzunehmen oder sie zu akzeptieren. Ein anderes kann sein, Grenzen für sich selbst zu setzen. Einfach mal Nein zu sagen, ohne sich schlecht zu fühlen. Vor allem Menschen mit hoher Ausprägung in den beiden Dimensionen von Verträglichkeit, also Empathie und Höflichkeit, stehen oft vor dieser Schwierigkeit und stellen die Bedürfnisse anderer Menschen über die eigenen. Vielleicht bist du so ein Mensch. Dann hast du vermutlich auch Schwierigkeiten mit diesen Typen, die ich Energievampire nenne. Menschen, die wir als wirklich anstrengend empfinden. Nicht weil sie uns im positiven Sinne herausfordern, sondern weil sie uns mit unangemessenen Forderungen aus dem Gleichgewicht bringen, weil sie keine Grenzen akzeptieren, manipulieren, bis hin zur emotionalen Erpressung. Das Einflößen von Schuldgefühlen ist eine häufige Taktik bei emotionaler Erpressung. Beispielsweise könnte jemand sagen:»Wenn du mich wirklich lieben würdest, würdest du es für mich tun.« »Wenn du dieses oder jenes machst, wirst du mich sehr enttäuschen.« Ein wirkliches Warnzeichen für ungesunde Beziehungen ist für mich auch das, was ich Verantwortungsverschiebung nenne. Bei dieser Taktik versucht jemand, die Verantwortung für seine eigenen Gefühle auf die andere Person abzuwälzen. Ein Beispiel wäre:»Du machst mich traurig. Du bist dafür verantwortlich, mich glücklich zu machen.« Aber dafür ist in erster Linie die Person selbst verantwortlich. Wir können immer nur unterstützen. Dieser Grundsatz gilt auch für uns selbst. Andere Menschen sind für unser emotionales Wohlbefinden nur sehr begrenzt verantwortlich. Es ist oft auch gar nicht ihre Aufgabe. Wenn wir als Erwachsene das von anderen Menschen verlangen, verlangen wir zu viel. Ich habe schon angedeutet, dass mein Vater keine Beziehung zu seinen Enkelkindern aufbauen wollte. Das war okay. Es ist nicht meine Angelegenheit, ob mein Vater Lust hat, sich um meine Kinder zu kümmern. Wir können vielleicht ein höfliches Interesse erwarten, weil wir davon ausgehen, dass uns unser Gegenüber nicht verletzen möchte, aber eine emotionale Beziehung können wir nicht erzwingen. Schon gar nicht eine indirekte emotionale Beziehung. Das sind ja meine Kinder und nicht seine. Ein Freund von mir, für den Familie wirklich einen extrem hohen Stellenwert hat und der, wie er auch selbst wusste, in diesem Bereich extrem starke Glaubenssätze hat, litt darunter, dass sich zwischen seinen Eltern und seiner neuen Partnerin keine Beziehung aufbaute. Er fand es sogar verletzend, dass seine neue Partnerin zwar das genannte höfliche Interesse zeigte, aber sich so etwas wie eine emotionale Verbundenheit einfach nicht einstellte. Für seine neue Partnerin waren seine Eltern, wie sie sagte, »einfach zwei alte Leute«. Das mag für viele Menschen verletzend klingen. Für mich ist es etwas, was er akzeptieren darf und was ich ihm auch so gesagt habe. Niemand muss mögen, was du selbst magst. Du musst nicht mögen, was andere mögen oder machen. Und du musst diesen Aspekten auch nicht deine Aufmerksamkeit schenken. Sicher, du darfst wissen, ob du ein bestimmtes Verhalten tolerieren kannst oder ob es deinen Werten so sehr entgegensteht, dass du den Kontakt reduzieren oder gar komplett einschränken willst, aber oft saugen gerade im Alltag viele Dinge Energie, die wir auch ziehen lassen können. Dinge, die nichts mit uns zu tun haben und die uns auch nichts angehen: *Take care of your business*, kümmere dich um deine Angelegenheiten. Ist die Beziehung, die zwei andere Menschen miteinander führen, wirklich unsere Angelegenheit? Du wünschst dir, dass deine Freundin eine bessere Beziehung hat. Du kannst ihren neuen Freund vielleicht aus irgendwelchen Gründen nicht leiden. Vielleicht sind diese Gründe sogar berechtigt und es zieht dich runter, dass sie es nicht erkennt. Es ist bis zu einem gewissen Maß in Ordnung, dass du dich bemühst, dass die Beziehung besser wird. Aber ab einem gewissen Punkt ist es nicht mehr dein Business. Es ist nicht unser Recht, unsere Angelegenheit, ob sie sich mögen oder nicht, ob sie zusammenbleiben und warum. Schaue lieber bei dir selbst: Wo führst du keine guten Beziehungen? Wo kannst du die Beziehungen zu Menschen verbessern? Gelingt es dir immer, eine gute Herzverbindung zu deinen Eltern und deiner Freundin zu haben? Häufig lenken wir uns ab und konzentrieren uns darauf, was andere anders machen sollen, anstatt uns um uns und unseren direkten Einflussbereich zu kümmern. Meine Freundin sollte das, mein Chef sollte jenes. Was kannst du tun? Kümmere dich um deine Angelegenheit. Nimm deine Macht wieder zurück, indem du Verantwortung für dich übernimmst. Warum solltest du gerade den Aspekten deine Aufmerksamkeit schenken, die dich negativ beeinflussen? Es ist geradezu absurd, sich von Dingen herunterziehen zu lassen, die wir nicht ändern können und die gar nichts mit uns zu tun haben. Erlaube dir den Luxus, diese Dinge an dir vorbeiziehen zu lassen. Du bist du und der andere ist der andere. Frage dich: Wo kümmerst du dich um Angelegenheiten, die dich nichts angehen?

Menschen investieren mitunter viel Energie in Funktionsbeziehungen, die geradezu das Gegenteil von funktionalen Beziehungen sind. Das kennst du vielleicht, manche Beziehungen geben dir das Gefühl, für den oder die andere nur eine bestimmte Funktion zu haben. Gerade Menschen mit hoher Empathie rutschen oft in die Rolle des emotionalen Blitzableiters.

Die Aufgabe des Blitzableiters ist nichts anderes, als Bestätigung zu geben: »Ja, dir geht es am allerschlimmsten von allen. Ja, dein Partner ist wirklich schlimm. Nein, du hast da völlig recht.« Die eigene Perspektive ist überhaupt nicht gefragt und gewünscht.

Es geht natürlich auch handfester: Diesen einen Freund oder Bekannten hat vermutlich auch jeder. Wenn dessen Nummer einmal im halben Jahr auf dem Display leuchtet, weißt du, dass es was zu tun gibt. Beim Umzug helfen, einen Kontakt vermitteln, den Kombi ausleihen, als emotionaler Blitzableiter dienen, weil die Freundin Schluss gemacht hat. Was auch immer. In diesem Fall bist du nur eine Ressource. Eure Beziehung besteht nicht aus Geben und Nehmen, sondern du gibst. Wenn dich das über deine eigenen Grenzen hinaus belastet, erlaube dir etwas völlig Verrücktes: Sag mal Nein. Sag mal: »Ich habe keine Zeit«, oder sogar »Ehrlich, ich habe keine Lust.« DU darfst das. ICH erkenne, dass ich dieses Spiel lange Zeit mitgespielt habe, und entscheide mich neu: ICH sage Nein.

Wird der oder die andere enttäuscht sein? Ja. Wirst du dich besser fühlen, selbst wenn es am Anfang piekt? Ja. Enttäuschung gehört zum Leben dazu. Wenn du an dieser Stelle angelangt bist, dann lass dich nicht emotional erpressen. Du hast das Recht, deine eigenen Grenzen zu ziehen. Und dieses Recht hast du immer. Ob ihr euch zwei, fünf oder zwanzig Jahre kennt. Denn oft liegt hier zugrunde, dass ihr eine lange Historie habt. Beziehungsweise das, was eure Freundschaft einmal ausgemacht hat, liegt lange zurück. Vielleicht seid ihr zusammen aufgewachsen oder habt zusammen studiert oder habt in der Vergangenheit wirklich viel zusammen gemacht. Aber auch Freundschaften können nicht ewig von der Substanz leben und wenn der andere nicht bereit war oder ist, im gleichen Maße wie du selbst zu investieren, dann darfst du diese Freundschaft auch loslassen, wenn sie sich für dich nicht mehr gut anfühlt. Also nur weil du jemandem einmal dein Auto geliehen hast, weil ihr in deinen Zwanzigern ein paar Räusche gemeinsam hattet, heißt das nicht, dass er für den Rest eures Lebens einen Anspruch auf dein Auto und auf dich hat. Beziehungen verändern sich. Ich habe irgendwo das schöne Bild von einer Zugreise aufgeschnappt, die du unternimmst. Diese Reise ist dein Leben.

Auf dieser Reise steigen immer wieder Leute zu, andere steigen aus. Entweder weil sie angekommen sind oder weil sie auf einen Zug umsteigen müssen, der in eine andere Richtung fährt. Bei manchen bist du froh, dass sie aussteigen, bei manchen bleibt dir nichts, als zu sagen: »Schade, schön, dass ich dich kennenlernen durfte.« Und verstehe mich nicht falsch: Es gibt viele Menschen in meinem Leben, die können mich jederzeit anrufen und bekommen von mir fast jeden Gefallen. Viele sind dabei, zu denen ich seit Jahren wenig Kontakt habe, aber unsere Beziehung ist immer noch stark. Aber wenn Menschen mir nicht guttun, man sich auseinanderlebt, dann empfinde ich keine unnötige Loyalität. Im Berufsleben akzeptieren wir diesen Zyklus ja auch. Ich habe als Führungskraft in meinem Leben wahrscheinlich schon 500 Leute eingestellt, vielleicht sogar mehr. Und ich habe mich in meinem Leben vermutlich von 150 Leuten wieder aktiv getrennt. Das heißt, dass ich die Trennung angestoßen habe. Teilweise aus wirtschaftlichem Zwang. Teilweise aber auch, weil ich festgestellt habe, dass es zwischen uns nicht mehr passt. Dann geht man am besten getrennte Wege. Aber in Wertschätzung für das, was uns mal zusammengebracht hat, und das, was wir zusammen Gutes erlebt und auf die Beine gestellt haben. Niemals vorschnell und aus einer Laune heraus. Bei jeder Veränderung im Leben, insbesondere wenn sie Menschen betrifft, halte ich einen fairen Umgang, Loyalität und Offenheit für wichtig. Man sollte einen Veränderungsprozess erst starten, wenn man merkt, dass es nicht mehr rund ist. Aber wenn man das merkt, dann sollte man der Wahrheit ins Auge schauen: Ich bin ab einem gewissen Punkt nicht mehr bereit, zu große Kompromisse zu machen, die auf Kosten meiner Vision, meines Erfolgs und somit auch auf Kosten meines Teams gehen.

Und ja, diesen Prozess anzustoßen kann sehr unangenehm sein. Aber wenn du erfolgreich sein möchtest, auch als Unternehmer, ist es sehr zuträglich, dass du die Fähigkeit hast, unbequeme Entscheidungen zu treffen. Unbequem für dich. Emotional unbequem. Unbequem für deinen Alltag. Alles muss neu organisiert werden. Aber unbequeme Entscheidungen und unbequeme Situationen haben mittel- bis langfristig großen Impact auf den Erfolg. Ich halte es wirklich für eine der wichtigsten Fähigkeiten, unangenehme Entscheidungen zu treffen. Viele Menschen können das nicht gut, und deswegen sind sie häufig nicht erfolgreich.

Du kennst vielleicht das Marshmallow-Experiment von Walter Mischel. Stell dir vor, du würdest in einem Raum sitzen und vor dir liegt ein leckeres Marshmallow. Der Versuchsleiter erklärt dir, dass du zwei Möglichkeiten hast: Du kannst das Marshmallow sofort essen oder du kannst warten, während er kurz den Raum verlässt, und wenn du dann immer noch auf den Marshmallow verzichten kannst, bekommst du einen zweiten. Das Konzept der aufgeschobenen Belohnung dreht sich um die Fähigkeit, kurzfristige Befriedigung zugunsten einer langfristigen Belohnung aufzuschieben. Es ist eine Eigenschaft, die wir in jedem Bereich unseres Lebens anwenden können. Es geht darum, die Emotion des Augenblicks gegen etwas Größeres auszutauschen, das wir uns in Zukunft aufbauen können. Es ist angenehm, jetzt zu essen. Geiles Gefühl. Aber wenn ich fit sein möchte, wenn ich gesund sein möchte, sollte ich drauf verzichten können. Das gilt genauso für die Frage, ob ich jetzt zum Sport gehe oder nicht, weil es gerade ganz bequem ist auf dem Sofa. Das Prinzip gilt aber auch für andere Entscheidungen. Gebe ich dem alten Freund noch Energie und verbringe Zeit mit ihm? Verbringe ich Zeit mit Menschen, obwohl ich eigentlich nicht mehr fühle, dass das Zeit ist, die mir guttut? Oder bin ich bereit, meine Beziehung zu kappen? Das auch klar auszusprechen und durchzuziehen, obwohl ich weiß, dass das jetzt wirklich ungemütlich werden wird? Ein Trennungsprozess ist ja immer erst mal ein Konflikt, der andere ist sauer und verletzt. Du selbst fühlst dich vielleicht nicht gut, weil du eine Erwartungshaltung – auch an dich selbst – nicht erfüllt hast. Aber wenn die Vision klar ist, wenn du in deiner Kraft bist, deine Intuition spürst, dann merkst du, was dir guttut und was dir nicht guttut.

Sich von Mitarbeitern zu trennen ist unangenehm. Aber ich weiß, es ist manchmal eben die richtige Entscheidung. Und auch da geht man Konflikte ein und es besteht natürlich die konkrete Gefahr, dass erst mal eine schlechte Stimmung herrscht. Aber es ist eine notwendige Entscheidung und Heilungsprozess für den mittel- bis langfristigen übergeordneten Erfolg. Es ist aus meiner Sicht eine wichtige Fähigkeit, diese emotionale

Stabilität zu haben oder zu entwickeln, solche Entscheidungen mit großer Klarheit im Herzen zu treffen und sich diesen Situationen zu stellen,
weil man weiß, dass es richtig ist, auch wenn es erst einmal wehtut. Wenn
du eine klare Vision hast, wenn du weißt, wo es hingeht, dann kannst du
deine Entscheidungen daran ausrichten. Dann ist dir auch klar, welcher
Mitarbeiter wirklich zu deiner Kultur passt. Jetzt im Moment. Denn das
heißt ja nicht, dass er überhaupt nicht und zu keiner Zeit gepasst hat. Aber
wenn du spürst, dass es auf Dauer nicht funktionieren wird, obwohl man
interveniert hat, obwohl man Gespräche geführt und versucht hat, Ver-
änderungsprozesse anzustoßen, dann muss man eine Konsequenz ziehen.
Sonst wirst du immer eine Blockade im System spüren, auf dem Weg zur
Vision.

Je stärker in uns der Wunsch nach Veränderung ist, desto höher ist auch
die Bereitschaft, diesem Wunsch viele andere Dinge unterzuordnen und
unser Leben geradezu umzukrempeln. Bei allem Veränderungswillen ist
aber eines wichtig: Es geht nie darum, ad hoc Tabula rasa zu machen. Zum
einen darf man sich bei Veränderungen, insbesondere bei grundlegenden,
Zeit lassen. Eine Beziehung, die über Jahre oder Jahrzehnte bestand, darf
man nicht leichtfertig »weil es nicht mehr passt« über den Haufen werfen.
Darum geht es nicht! Insbesondere bei Veränderungen laufen wir Gefahr,
dass wir zu sehr auf andere projizieren. »Die Freundin zieht mir Kraft, mit
der verbringe ich keine Zeit mehr!«, »Mein Chef ist Mist, ich wechsele den
Job«, »Der Mitarbeiter übernimmt keine Verantwortung, der passt nicht zu
uns«. Damit macht man es sich zu leicht. Es ist immer die erste Aufgabe zu
schauen, welche Verantwortung man selbst in dieser Situation hat. Diese
eine Freundin, die mir seit zehn Jahren jedes Mal, wenn ich sie treffe, ihre
Leidensgeschichten erzählt, ich tapfer zuhören muss und Mitleid zeigen,
aber nie eine mögliche Perspektive aufzeigen soll, diese Freundin kann
nicht von heute auf morgen ihr Verhalten ändern, zumindest kann ich das
nicht erwarten. Ich war zehn Jahre der Gesprächspartner, der das mit-
gemacht hat. Das war mein eigener großer Anteil an dem Spiel. Also darf
ich uns die Zeit geben, das Spiel zu beenden. Das bedarf Zeit und innerer
Arbeit. Da darf ich mich auch fragen: »Warum bin ich immer derjenige,

dem man seine Probleme erzählt, warum ziehe ich mir das in mein Leben?«
Stück für Stück kann ich dann nach Wegen suchen, wie ich die Beziehung
zu meiner Freundin verändere. Ob man am Ende dieses Prozesses noch
befreundet ist, darf offen sein. Nur eines ist sicher, man darf sich die Zeit
dafür nehmen. Genauso ist es bei romantischen Beziehungen. Gerade in
romantischen Beziehungen gab es ja irgendwann mal einen Grund, warum
sie überhaupt zustande gekommen sind. Und oft lohnt es sich, diese Dinge
zu retten, wiederzubeleben und nicht vorschnell einem großen übergeordneten Ziel zu opfern. Auch hier geht es um die richtige Balance und
darum, nach einer Selbstreflexion zu schauen, ob man einen gemeinsamen
Weg findet. Und erst wenn man merkt, dass dieser gemeinsame Weg nicht
möglich ist, dass man die dafür nötige Energie nicht mehr bereit oder in der
Lage ist zu geben, zu sagen, dass sich der Weg an dieser Stelle trennt.

Grundvoraussetzung, um zu entscheiden, wem du deine Aufmerksamkeit schenkst und wem nicht, ist immer, dass du deine eigenen Bedürfnisse
und deine eigenen Grenzen kennst. Das gilt
für die Beziehung zu Mitarbeitern, aber auch
für alle anderen Beziehungen, die du führst.
Und du darfst anerkennen, dass du ein auto-
nomes Wesen bist. Das heißt, dass du zwar in
Beziehung zu, aber nicht in Abhängigkeit von
anderen Menschen existierst. Das ist der zentrale Punkt, den wir akzeptieren können, wenn
wir uns auf den Weg in ein glückliches und
erfülltes Leben machen wollen. Wir sind nicht von der Liebe anderer Menschen abhängig. Nicht von »Liebe« jedenfalls, die wir durch unser Verhalten
erkaufen müssen. Du trägst genug Liebe in dir. Genug für dich selbst und
für andere. Hier sind wir wieder ganz nahe bei Robert Betz. Natürlich ist es
völlig normal, nach Bestätigung von unseren Mitmenschen zu suchen. Aber
wahres Glück kommt nicht davon, dass wir uns den Erwartungen anderer
beugen. Das ist eines der großen Missverständnisse, die wir in uns tragen.
Wir sind süchtig danach, dass andere uns Anerkennung, Wertschätzung
und Liebe entgegenbringen. Wir wurden süchtig gemacht beziehungsweise

Grundvoraussetzung, um zu entscheiden, wem du deine Aufmerksamkeit schenkst und wem nicht, ist immer, dass du deine eige-nen Bedürfnisse und deine eigenen Grenzen kennst.

haben uns selbst süchtig gemacht, indem wir Glaubenssätze entwickelt haben, angefangen haben, unsere wahren Emotionen zu unterdrücken. Denn diese Sucht geht oft auf unsere Kindheit zurück, wo Liebe knapp und an Bedingungen geknüpft war. Wir haben jeden Trick angewendet, um die Aufmerksamkeit und Zuneigung unserer Eltern zu bekommen. Und so wird die Suche nach Anerkennung, Liebe und Wertschätzung zu einem ständigen Begleiter in unserem Leben. Wir fragen uns immer wieder: »Wer liebt mich?«, und dann: »Liebt der mich immer noch, wenn ...?« Wenn ich mal Nein sage, wenn ich mal keine Lust habe, wenn ich widerspreche, wenn ich den Erwartungen nicht entspreche. Diese Suche nach Liebe zeigt sich auch in unserer beständigen Suche nach äußerer Bestätigung in Form von Aufmerksamkeit: von unserem Umfeld, notfalls von Menschen, die wir gar nicht kennen – wie viele Views und Likes hat mein Urlaubsfoto bekommen? Hat mein Chef mich gelobt? Bin ich anerkannt von XYZ? Schaut der süße Junge zu mir rüber?

Wir suchen immer nach äußerer Bestätigung. Wir suchen nach Menschen, die uns *deshalb* lieben. Darf ich dir ein Gegenargument vorstellen?

Du brauchst keine Liebe von deinem Partner oder von irgendjemand anderem. Weil du bereits mehr als genug Liebe in dir trägst. Da ist gar kein Mangel, wenn du dir diese Liebe selbst geben kannst.

Du brauchst keine Liebe von deinem Partner oder von irgendjemand anderem. Weil du bereits mehr als genug Liebe in dir trägst. Da ist gar kein Mangel, wenn du dir diese Liebe selbst geben kannst. Aber wir glauben, dass diese Liebe von jemand anderem von außen kommen muss. Doch genau darin liegt die Falle: Wenn wir von der Liebe anderer abhängig werden, sind wir Gefangene der Erwartungen der Menschen, die uns umgeben. Was wäre, wenn wir damit anfangen, uns selbst die Liebe zu schenken, nach der wir uns so sehr sehnen? Was wäre, wenn wir uns die Zeit nehmen, die Fülle an Liebe in uns zu spüren und zu erkennen? Du würdest ein wunderbares Beispiel für Selbstliebe sein und es wäre erstaunlich, welche Liebe zu dir zurückkommt. Denn wenn du diese Selbstliebe ausstrahlst, wirst du die richtigen Menschen in dein Leben ziehen. Der erste Schritt besteht also darin zu lernen, dich selbst zu lieben, anzunehmen und wertzuschätzen – Klarheit zu erlangen.

Weiter oben habe ich gefragt, warum du gerade den Aspekten einer Persönlichkeit deine Aufmerksamkeit schenken solltest, die dich negativ beeinflussen. Das solltest du natürlich nicht tun. Aber es ist unser Ego, das uns dazu zwingen will. Es fühlt sich ziemlich schnell angegriffen. Ich habe dich dazu eingeladen, dich mit dem Grundsatz zu beschäftigen, dass Akzeptanz zu Glück und Erfüllung führt. Diese Akzeptanz ist ein innerer Zustand, den der große Eckhardt Tolle als einen Zustand des Nicht-Widerstands beschreibt: ein innerer Bewusstseinszustand der Widerstandslosigkeit. Akzeptanz dessen, was im gegenwärtigen Moment ist. Aber natürlich, wenn diese Widerstandslosigkeit missverstanden wird, könnte es dazu führen, dass du leicht ausgenutzt wirst. Das heißt, dass auch ein Zustand des Nicht-Widerstands manchmal ein klares Nein erfordert, wenn jemand dich um etwas bittet, du aber das Gefühl hast, dass du es nicht tun willst oder es aus irgendeinem Grund nicht tun kannst. Tolle unterscheidet zwei Arten von »Neins«. Das hochwertige oder bewusste Nein und das minderwertige Nein, dass die andere Person zu einer Art Feind machen muss. So ein Nein gibst du, wenn dein Verstand der Meinung ist, zusätzlich reagieren zu müssen – und wenn dein Ego ins Spiel kommt: »Was soll das eigentlich, warum fragst du immer mich, ich bin doch nicht dein Diener«, et cetera. Man streitet sich und schreit. Man beschuldigt die andere Person. »Immer versuchst du, mich auszunutzen. Ich habe dir schon fünfmal Geld geliehen. Hast du es mir zurückgegeben? Nein, hast du nicht. Also hör auf, mich zu fragen. Lass es einfach! Lass mich in Ruhe.« Das ist das minderwertige Nein. Und dann gibt es noch ein anderes Nein, das nicht reaktiv ist. Es benötigt gar keine Reaktivität, sondern ist nichts weiter als eine Antwort auf die Situation: »Nein, ich werde dir kein Geld mehr geben, weil ich es dir schon fünfmal gegeben habe. Also gebe ich dir jetzt kein Geld mehr.« Du sagst Nein, ohne dir ein Feindbild zu schaffen, ohne eine Situation zu einem Feind zu machen. Es ist ein bewusstes Nein. Und trotzdem befindest du dich immer noch in einem inneren Zustand des Nicht-Widerstands. Denn du akzeptierst die Situation, dass du um Geld gebeten wirst. Das ist, was gerade passiert. Mehr nicht. Es ist nicht nötig, die Situation durch eine zusätzliche Reaktion außer des Nein-Sagens aufzuladen. Dieses nicht-reaktive Nein erfordert jedoch, dass du in deiner Klarheit und präsent bist. Auch mir gelingt das mal mehr und mal weniger gut.

Zu dem Thema gehört übrigens auch, dass du aufhörst, dich über das, was andere tun, zu beschweren. Das macht unser Ego gerne. Es jammert gerne. Wir beschweren uns über die vermeintlichen Unzulänglichkeiten und Unverschämtheiten der anderen. Für viele Menschen ist es ein sehr wichtiger Teil ihres Lebens, sich über andere zu beschweren. Oder auch, sich selbst und anderen Geschichten zu erzählen: »Weißt du, was er gesagt hat?« Und dann erzählt man die Geschichte. »Und dann sagte er dies und das.« Und ich so: »Wie kannst du es wagen, nach dem Vorfall noch einmal ...« Dieses »*he said, she said*« ist ein sehr häufiges Thema von Menschen, die selbst nicht in Klarheit und Balance sind. Und Überraschung: Sie sind immer der Gewinner in ihrer Geschichte. Jammern ist übrigens etwas anderes, als sich zu Recht zu beschweren oder einen Mangel zu reklamieren. »Ich möchte dieses Ding umtauschen. Ich habe es gestern gekauft, aber es funktioniert nicht.« Das ist eine nüchterne und berechtigte Reklamation. Du kannst das Ganze aber auch persönlich nehmen und als Beleidigung ansehen, dass man dir etwas verkauft hat, das nicht funktioniert. Und dann wird es wieder zu einem unangenehmen Ego-Drama. Das minderwertige Nein erfordert es, den anderen gleichzeitig mit dem Nein abzuwerten, um das eigene Ego zu befriedigen. Ein bewusstes Nein lässt das eigene Ego außen vor.

Wie du dann deine Grenzen kommunizierst, ist ein praktisches Thema. Da gibt es zahllose Bücher, die dieses Thema beleuchten. Wie du Ich-Botschaften formulierst und vieles mehr. Ich habe einmal nachgeschaut: Amazon liefert 6000 Vorschläge für die Suchanfrage »Nein sagen«. Das Spannende ist, dass »Nein« bereits ein vollständiger Satz ist. Ein Satz, der auch keine Begründung benötigt. Na ja, du weißt, wie ich das meine: Wenn du im Job gefragt wirst, ob du das oder das doch bitte noch übernehmen kannst, braucht dein Nein vermutlich doch eine Begründung. Sagen wir, du bist in deinem Beruf überlastet und möchtest klarstellen, dass du nicht mehr zusätzliche Aufgaben übernehmen kannst. Du könntest deinem Vorgesetzten freundlich und offen sagen: »Ich schätze die zusätzlichen Verantwortungen und ich habe festgestellt, dass meine momentane Arbeitsbelastung meine Kapazität erreicht hat. Ich möchte sicherstellen, dass ich meine Aufgaben mit der entsprechenden Qualität erfüllen kann. Kannst du bitte mit Rücksicht auf meine Grenzen planen?« In einer zwischenmenschlichen Beziehung möchtest du vielleicht deine persönlichen Grenzen in Bezug auf Zeit und Raum deutlich machen. Du kannst dem anderen respektvoll mitteilen: »Ich schätze unsere Zeit und Verbindung sehr, aber ich merke, dass ich auch Zeit für mich brauche, um aufzutanken. Ich möchte einen Weg finden, der für uns beide passt.« Vielleicht möchtest du auch ganz einfache Grenzen setzen, wenn es um deine persönliche Privatsphäre geht. Zum Beispiel könntest du sagen: »Ich fühle mich unwohl, wenn über mein Privatleben gesprochen wird. Ich bitte dich darum, meine Grenzen zu respektieren und meine Privatsphäre zu respektieren.«

Gib anderen Menschen die Möglichkeit, deine Bedürfnisse zu verstehen und Rücksicht darauf zu nehmen. Und denke immer daran, dass es in Ordnung ist, Grenzen zu setzen. Deine Aufmerksamkeit ist dein vielleicht wertvollstes Gut. Wie setzt du sie ein? Welche Visionen für die einzelnen Lebensbereiche verfolgst du? Welche Projekte und Aufgaben nähren dich und deine Vision? Mit welchen Menschen umgibst du dich und verbringst Zeit mit ihnen? Verbringe Zeit mit Menschen, die dich nähren. Ich denke, Tony Robbins hat Recht, wenn er sagt: »Die Qualität deines Lebens ist die Qualität deiner Beziehungen.«

> *Verbringe Zeit mit Menschen, die dich nähren.*

KAPITEL 10

———◆———

WIR SIND ALLE EINS

Was Spiritualität mit Lianen zu tun hat • Wie mein persönliches
Glaubensbekenntnis aussieht • Und was du tun kannst, wenn du
einen gelben Legostein haben möchtest

Wir glauben, rationale Wesen zu sein. Wir bewegen uns schließlich auf dem
Boden der Realität. Von der wir fest zu wissen glauben, was sie ist. Nämlich die faktische Existenz oder das Vorhandensein der Dinge und der Zusammenhänge. Aber nur, weil wir kein Wissen vom Vorhandensein von
etwas oder keine Vorstellung davon haben, heißt das nicht, dass es nicht
existiert. Unser Wissen ist stets nur der aktuelle Stand des Irrtums. Denk
daran, wie lange wir glaubten, dass die Erde eine Scheibe sei. Manche Menschen glauben es sogar immer noch. Im antiken Griechenland glaubte
man, dass die Erde der Mittelpunkt des Universums ist und alle Himmels-
körper, einschließlich der Sonne und der Sterne, um die Erde kreisen. Es
dauerte Jahrhunderte, bis die heliozentrische Theorie von Kopernikus die
geozentrische ersetzte. Im 19. Jahrhundert glaubten Wissenschaftler an
die Existenz eines Mediums namens Luminiferous Äther, das als Medium
vorgeschlagen wurde, durch das Lichtwellen sich ausbreiten. Apropos
Äther: Der Ätherismus war eine medizinische Theorie des 18. und 19. Jahrhunderts, die besagte, dass alle Krankheiten durch eine Störung des Äthers
verursacht werden, ein weiteres Medium, das angeblich die physische Welt

durchdringt. Heute erscheint uns das komplett absurd. Unser Wissen um die Welt ist eben einfach vorangeschritten. Aber sind wir schon am Ende der Erkenntnis angelangt? Sicher nicht. Wenn Wissen unendlich ist, dann wissen wir immer noch gar nichts. Es überrascht mich deshalb immer wieder, wie wenig sich Menschen mit Spiritualität auseinandersetzen und den Gedanken an ein Mehr, an Dinge, die wir noch nicht verstehen, wissen oder durchblicken, verächtlich abtun. Vielleicht kennst du Platons Höhlengleichnis? In diesem Gleichnis geht es um Menschen, die ihr ganzes Leben in einer dunklen Höhle verbringen, ohne jemals nach draußen zu gehen. In der Höhle sind sie an Ketten gefesselt, sodass sie nur die Wand direkt vor ihnen sehen können. Hinter ihnen befindet sich ein Feuer und zwischen dem Feuer und den Gefangenen bewegen sich Menschen und Gegenstände hin und her. Die Gefangenen sehen jedoch nur die Schatten der Menschen und Dinge auf der Wand vor sich. Sie nehmen an, dass diese Schatten die einzige Realität sind, da sie nichts anderes kennen.

Eines Tages kann einer der Gefangenen sich von den Ketten befreien und die Höhle verlassen. Zunächst ist er vom Licht der Sonne geblendet und kann nicht viel erkennen. Mit der Zeit gewöhnt er sich jedoch daran und sieht die wahre Welt außerhalb der Höhle. Er erkennt, dass die Schatten in der Höhle nur Abbilder der wirklichen Dinge sind und dass es eine viel größere und komplexere Realität gibt. Er kehrt in die Höhle zurück und erzählt den anderen Gefangenen von seiner Entdeckung. Da sie jedoch nie das Licht der Sonne gesehen haben, können sie seine Worte und Erfahrungen nicht verstehen und glauben ihm nicht. Sie wollen weiterhin an die Schatten an der Wand glauben, da das für sie die einzige Realität ist.

Ich möchte einer sein, der zumindest in Betracht zieht, dass da noch mehr ist. Und ich glaube, dass ich meine Ketten zumindest phasenweise – oder in bestimmten Bereichen – abgeworfen habe.

Auch das Wissen, das wir heute schon haben, oder vermeintlich haben, zwingt uns zur Demut. Wir erkennen, wie winzig klein wir in einem immensen Kosmos sind, der sich in alle Dimensionen erstreckt. Das Universum, eine unermessliche Weite, fasziniert uns mit seinen Galaxien, diesen gigantischen Welten voller Abermilliarden von Sternen. Angesichts der majestätischen Galaxien wird uns klar, dass unsere Welt nur ein winziger Pixel auf dem Bildschirm der Existenz ist. Noch brisanter wird es, wenn wir in den Geschichtsbüchern des Universums blättern und die epische Saga enthüllen, die vor 13,8 Milliarden Jahren begann. Unsere eigene bescheidene Lebensspanne ist angesichts dieser Saga nur ein flüchtiger Augenblick in der unendlichen Zeit. Wie können wir da ernsthaft behaupten, der absolute Mittelpunkt zu sein? Unser kolossales Ego schrumpft auf die Größe eines winzigen Staubkorns. Erlaube dir Demut. Und erlaube dir Offenheit für Transzendenz.

Wenn wir auf die einzelnen Kapitel dieses Buches zurückblicken, dann fällt dir vielleicht eine Entwicklung auf. Im ersten Kapitel haben wir uns sehr viel mit Erfolg beschäftigt – auch mit der Frage, was Erfolg für jeden Einzelnen bedeutet? Dass nämlich Erfolg nicht nur im Außen liegt, sondern sich viel stärker noch in unserem Sein manifestiert. Dass ein erfolgreiches Leben vor allem ein glückliches und erfülltes Leben ist. Wenn wir eine Bedürfnispyramide betrachten, dann bilden diese äußeren Dinge die Basis. Abraham Maslow, der als der wichtigste Gründervater einer Psychologie gilt, die seelische Gesundheit angestrebt und die menschliche Selbstverwirklichung im Rahmen eines ganzheitlichen Konzepts untersucht, unterschied Kategorien von Bedürfnissen, die er zu einer Pyramide, der Bedürfnispyramide, zusammengestellt hat. Die Basis der Pyramide, auf der die restlichen Bedürfnisse aufbauen, bilden grundlegende Bedürfnisse, beispielsweise unsere körperlichen Bedürfnisse nach Nahrung, Wasser und einem Dach über dem Kopf. Sie werden auch als physiologische Bedürfnisse bezeichnet. Anschließend folgt das Bedürfnis nach Sicherheit, wobei hier das Bedürfnis nach Schutz und Stabilität, aber auch nach finanzieller Sicherheit und Regelhaftigkeit gemeint ist. Diese Bedürfnisse bilden die nächste Stufe der Pyramide. Die dritte Stufe ist das Bedürfnis nach sozialen Beziehungen und Anerkennung – so unsere Beziehungen zu anderen Menschen, Freundschaften sowie die Anerkennung durch die Gesellschaft. Auf der vierten Stufe der Pyramide befindet sich das Bedürfnis nach Selbstachtung und -vertrauen. Hierzu zählen sowohl die Anerkennung von anderen Menschen als auch die eigene Anerkennung und Wertschätzung, die wir uns selbst entgegenbringen.

Lange Zeit bildete die oberste Stufe der Pyramide das Bedürfnis nach Selbstverwirklichung ab, auf das sich unser Verlangen nach persönlichem Wachstum und Entwicklung bezieht. Es sind die klassischen Themen der Persönlichkeitsentwicklung, in denen es darum geht, uns selbst zu verwirklichen, unsere Stärken auszubauen und uns weiterzuentwickeln. Kurz vor seinem eigenen Tod erweiterte Maslow die Pyramide um eine weitere oberste Stufe, die Stufe der »Transzendenz«. Auch im Buch sind wir jetzt an dieser Spitze angelangt, die durch die Bedürfnisse nach Transzendenz und Spiritualität gebildet wird. Viele Menschen würden sagen, dass Spiritualität in ihrem Leben keine Rolle spielt. Ich glaube, dass das erstens nicht stimmt und zweitens Spiritualität ein entscheidender Baustein eines glücklichen und erfüllten Lebens ist. Ich glaube außerdem, dass Spiritualität – auf die eine oder andere Weise – unser gesamtes Leben durchzieht, dass sie also nicht die Spitze der Pyramide bildet, sondern dass sie sich mehr oder weniger unbewusst durch unser ganzes Leben zieht.

Ich selbst habe keinen spirituellen Hintergrund. Das heißt, ich bin weder religiös geprägt, noch spielten esoterische Praktiken oder eher esoterische Klischees wie Klangschalen und Räucherstäbchen eine Rolle. Ich bin eher der rationale und analytische Typ und entspreche eher dem Gegenteil des Stereotyps des vergeistigten Sinnsuchers in Batikhosen. Allerdings habe ich festgestellt, dass man, wenn man sich einige Zeit mit der eigenen Persönlichkeit beschäftigt und eine tiefgreifende Persönlichkeitsentwicklung angeht, unweigerlich an einen Punkt gelangt, an dem man sich mit dem Thema Spiritualität auseinandersetzt. Man kommt um das Thema Spiritualität irgendwann nicht mehr herum. Und das ist als Angebot zu verstehen. Persönlichkeitsentwicklung erlaubt uns, unsere eigene Spiritualität zu entdecken, ohne ein Korsett aus Regeln und Überlieferungen, ohne ein System von Strafe und Belohnung. Persönlich-

Persönlichkeitsentwicklung erlaubt uns, unsere eigene Spiritualität zu entdecken, ohne ein Korsett aus Regeln und Überlieferungen, ohne ein System von Strafe und Belohnung. Persönlichkeitsentwicklung erlaubt uns geistige und spirituelle Freiheit.

keitsentwicklung erlaubt uns geistige und spirituelle Freiheit. Ohne einen alten Mann mit weißem Bart. Ohne Hölle. Ohne ewige Wiedergeburt. Allerdings auch ohne 72 Jungfrauen. Spiritualität ist Neugier: Warum sind wir überhaupt hier? Wer bin ich denn überhaupt? Was ist der Sinn des Lebens jenseits von 42? Und es tut uns gut, uns ab und zu mit diesen Fragen zu beschäftigen. Es tut uns gut, uns mit dem Universum zu verbinden.

Ich bin überzeugt, dass wir alle spirituelle Wesen sind, ob wir es wollen oder nicht. Das heißt, dass jeder von uns eine angeborene spirituelle Natur hat, unabhängig von unseren Überzeugungen oder Hintergründen. Wir alle sind mit einem höheren Bewusstsein oder einer universellen Energie verbunden, die über die Begrenzungen der physischen Welt hinausgeht. Spiritualität ist für mich deshalb ein grundlegender Aspekt des menschlichen Daseins. Robert Betz lehrt, dass wir nicht bloß menschliche Wesen sind, die gelegentlich spirituelle Erfahrungen machen, sondern spirituelle Wesen, die eine menschliche Erfahrung machen. Mit anderen Worten, er schlägt uns die Idee vor, dass Spiritualität nicht etwas ist, was getrennt von unserem Alltagsleben existiert, sondern ein integraler Bestandteil ist von dem, was wir sind. Wenn wir uns also mit uns selbst beschäftigen, dann werden wir früher oder später das Bedürfnis haben, uns auch mit diesem Aspekt unseres Seins zu beschäftigen, einfach, um uns zu verstehen, zu uns zu finden und zu wachsen. Unser Blick auf uns selbst und unsere Bedürfnisse bliebe ohne Beschäftigung mit unserer Spiritualität unvollständig.

Doch was genau bedeutet Spiritualität überhaupt? Vielen Menschen ist gar nicht klar, was damit gemeint ist, und sie verwechseln es oft mit Esoterik oder Religiosität. Spiritualität, in ihrem innersten Kern, ist eine Verbindung zu etwas Höherem, etwas Transzendentem, das jenseits der materiellen Welt liegt. Es ist eine Reise, die jeder auf seine eigene Weise und in seinem eigenen Tempo durchläuft. Für manche ist Spiritualität eng mit Glaubenssystemen

> *Spiritualität ist Neugier: Warum sind wir überhaupt hier? Wer bin ich denn überhaupt? Was ist der Sinn des Lebens jenseits von 42? Und es tut uns gut, uns ab und zu mit diesen Fragen zu beschäftigen. Es tut uns gut, uns mit dem Universum zu verbinden.*

> *Spiritualität, in ihrem innersten Kern, ist eine Verbindung zu etwas Höherem, etwas Transzendentem, das jenseits der materiellen Welt liegt. Es ist eine Reise, die jeder auf seine eigene Weise und in seinem eigenen Tempo durchläuft.*

und Ritualen verbunden, während sie für andere eine tiefere Verbindung mit der Natur oder dem Universum bedeutet. Es geht aber nicht nur um Praktiken oder Überzeugungen. Die spirituelle Erfahrung geht tiefer. Es ist die Erforschung unseres eigenen inneren Selbst, unserer Werte und Überzeugungen, unserer Beziehung zu uns selbst und zu anderen. Es bedeutet, sich bewusst zu werden, dass es etwas Größeres gibt als nur die Oberfläche des Lebens. Es ist das ultimative Innen.

Viele Menschen trauen sich nicht, diesen Gedanken zu denken. Oder ihn auszusprechen. Das liegt auch daran, dass große spirituelle Lehrer kaum präsent sind. Die Kirche, insbesondere die katholische Kirche, die in den letzten 2000 Jahren die westliche Welt geprägt hat, hat viel von ihrer einstigen Akzeptanz verloren. Statt uns zu helfen, unseren eigenen spirituellen Weg zu finden, erscheinen ihre ursprünglichen Ideen heute leider oft wie eine Satireshow. Woher stammt der Begriff »Religion« eigentlich? Manche glauben, dass er vom Lateinischen »*re-ligare*« kommt, was so viel wie »wieder verbinden« oder »zurückbinden« bedeutet. Ursprünglich sollte Religion also dazu dienen, uns Menschen zu helfen, tiefe Verbindungen zu unserem Inneren herzustellen, damit wir unsere eigene Stärke und Mitte finden können. Diese Rolle haben die großen westlichen Kirchen heute meiner Meinung nach aufgegeben. Es überwiegt die Interpretation von Cicero, nach der Religion von »*relegere*«, »wieder lesen, überdenken« stammt, was so viel bedeuten soll wie »die rituellen Pflichten gewissenhaft befolgen«, also von außen auferlegte Regeln zu befolgen. Spiritualität ist jedoch so viel mehr als Regeln befolgen, und wer sich heute mit spirituellen Themen beschäftigt, hört schnell den Ruf: »Das ist doch Spinnerei!« Schnell ist man in der Rolle des frömmelnden Kirchgängers oder des verstrahlten Sinnsuchers, der Transzendenz in Kakao-Zeremonien und Klangschalen-Meditation sucht. Bevor ein falscher Eindruck entsteht. Ich bin kein Gegner von esoterischen Praktiken. Wer bin ich, anderen Menschen vorzuschreiben, wie sie etwas so Individuelles, ja sogar Intimes leben wie ihre eigene Spiritualität? Spiritualität und Esoterik sind eng miteinander verbunden, haben aber dennoch Unterschiede. Spiritualität ist eine Lebensweise oder eine Denkweise. Es geht darum, wach und bewusst zu sein, zu erkennen, dass wir nicht nur aus Körper und Verstand bestehen, sondern dass es noch etwas Tieferes in unserem Sein gibt. Spiritualität ist die Suche nach einer tieferen Bedeutung und Verbindung mit sich selbst und der Welt um uns herum. Esoterik bezieht sich auf die Erforschung von verborgenem oder geheimem Wissen und Praktiken, die nicht allgemein bekannt oder verstanden sind. Es beinhaltet oft mystische und okkulte Lehren wie Astrologie, Wahrsagerei und Energieheilung. Esoterische Praktiken zielen darauf ab, verborgene Wahrheiten aufzudecken und spirituelle Fähigkeiten durch spezifische Rituale oder Techniken freizusetzen. Obwohl sowohl Spiritualität und Esoterik die Fülle des Daseins erforschen, unterscheiden sie sich in ihrem Ansatz und Fokus voneinander. Spiritualität betont persönliches Wachstum, Selbstbewusstsein und die Verbindung zum Göttlichen oder zum universellen Bewusstsein. Esoterik hingegen konzentriert sich darauf, spezialisiertes Wissen und Techniken zu erlangen, um verborgene Welten oder Dimensionen der Realität zu erfassen. Und natürlich sind die Grenzen fließend, sehr fließend, wie wir später noch sehen werden.

Einige Menschen können esoterische Praktiken in ihre spirituellen Überzeugungen integrieren, andere, zu ihnen gehöre ich, können das weniger. Ich beschäftige mich nicht mit Gläserrücken, Tarotkarten und Ähnlichem. Glaube ich, dass es Menschen in der Esoterik gibt, die besondere Wahrnehmungen haben, die du und ich uns nicht vorstellen können? Die eine besonders starke Intuition haben und die die Fähigkeit besitzen, ihre Wahrnehmung in Worte zu fassen, die den anderen in einem besonderen Maße berühren und vielleicht auch helfen. Ja, das tue ich. Ich glaube aber auch, dass Kartenlegen und ähnliche Dinge nur so hilfreich sind wie dein Horoskop in der *Bunten*. Das heißt aber wie gesagt nicht, dass ich jede esoterische Praktik ablehne.

Stell dir vor, dass du einen Raum betrittst, gefüllt mit dem Duft von ätherischen Ölen und Kerzenschein, der warm und beruhigend wirkt. Hier begegnest du der faszinierenden Welt der Aromatherapie – einer esoterischen Praxis, die seit Jahrhunderten verwendet wird, um Körper, Geist und Seele in Einklang zu bringen. In der Aromatherapie werden ätherische Öle verwendet, die aus Pflanzen und Blüten extrahiert werden. Jedes Öl hat seine eigene einzigartige Energie und Eigenschaften, die auf verschiedene Weise auf unseren Körper und Geist wirken können. Durch das Einatmen oder das Auftragen dieser Öle auf die Haut sollen sie eine tiefe Entspannung, Heilung und Harmonie in uns bewirken. Dagegen kann niemand etwas haben. Stell dir vor, du befindest dich in einer Zeit des Stresses oder der Unruhe. Eine esoterische Praxis wie die Aromatherapie könnte dir helfen, einen ruhigen und friedvollen Zustand zu erreichen, ein Ziel, für das ich oft genug plädiert habe. Und das ist nur ein Beispiel für eine esoterische Praxis, die deinen Weg zu innerem Gleichgewicht und Wohlbefinden unterstützen kann. Die Kakao-Zeremonie ist ein spirituelles Ritual, das seinen Ursprung in den alten mesoamerikanischen Kulturen hat. Bei dieser Zeremonie steht der Verzehr von Kakao, einer rohen Form von Schokolade, im Mittelpunkt. Die Kakao-Zeremonie wird verwendet, um Geist, Körper und Seele zu heilen und eine Verbindung zu schaffen. Es ist ein herzöffnendes Ritual, das Entspannung und die Freisetzung von Glückshormonen fördern kann. Die Zeremonie wird oft in einem heiligen Raum abgehalten. Der Kakao wirkt dabei als Herzöffner und hilft den Teilnehmern, sich mit sich selbst und anderen zu verbinden. Glaube ich, dass der Kakao eine Opfergabe an die Kakaogeister ist? Eher nicht. Glaube ich, dass eine solche Zeremonie spirituelle Erlebnisse auslösen kann? Ja! Denn sie sind das Nähren der weiblichen Seite in uns; sie sind Entspannung, Hingabe. Es kann aber auch die Entspannung einer Massage sein, der Spaziergang im Wald, bei dem man einfach die Gedanken schweifen lässt. Stattdessen sind wir im Hamsterrad. Zur Entspannung gönnen wir uns ein Glas Wein (oder doch lieber eine Flasche, denn dann setzt die Entspannung besonders gut ein), die 20 Entspannungs-Zigarettenpausen pro Tag oder das »Entspannungswochenende« in Las Vegas oder Mallorca, um mal schnell auf andere Gedanken zu kommen. Das ist eben kein Nähren des Inneren, keine Entspannung, kein Fallenlassen.

Ich habe am eigenen Körper erfahren, dass spirituelle Erlebnisse durch Rituale oder Übungen wie Yoga oder Achtsamkeitsmeditation ausgelöst werden oder zumindest erleichtert werden können. Diese Erfahrungen können persönliche Begegnungen oder Wahrnehmungen sein, die eine tiefere Verbindung zur spirituellen Welt beinhalten. Sie können sehr unterschiedlich sein und Gefühle der göttlichen Präsenz, inneren Frieden, ein Gefühl des Staunens und ein gesteigertes Bewusstsein für die Verbundenheit aller Dinge umfassen. Und diese Erfahrungen sind nicht selten. Im Jahr 2010 glaubten laut einer Eurobarometer-Umfrage 25 Prozent der Bürger in Deutschland an eine spirituelle Kraft, die das Leben lenkt. Und mit dieser Kraft war ausdrücklich kein Gott gemeint. In einer von der BBC in Auftrag gegebenen Umfrage namens »*The Soul of Britain*« in den Jahren 2000 und 2001 berichteten sogar mehr als drei Viertel der Befragten über solche Erlebnisse. Mehr als die Hälfte gab an, dass sie Ereignisse in ihrem Leben wahrgenommen haben, die sie für vorherbestimmt hielten. 38 Prozent der Befragten gaben an, die Gegenwart Gottes gespürt zu haben. 37 Prozent der Befragten gaben an, »dass ein Gebet erhört wurde«. Fast 30 Prozent der Befragten gaben an, »das Bewusstsein einer heiligen Präsenz in der Natur« gespürt zu haben. In seinem Buch *Out of the Darkness*, Eckhart Tolle nennt es einen wichtigen Beitrag zum Bewusstseinswandel, der sich derzeit auf unserem Planeten vollzieht, erzählt Steve Taylor die Geschichte der 20-jährigen Emma. Emma berichtete ihm von einer langen Phase der Depression, in der sie sich befand. Inmitten dieser dunklen Zeit griff sie nach einer Murmel und begann, damit zu spielen. Die vertraute Welt um sie herum begann zu verschmelzen und wurde durch eine Vision von absoluter Schönheit und Perfektion ersetzt. »Ich sah die Realität einfach als eine perfekte Einheit ... Alles fühlte sich richtig an. Die Murmel schien ein Spiegelbild des Universums zu sein. Alle meine Probleme und mein Leiden erschienen mir bedeutungslos und lächerlich. Ich fühlte mich angenommen und eins mit mir. Es war ein Moment der Erleuchtung.«

Jeweils etwa ein Viertel der Befragten berichtete außerdem davon, ein »Bewusstsein der Anwesenheit der Toten« gespürt zu haben beziehungsweise das »Bewusstsein einer bösen Präsenz«. Was hältst du davon? Ich sehe darin sehr deutliche Hinweise, dass Spiritualität und spirituelle Erfahrungen viel häufiger Teil unseres Alltags sind, als wir zugeben wollen. Und sie alle lassen sich mit einer uns alle verbindenden göttlichen Energie – oder einem Quantenfeld – »erklären«. Selbst wenn du davon ausgehst, dass alle Geschichten erfunden sind, was ich nicht tue, zeigt es, dass wir in einer Welt leben, in der die Suche nach spiritueller Erfüllung und dem Kontakt mit dem Transzendenten tief verwurzelt ist.

Hatte ich selbst spirituelle Erlebnisse? Ja. Ich hatte spirituelle Erlebnisse und ich suche sie immer wieder ganz bewusst, seit ich dieses Gefühl der eigenen Kraft das erste Mal mit 15 Jahren in diesem Seminar gespürt habe. Vielleicht ist es hier noch mal an der Zeit, das klarzustellen: Ja, ich bin überzeugt, dass diese göttliche Energie in uns existiert, weil ich sie gespürt habe. Ich bestehe nicht auf dem Wort »göttlich«, mir geht es nicht um eine religiöse Aufladung dieser Kraft. Man kann es auch anders nennen: Universelles Bewusstsein, Höheres Selbst, Kosmisches Bewusstsein, Alles, was ist, Liebe ... Es war ein überwältigendes Gefühl, diese unendliche Kraft zu spüren, die mich erfüllte. Ich fühlte eine warme Geborgenheit im absoluten inneren Frieden mit mir selbst und ein starkes Gefühl der Verbundenheit.

Ich glaube daran, dass wir alle eins sind. Dass wir alle durch diese Energie verbunden sind, weil in ihr unser gemeinsamer Ursprung liegt. Diese Energie spüren zu können, die die einen göttliche Energie nennen, die anderen Quantenfeld und der ich mir nicht anmaße, einen Namen zu geben, ist eine großartige Erfahrung. Natürlich suche ich danach. Und ich glaube, dass ich diese Kraft regelmäßig spüre. Dazu brauche ich keinen bestimmten und schon gar keinen sakralen Rahmen. Natürlich, wenn ich eine gute Meditation habe, womöglich über mehrere Tage, komme ich diesem Gefühl immer wieder näher.

Eines meiner ersten spirituellen Erlebnisse hatte ich im Rahmen meiner Coaching-Ausbildung bei Robert Betz. An einem der letzten Seminartage fragte er unter den 50 Ausbildungsteilnehmern nach einem Freiwilligen für eine besondere Sitzung. Ich habe mich gemeldet und wurde gewählt. In der Sitzung wünschte ich mir, innerlich entspannter zu sein. Eine Entspannung, die im Alltag so schwer zu erreichen ist. Ich war 26. Es war eine Vollgas-Lebensphase. Pausen standen nicht auf meinem Programm. Machen, machen, machen. Geil! Und trotzdem war bereits dieser Wunsch nach innerem Frieden, nach Erfüllung da.

Robert war für mich sicher eine Vaterfigur. Ich glaube, wir konnten auch deshalb später so erfolgreich zusammenarbeiten, weil wir eine sehr enge Verbindung und viel Vertrauen zueinander hatten. In der Sitzung hat es dazu geführt, dass ich mich völlig fallen lassen konnte. Ich kam innerhalb weniger Minuten in eine erstaunliche Ruhe. Immer wieder fragte er mich, was ich brauche, um zu innerer Ruhe zu kommen. Immer wieder und wieder. Und alle Antworten lagen in mir. »Ich möchte tief einatmen und mich entspannen«, »Ich möchte alle negativen Gedanken ziehen lassen«, »Ich möchte meinen Verstand beruhigen«, »Ich möchte mein Herz spüren und in mir ruhen«. Dieses Frage- und Antwortspiel ging eine ganze Weile, ich hatte, auf einem Stuhl sitzend, die Augen geschlossen, das Zeitgefühl schon verloren. Stück für Stück stellte sich eine hochgradige Ruhe ein. Ganz tief, fast tranceartig. Ich löste mich nahezu auf. Es hatte eine Intensität, die ich so noch nie gespürt hatte und die ich auch danach nur noch selten in einer tiefen Meditation erlebte. Es störte mich nur noch, dass ich meinen Kopf halten musste. Er fragte wieder: »Was braucht es, dass du komplett innere Ruhe fühlst und bist?« Mein Impuls war zu sagen: »Dass du meinen Kopf hältst.« Mein Ego bäumte sich noch mal auf: War das nicht zu strange? Aber ich erlaubte mir, aus dieser tiefen Ruhe heraus diesem Impuls nachzugeben. Er stand auf und hielt meinen Kopf. Ich konnte alles Gewicht auf seinem Arm ablegen. Das war das Letzte, was ich brauchte, um pure innere Ruhe und Frieden zu empfinden. Ich war nur noch da, in purer Stille, sicher geborgen, voller Halt und erfüllt von einem warmen, inneren Frieden. Absolute Ruhe und Stillstand. Dabei unendlich klar. Für 15 Minuten ließ er mich in diesem Zustand. Es fühlte sich ewig an. Dann weckte er mich langsam auf und holte mich wieder zurück in den Raum. Ich fühlte Liebe, Leichtigkeit und 100 Prozent Präsenz im Hier und Jetzt. Dieser Zustand hielt für mindestens 24 Stunden an. Ich schwebte durch den Rest dieses Tages, eingehüllt in eine Blase aus Liebe und Erfülltheit. Es war ein unglaublich intensives und berührendes Erlebnis. Und doch war es in seiner Intensität nicht mit dem zu vergleichen, was noch kommen sollte.

Ich bin kein Meister Yoda. Ich weiß zwar, dass es eine Schöpferkraft in mir gibt. Das heißt aber nicht, dass ich sie permanent fühle oder über sie verfügen kann. Im Alltag spüre ich vielleicht manchmal einzelne Aspekte, in anderen Momenten, in denen ich ganz bei mir bin, spüre ich sie in ihrer ganzen Fülle. Sie ist eine individuelle Quelle der Kraft und der Klarheit, von der ich mich nähren und in die ich eintauchen darf. Wenn ich in dieser Kraft, dieser Energie bin, fühle ich mich tief verbunden mit mir selbst und anderen Menschen. Dann bin ich klar, in meiner Kraft und in der Liebe. Das, was wir in diesen Momenten spüren dürfen, ist die Quelle der Liebe. In dieser Liebe sind wir tief und intensiv mit anderen Menschen verbunden. Zunächst nicht auf irgendeine wörtlich zu nehmende »telepathische« Art, sondern im Sinne eines unglaublich starken Gemeinschaftsgefühls aus dem Wissen heraus, dass wir alle aus dieser Quelle stammen. Unser Verstand lässt uns glauben, dass wir getrennt sind. Räumlich, durch Nationalität, durch Geschlecht, durch unseren Glauben und unsere Weltanschauung. Und unser Ego lässt uns auf dieser Trennung bestehen. Denn, fragt der Verstand, was wäre ich, wenn ich nicht Alexander Müller wäre, Deutscher aus Köln, im Jahr 2023 38 Jahre alt, Vater, Partner, Greator-CEO und Schalke-Fan? Was bliebe von mir, wenn ich mich nicht über diese äußerlichen Distinktionsmerkmale definieren könnte? Dann wäre ich, flüstert mein Verstand, nichts. Und das kann er nicht zulassen. Aber mein Herz weiß, dass ich nicht nichts, sondern alles bin. Denn ich bin Teil dieser großen Energie, die uns alle verbindet. Statt uns jedoch darauf zu besinnen, definieren wir uns über das, was uns vermeintlich trennt, und verlieren unsere Verbundenheit aus den Augen. Auf individueller Ebene, genauso wie auf gesellschaftlicher. Alles beginnt bei unserer fehlenden Selbstliebe, die uns die Verbundenheit mit uns selbst raubt. In der Folge machen uns Kleinigkeiten zornig, wir werden aggressiv im Straßenverkehr, wir streiten mit dem Partner, mit dem Nachbarn, wir gönnen dem Kollegen aus purer Missgunst die Beförderung nicht. Wir setzen Menschen herab, um uns zu erhöhen. Wir hassen, unterdrücken, verletzen und bringen uns gegenseitig um. Und letztendlich führen wir Kriege.

Was wir dabei nicht verstehen, ist, dass wir uns selbst hassen und dass wir Krieg gegen uns selbst führen. Wenn wir dem anderen in die Fresse hauen, dann hauen wir uns selbst in die Fresse. Wir sollten das wirklich sein lassen. Warum wir es nicht sein lassen, liegt daran, dass wir vergessen oder nie gelernt haben, das Göttliche und uns Verbindende zu spüren. Das Streben nach Transzendenz spielt in unserer westlichen Zivilisation und auch in der Art, wie wir unsere Religiosität leben, wenn wir sie überhaupt noch leben, keine Rolle mehr. Statt dem Göttlichen nachzuspüren, sollen wir Regeln einhalten. In der dualen Welt sind wir im Außen. Gesellschaftlich und individuell lassen wir uns vom männlichen Prinzip dominieren. Die Beziehung zu sich selbst, die Fähigkeit, eine Verbindung zu sich selbst zu entwickeln, haben die meisten Menschen verloren. Aber ich weiß, dass es noch mehr gibt. Ich kann dich und alle Menschen nur einladen, dich diesem Mehr, dieser Kraft zu nähern. Ich bin davon überzeugt, dass wir uns als Menschheit in einer entscheidenden Phase befinden. Wir haben in den wenigen Hundert Jahren, in denen das männliche Prinzip, das Außen, nahezu komplett übernommen hat, Unglaubliches erreicht. Wir haben Götter entzaubert und unglaublich viel Wissen über das Wesen der Welt gesammelt – und wir sind, nehmen wir nur das Beispiel Quantenphysik, noch lange nicht am Ende angelangt. Wissenschaft ist der aktuelle Stand des Irrtums. Wir werden noch Unglaubliches entdecken. Gleichzeitig haben wir unglaublich viel Wissen über das Wesen des Menschseins gesammelt, entdeckt und vielleicht wiederentdeckt. Und so wenig davon nutzen wir. Während also dieses Wissen stark ansteigt und wirkliche Meister unter uns leben, wächst gleichzeitig das Gefühl, dass die Menschheit noch nie so dumm war wie heute; in ihrer Selbstzerstörung und ihren Kämpfen, angesichts des Vernichtungspotenzials, das in diesen Kämpfen steckt. Gleichzeitig hatten es Individuen noch nie so leicht, als einzelne Menschen so unglaublich starken Einfluss auszuüben und von zu Hause aus mit einem Klick Millionen von Menschen zu erreichen. Diese Macht des Einzelnen, etwas zum Positiven oder zum Negativen zu bewegen, ist etwas, was es so noch nie gab. Du kannst Pläne zum Bombenbau oder Liebe um die Welt schicken. Ich weiß nicht, ob die Gleichzeitigkeit eines Heraufdämmerns um das Wissen einer

Schöpferkraft in uns allen und dieses unglaubliche Potenzial des einzelnen Menschen purer Zufall ist. Spiritualität erlaubt uns jedenfalls, auch darüber nachzudenken.

Was ich weiß, ist, dass wir dem weiblichen Prinzip wieder seinen Platz lassen dürfen. Und ich weiß, dass angesichts dieses Potenzials die Verantwortung derjenigen von uns, die offen für Veränderungen sind, umso größer ist, die Verbindung mit sich selbst zu suchen. Wenn jeder Mensch diese Verbindung mit sich und mit allen anderen Menschen spüren könnte, hätten wir mehr Frieden, mehr miteinander, mehr Liebe auf diesem Planeten. Und das ist letztlich, wonach wir suchen. Jeder von uns will Liebe spüren, jeder von uns will Erfüllung fühlen. Diese Liebe ist in uns. Und klar, um Zugang zu etwas zu bekommen, was in uns liegt, führt der Weg naturgemäß nach innen. Dieser Weg ist für mich der Weg der Persönlichkeitsentwicklung. Es ist der Weg zu uns selbst, in die eigene Kraft, hin zu einem erfüllten Leben. Dazu darf ich mir meines Selbsts bewusst werden: Wer bin ich? Was sind meine Glaubenssätze, meine Prägungen, mein Unterbewusstes. Was ist es, das mein Leben – meine gelebte Realität – erschafft? Ich darf Frieden mit meiner Vergangenheit schließen, ich darf meine inneren Konflikte aus der Vergangenheit und Gegenwart enden lassen. Ich darf mehr und mehr herausfinden, welches Leben ich wirklich leben möchte. Ich erlange Klarheit über meine Werte und darüber, welche Qualitäten ich in allen Aspekten meines Lebens leben möchte. Für diesen Weg zu meinem Inneren darf ich mir Zeit nehmen. Aber all das ist keine 30-Tage-Challenge, sondern eine konstant geübte Lebensphilosophie. Die wiederkehrende Beschäftigung mit sich, seinen Gefühlen, seinem eigenen Inneren und die schrittweise Reise zu sich selbst, das Spüren und Stärken der eigenen Intuition, das Entwickeln einer innerlichen Unerschütterlichkeit, die Harmonisierung von Verstand und Herz und das sich immer stärker einstellende Gefühl von innerem Frieden, das ist für mich gelebte Spiritualität.

Auf diesem langen Weg helfen Impulse von Coaches und Experten in Form von Events, Büchern, Seminaren und Podcasts, ein gutes Gespräch mit einem guten Freund und auch ein gutes Coaching. Es ist ein langer Weg, der vielleicht nie ganz zu Ende geht.

Es gibt Abkürzungen, die du nehmen könntest, wenn du diesen Weg nach innen gehen möchtest. Am Ende dieser Abkürzung steht ein Eindruck dessen, wie es sein könnte.

Eine in den letzten Jahren immer populärer werdende und wissenschaftlich nachweislich hilfreiche Art solcher Abkürzungen ist der gezielte Einsatz von Psychedelika, also von bewusstseinserweiternden Substanzen, die dir einen unmittelbaren Zugang nach innen ermöglichen. Womöglich hast du bereits einmal von LSD, »magischen Pilzen«, Ayahuasca, MDMA oder Mescalin gehört. In schamanischen Ritualen finden Menschen seit Jahrtausenden mithilfe von Psychedelika eine tiefere Verbindung zu sich selbst, spüren Verbundenheit mit anderen und der Natur und richten so von Zeit zu Zeit innerlich ihr Leben aus. Bis Psychedelika aus politischen Gründen Ende der 1960er Jahre in vielen Staaten verboten worden, war LSD sogar die am meisten beforschte psychoaktive Substanz. Der Grund des Verbots? Das Empfinden von Liebe und Frieden – eine Art Nebenwirkung psychedelischer Reisen. Die damalige Hippie-Bewegung verweigerte sich nicht nur dem vorherrschenden US-amerikanischen Gesellschaftsmodell, sondern auch dem Vietnamkrieg. Und so wurden Psychedelika, ausgehend von den USA, weltweit verboten und verschwanden etwa ein halbes Jahrhundert lang in der Versenkung. Zu Unrecht, wie die Psychedelika-Forschung der letzten Jahre beweist. Psychedelika machen weder abhängig, noch schaden sie, wie etwa Alkohol, Heroin oder Kokain. Denn ihr biochemischer Wirkmechanismus funktioniert anders: Anstatt blind zu aktivieren oder die eigenen Sorgen zu verdrängen, verändern sie Wahrnehmung und Erleben so, dass tiefe Reisen nach innen möglich werden. Im richtigen Set und Setting, also bei guter innerer Vorbereitung und passenden äußeren Umständen in professioneller Begleitung, lassen sich tiefe Wahrheiten finden, gedankliche Knoten lösen oder alte Traumata überwinden. Wir können Liebe und Verbundenheit spüren, weil unser Default Mode Network herunterfährt, eine Gruppe interagierender Hirnstrukturen, die unser »Ich« ausmacht. Wir zoomen gewissermaßen aus dem Kleinklein unseres Egos und unseres Lebens heraus und machen einen kurzen Urlaub von uns selbst. Dabei kommt es oft zu spannenden Phänomenen: Wir sehen Formen und

Farben, spüren allerlei Emotionen, von Trauer bis Ekstase, bewegen uns spontan, lassen Spannungen los und können sogar mystische Erfahrungen machen, die uns tief transformieren. Das Gehirn verlässt alte Denkrillen und unterbricht Muster, die uns längst nicht mehr als solche bewusst sind. Wir spüren: Wir sind Teil von etwas Größerem. Und wir entlarven unnötige Limitationen.

Immer mehr Länder weltweit legalisieren Psychedelika mittlerweile. Im therapeutischen Kontext sind ihre Erfolge vielversprechend: Sie helfen nachweislich gegen Depressionen, Süchte, Clusterkopfschmerzen, Ängste, Traumata und vieles mehr. Auch in der Coachingwelt beginnt eine Renaissance psychedelischer Reisen nach innen: Als Abkürzung zum wahren Selbst, als Orientierungshilfe im vollen Leben, als Denkhilfe außerhalb der Box, als spirituelle Verbindung zu Höherem. Und sie konfrontieren mit ungelösten Themen: Wo schaust du nicht hin? Wovor läufst du weg? So können psychedelische Erfahrungen und Erkenntnisse auch schmerzhaft sein, wenngleich langfristig weniger schmerzhaft als ein nicht gelebtes Leben.

Ich empfehle, solche Substanzen ausdrücklich nur mit absoluten Experten in einem seriösen Rahmen einzunehmen. Wenn man eine psychische Erkrankung hat oder hatte, sollte man solche Dinge nur in Zusammenarbeit und Absprache mit seinem Arzt tun. Diese Abkürzungen können zu sehr intensiven Emotionen und tiefgreifenden und aufwühlenden Erkenntnissen führen. Wir sollten sicherstellen, dass wir auf diese Erfahrungen auf eine Weise reagieren können, die förderlich und heilsam ist. Dabei helfen einem im Zweifel erfahrene Therapeuten und Coaches. Habe ich auch schon mal eine Abkürzung genommen? Ja. Eine dieser Abkürzungen heißt Ayahuasca. Ayahuasca ist ein Tee aus dem Amazonasgebiet, der aus dem Inneren der Liane *Banisteriopsis caapi* und den Blättern der Pflanze *Psychotria viridis* hergestellt wird. Die Wirkung von Ayahuasca ist hauptsächlich auf das bei *Psychotria viridis* enthaltene psychoaktive Tryptamin-Derivat Dimethyltryptamin (DMT) zurückzuführen. DMT wird im menschlichen Körper schnell abgebaut und hat daher normalerweise keine halluzinogene Wirkung. *Banisteriopsis caapi* enthält jedoch MAO-Inhibitoren, die den Abbau von DMT hemmen können und dadurch eine halluzinogene Wirkung erzeugen. Disclaimer: Bitte beachte, dass Ayahuasca eine starke Wirkung hat und dass der Konsum von Ayahuasca Risiken und Nebenwirkungen hat. Menschen mit bestimmten körperlichen oder psychischen Erkrankungen sollten Ayahuasca nicht konsumieren.

Ayahuasca, oft auch Yagé genannt, wird traditionell im Rahmen einer Zeremonie zu sich genommen. Die genauen Ursprünge der Ayahuasca-Nutzung sind nicht vollständig dokumentiert. Archäologische Beweise und mündliche Überlieferungen lassen vermuten, dass Ayahuasca seit Jahrtausenden von verschiedenen indigenen Völkern des Amazonas verwendet wird. Hier trifft Transzendenz auf Esoterik, denn natürlich dient der zeremonielle Rahmen hauptsächlich dazu, den Konsum mit Bedeutung aufzuladen. Die Wirkung hat es verdient. Eine Ayahuasca-Zeremonie ist eine spirituelle Erfahrung, die oft von einer Gruppe von Menschen durchgeführt wird, die nach tieferem Verständnis und innerem Wachstum suchen. Sie findet normalerweise in einer geschützten Umgebung statt, die sorgfältig vorbereitet wurde, um Sicherheit und Unterstützung zu gewährleisten. Stell dir vor, du befindest dich in einer ruhigen und abgeschiedenen Umgebung, umgeben von der natürlichen Schönheit des Amazonasdschungels oder einem anderen inspirierenden Ort. Du spürst eine Atmosphäre der Ruhe und Spiritualität, die dich einlädt, in dich selbst einzutauchen. Die Zeremonie wird von einem erfahrenen Führer geleitet, dem Ayahuasquero. Dieser Führer hat Wissen und Erfahrung im Umgang mit Ayahuasca und begleitet die Teilnehmer auf ihrer individuellen Reise. Die Zeremonie beginnt oft mit einer gemeinsamen Absichtserklärung, bei der jeder Teilnehmer seine Absichten und Wünsche für die Erfahrung teilen kann. Dieses Ritual dient dazu, den Raum für Offenheit, Heilung und persönliches Wachstum zu öffnen. Dann wird der extrem bittere Ayahuasca-Tee eingenommen. Während die Wirkung einsetzt, nehmen die Teilnehmer oft eine bequeme Sitzposition ein und schließen die Augen. Die Musik wird leise gespielt, um die Stimmung und die spirituelle Reise zu unterstützen. Du spürst eine tiefe Verbindung zu dir selbst und zur Natur, während du dich auf deine inneren Gedanken und Gefühle konzentrierst. Die Ayahuasca-Erfahrung kann sehr individuell sein und jeder Teilnehmer erlebt sie auf seine eigene Weise. Du könntest dich von intensiven Emotionen überrollt fühlen, Erkenntnisse über dich selbst gewinnen oder dich in eine transzendente Welt der Visionen und Symbolik versetzt fühlen. Es ist eine Zeit der Selbstreflexion, in der du dich deinen tiefsten Ängsten, Hoffnungen und Träumen stellen kannst. Nachdem die Wirkung von »Mutter« Ayahuasca nachlässt, treffen sich die Teilnehmer oft wieder in der Gemeinschaft, um ihre Erfahrungen zu teilen und sich gegenseitig zu unterstützen. Es ist ein Raum des Mitgefühls und der gegenseitigen Anerkennung, in dem die Erlebnisse verarbeitet und das Gelernte integriert werden kann. Eine Ayahuasca-Zeremonie ist eine tiefgreifende Erfahrung, die dich herausfordern, heilen und transformieren kann. Sie bietet die Möglichkeit, tief in dich selbst einzutauchen und Einsichten zu gewinnen, die dein Leben auf eine nie gekannte Art und Weise bereichern können.

Was passiert bei Ayahuasca? Der Verstand wird durch Biochemie langsam runtergefahren und je nach Dosis komplett ausgeschaltet. Und dagegen wehrt er sich. So wie er sich immer wehrt, wenn er bedroht ist, wenn seine Überzeugungen, seine Glaubenssätze, seine Berechtigung angezweifelt werden. Der Verstand ist der große Mahner und Sorgenmacher und er glaubt, ohne ihn wären wir aufgeschmissen. Meistens hat er damit ja auch recht. Aber jetzt wollen wir ihm ja gerade eine Pause gönnen, um im Herzen zu sein. Und das in einer Intensität, wie man sie sich kaum vorstellen kann. Du bekommst einen Zugang zu dir, zu deinem Herzen, zu deinem Ursprung, zum Göttlichen, zum Quantenfeld, in einer Intensität, wie sie kaum vorstellbar ist. Dazu kommt, dass jede Erfahrung anders ist. Ich hatte beim ersten Mal das große Glück, dass dieser Prozess des Loslassens des Verstandes und das Hinübergehen in eine geistige Welt sehr leicht war. Dort habe ich vier, fünf Stunden in purer Liebe verbracht. Ich habe mich gefühlt wie pure Liebe. Mein Alexander-Ich war aufgelöst und ich bin wie eine Seele durch das Quantenfeld geschwebt und habe quasi auf Knopfdruck alles sehen und alles verstehen können. Ich habe gesehen, wie alles zusammenhängt, und habe verstanden, dass das ganze Universum, das ganze Leben einfach nur Energie ist. Wenn du hier die

Energie änderst, dann ändert sie sich auch an anderer Stelle. Alles muss sich ausgleichen und alles ist miteinander verbunden. Unsere Gedanken: ein Energiesystem. Es ist ja alles nur Energie. Es gibt keine feste Materie, sondern alles ist eine Sammlung kleinster Partikel, die durch Energien verbunden sind.

Ich hatte Zugriff auf meine gesamte Bibliothek. Jede Beziehung, die ich hatte, jede Herausforderung, jedes Problem, was ich hatte, konnte ich in dem Moment anklicken und ein Verständnis entwickeln, aus dem ich Lösungen ableiten konnte. Ich konnte hierhin und dorthin greifen. Alle Erinnerungen waren da. Es hat mir gezeigt, dass wir nichts vergessen, wir haben es nur aus irgendwelchen Gründen so tief abgespeichert, dass wir normalerweise keinen Zugriff darauf haben. Entweder weil wir uns selber schützen oder weil es erst mal als unwichtig eingeordnet wurde. In diesem Feld der unbegrenzten Möglichkeiten ist alles vorhanden und verfügbar. Diese Erkenntnis war der große Unterschied zu allen Erlebnissen, zu allen geführten Meditationen, die ich vorher hatte. Ich fühlte Frieden. Und ich fühlte echte Erkenntnis. Ich muss es so deutlich schreiben: Meine erste Begegnung mit »Mutter Ayahuasca« war das krasseste Erlebnis meines Lebens bis dato. Ich habe dort Dinge gefühlt und Einsichten gehabt, die jede andere Erfahrung meines Lebens übertroffen haben. Sobald ich anfange zu beschreiben, wird es dem Erlebnis nicht gerecht. Ich habe in diesen Stunden erfahren, dass wir diesen Zugang zum Feld haben. Mal mehr, mal weniger. Der Zugriff auf dieses Feld verschließt sich wieder und es bleibt eine unglaubliche Erfahrung der Transzendenz und Auflösung des Selbst. Was bleibt, ist das Wissen, dass es mehr gibt, als dein Verstand dir zeigt, und das Gefühl dieser unendlichen Verbundenheit.

Sobald die Sitzung vorbei ist, setzt Stück für Stück wieder der Verstand ein und das Ego spielt plötzlich wieder mit. Aber direkt nach so einer Sitzung bist du wirklich voll von innerem Frieden, voll in deiner Mitte und voll bei dir angekommen. Ich weiß, dass diese Schilderung sicherlich den einen oder anderen neugierig macht. Es reizt, diese Erfahrung selber zu machen. Wenn du jetzt überlegst, beachte bitte: Du solltest einen professionellen Anbieter haben, der diese Erfahrung auf Basis der im jeweiligen Land gültigen Rechtslage auch anbieten darf. Zudem solltest du gesund und psychisch in einer stabilen Verfassung sein. Denn die Einsichten, die du vielleicht gewinnst, können verstörend intensiv sein. Häufig kann man dort mehr erleben und Zusammenhänge schneller und klarer erkennen als in unzähligen Coaching-Sitzungen und Seminaren. Diese Erkenntnisse dürfen aber auch verarbeitet werden. Diese Verarbeitung benötigt Zeit und Führung. Denn es bleibt die Frage, was du aus deinen Erkenntnissen machst. Der Alltag wird dich schnell einholen. Du bist wieder in deinen Mustern drin, bist im Außen unterwegs. Und vieles davon vergisst du wieder beziehungsweise es verschwindet wieder im Unterbewusstsein. Letztendlich ist es genauso wie ein Wochenendseminar bei einem guten Coach. Dann hast du das Gefühl, endlich alles – oder viel – verstanden zu haben. Aber diese Erkenntnisse im Alltag umzusetzen, wenn der Chef vor dir steht und du wieder wie eingefroren bist, weil du dein Thema mit Autoritäten nicht geklärt hast, ist noch mal etwas anderes. Die eine Sache ist, die Erkenntnis zu haben. Das andere ist, die Erkenntnis und die daraus resultierenden Handlungen nachhaltig im Leben anzuwenden. Denn das ist der Kern der Persönlichkeitsentwicklung.

Alles beginnt und endet mit dir. Du trägst die Schöpferkraft in dir. Die Kraft, alles zu verändern: dich selbst, deine Realität, die Realität. Dein Verstand will diese Wahrheit vielleicht noch nicht glauben, erlaube es deinem Herzen. Wenn du diese Kraft suchst, dann suche. Wende dich dir selbst zu. Ich selbst habe diese Erfahrung immer und immer wieder gemacht. Aber wer bin ich schon? Nur jemand, der den Lehren und den Ratschlägen viel größerer Meister folgt. Wenn du mir nicht glaubst, dann erlaube dir, ihnen zu glauben: *Wenn du dein Leben formen, deine großen und kleinen Träume verwirklichen willst, dann forme dich.* Das ist der Weg, der zu Erfolgen führt, die nicht bloß Mittel zum Zweck sind. Denn ist Erfolg wirklich das große Haus, das schnelle Auto, der Sixpack, die Trophy-Wife oder die wichtige E-Mail-Signatur? Jedes materielle Besitztum steht ja für etwas und hat

> *Wenn du dein Leben formen, deine großen und kleinen Träume verwirklichen willst, dann forme dich.*

in unserem Leben seine Berechtigung. Du verbindest ein Gefühl damit. Ist es ein gutes Gefühl? Ein dauerhaftes Gefühl? Oder ist es bloß eine Illusion, ein Gegenstand, der dir hilft, dieses in der Tiefe deines Herzens angestrebte Gefühl zu simulieren? Zu erkennen, was dich wirklich glücklich macht, ist der Weg, der dich zu Erfüllung führt. Dieser Weg ist voller Hürden. Erlaube dir, Frieden mit dir zu haben. Frieden mit der Vergangenheit. Du darfst dir und anderen verzeihen. Die Erfahrungen, die du gemacht hast, müssen dich nicht für den Rest deines Lebens beschweren. Du kannst von dieser Last frei sein. Deine Prägungen, deine Glaubenssätze, alles das, was dein Erleben formt, kannst du hinter dir lassen und durch Neues und Besseres ersetzen. Du darfst herausfinden, wer du wirklich sein willst. Ich bin überzeugt, dass du glücklich sein willst. Dass du ein erfülltes Leben führen möchtest, dass du lieben und geliebt werden willst. Auch hier: Beginne mit dir selbst. Was macht dich glücklich? Was benötigst du dafür? Manchmal ist es nur jemand, der deinen Kopf hält. Suche in dir nach diesen Antworten. Diese Suche endet vermutlich nie beziehungsweise erst dann, wenn wir diese Welt wieder verlassen. Du wirst nie »fertig« sein, solange du auf dieser Erde und in diesem Leben verhaftet bist. Ein bekanntes Gleichnis, das oft zur Illustration des endlosen spirituellen Weges und der immerwährenden Reise zur Erleuchtung herangezogen wird, ist das Gleichnis vom »Berg des Erwachens« oder »Berg der Erleuchtung«. Ein junger Mann, von dem Wunsch getrieben, Erleuchtung zu finden, hörte von einem hohen Berg, auf dessen Gipfel die Wahrheit zu finden sei. Mit Entschlossenheit und Eifer begann er seinen Aufstieg. Tage wurden zu Wochen, Wochen zu Monaten. Er überwand viele Hindernisse, trotzte Gefahren und verfeinerte unterwegs ständig seine Praktiken und sein Verständnis. Nach vielen Jahren des Kletterns erreichte er schließlich den Gipfel. Als er jedoch die Spitze erreichte und sich umsah, bemerkte er in der Ferne eine Reihe von noch höheren Bergen, von denen jeder den Anspruch zu erheben schien, der Ort der wahren Erleuchtung zu sein.

In diesem Moment erkannte er, dass der Weg der Erleuchtung niemals endet, dass es immer neue Ebenen des Verständnisses, der Praxis und der Erfahrung gibt. Jeder Gipfel, den man erreicht, offenbart nur weitere

Gipfel, die erstiegen werden müssen. Vergiss den Gedanken, dass du einen Endzustand erreichen könntest und dieser außerhalb deines Selbst liegt.

Wahres spirituelles Wachstum findet innerlich statt, unabhängig von den äußeren Bedingungen. Das schließt in meinen Augen jedoch nicht aus, dass wir uns aus uns heraus auch die äußeren Bedingungen schaffen, die uns helfen, glücklich zu sein. Für diesen Schritt steht das Visionieren. Das Richten deiner Aufmerksamkeit in deine aktuelle Lebenswirklichkeit und in das uns alle verbindende Energiefeld. Das Tor und der Schlüssel zu diesem Feld der Möglichkeiten liegen in uns. So können wir nicht nur uns, nicht nur unser Erleben, sondern auch unsere Realität formen. Das ist vielleicht neu für dich! Wir können uns bewusst in ein Feld der Möglichkeiten begeben. Dieses Feld ist nichts, was uns umgibt, es ist kein Paradies, in das wir auffahren können, dieses Feld liegt in uns und wird gebildet durch uns und alle Menschen. Dabei sind wir wie Energie in einem geschlossenen System. Sobald wir unsere Energie ausrichten, etwas anstoßen, verändert sich in diesem System an anderer Stelle etwas. Aufmerksamkeit, Energie und Fokus sind die Schlüssel.

Heißt das, dass unsere Visionen handfeste Realität werden? Ja, davon bin ich überzeugt. Sie werden handfeste Realität. Das, was wir visioniert haben, tritt genauso ein. Natürlich materialisiert sich nichts aus unserem Geist heraus. Aber wir stoßen etwas an. Wenn ich ins Feld gehe und aus irgendeinem Grund einen gelben Legostein visioniere, dann fällt der nicht plötzlich vom Himmel. Ich glaube aber, dass dieses Feld mir helfen wird, diesen Legostein zu bekommen. Das ist ein sehr abstraktes Beispiel, aber es geht einfach darum, mal die »Funktionsweise« zu erläutern, wie ich sie mir vorstelle. Dass man ins Feld geht und durch das Visionieren die Dinge in Bewegung bringt. In diesem Feld sind wir mit allen Menschen verbunden. Wenn wir Energie und Fokus reingeben, wird das etwas in Bewegung setzen. Jemand anderes wird das spüren. Und der hat vielleicht einen Legostein und spürt, irgendetwas ist damit. Er weiß gar nicht, was. Aber er nimmt ihn mit, sagen wir ins Greator-Office, und dann legt er ihn da auf seinen Tisch. Und ich gehe daran vorbei und hey! Was ist das denn? Was macht der Legostein da? Und der andere würde dann vielleicht so was sagen wie: »Keine Ahnung, den habe ich vorhin auf dem Weg hierher im Abfall gefunden. Weiß auch nicht, warum ich ihn mitgenommen habe.« Und so werde ich vielleicht zu meinem Stein kommen. Ich glaube nicht daran, dass diese Person den Stein auf den Tisch legen wird, weil sie tatsächlich weiß, dass ich ihn haben möchte. Dennoch ist es ein möglicher Weg, wie das Feld uns helfen wird, unsere Visionen zu manifestieren.

Manchmal realisiert sich unsere Vision ja auch ganz anders, als wir erwarten. Die Werte, die du für eine Beziehung visioniert hast, lebst du vielleicht in einer neuen Beziehung. Oder erinnere dich an das Beispiel mit meiner Wohnung. Ich bin nicht in die Wohnung gezogen, die ich visioniert hatte. Stattdessen bin ich in eine Wohnung gezogen, die das gleiche Gefühl in mir auslöste wie die, die ich visioniert habe. Nun frage dich, was wichtiger ist? Dass die Vision eins zu eins Realität wird oder dass das damit verbundene Gefühl eins zu eins Realität wird? Manchmal übertrifft die eintretende Realität sogar die visionierte Realität. Ich habe visioniert, den großen Tony Robbins nach Deutschland zu holen. Er hatte viel Platz in einem meiner Mindmovies, die ich 2019 für mich erstellt habe. Für diejenigen, die ihn nicht kennen: Tony ist einer der führenden Experten auf dem Gebiet der Selbstverbesserung und des persönlichen Wachstums. Er hat zahlreiche Bücher geschrieben, darunter *Unlimited Power* aus dem Jahr 1986. Seine Bücher, Vorträge und Seminare haben Millionen von Menschen dazu inspiriert, ihr Leben zu verbessern und ihre Ziele zu erreichen. Ich habe drei Jahre an ihm »gebaggert«, wollte ihn aus den Staaten auf eine deutsche Bühne oder für einen Workshop holen. Und nach drei Jahren, in denen ich Mail um Mail geschrieben – und nicht einmal eine Antwort bekommen – habe, kam endlich eine Mail von seiner Geschäftsstelle: *Tony wants to talk to you.* Uff! Wir haben über eine Stunde intensiv und sehr persönlich gesprochen – allein das war fantastisch. Aber! Er begann das Gespräch mit: »*Alex, do you want to be my new partner for Europe?*« Ich hatte nur die Vision, Tony mal zu holen. Es ist absurd, man kriegt nicht einmal eine Absage, was für mein Ego (ich weiß, ich weiß!) die tiefste Erniedrigung ist. Nicht mal eine Absage, weniger Aufmerksamkeit geht nicht. Und dann das. Aus dem angestrebten »Er kommt für einen Workshop« wurde »Partner für Europa«.

Zwei Wochen nach unserem ersten persönlichen Gespräch hat er auf seinem Event vor 10 000 Menschen verkündet, dass Greator nun seine Events in Europa veranstaltet. 2023 hat er 16 000 Zuschauer in der Lanxess Arena beim Greator-Festival begeistert. Und auch 2024 wird er wieder dabei sein. Manchmal erfüllen sich die Dinge in einer Dimension, die du nicht zu träumen gewagt hättest, du darfst dich nur trauen.

Tony Robbins auf der Bühne des Greator Festivals mit 16 000 Teilnehmern

KAPITEL 11

———◆———

LOSLAUFEN, ODER NICHT?

Warum du dich eigentlich schon auf deine Reise gemacht hast •
Welche wenigen Dinge du auf dieser Reise wirklich benötigst •
Und welche überraschende Entdeckung ich auf meiner eigenen
Reise gemacht habe

Wie fühlst du dich jetzt? Jetzt, nachdem du dieses Buch gelesen hast? Fühlst du dich motiviert und energiegeladen? Fühlst du dich bereit, deine Reise anzutreten und zu wachsen? Möchtest du jetzt sofort dein Future-Self erschaffen? Dann los. Ich wünsche dir jeden Erfolg. Klapp das Buch trotzdem nicht sofort zu, sondern gönn mir und dir noch die letzten paar Zeilen. Ich möchte dir noch etwas mitgeben.

Vielleicht fühlst du dich aber auch ein bisschen erschlagen? So viele Namen, so viele spirituelle Lehrer, deren Rat du einholen und deren Bücher du lesen könntest. So viele Dinge, die du jetzt sofort als Erstes angehen könntest. Meditieren, mit dem Lebensrad arbeiten, in die Selbstreflexion gehen, Balance finden. Und Frieden mit deiner Vergangenheit darfst du auch noch machen. Vielleicht denkst du dir: »Wie sollst du das alles schaffen. Und wann? Und alle anderen sind schon viel weiter als ich.« Stopp!

Denn wenn ich eines mit diesem Buch nicht will, dann ist es, dich auf irgendeine Art und Weise unter Druck zu setzen. Ich habe dir ein Stück von meinem Weg geschildert. Erinnere dich, dass ich ganz am Anfang schrieb, dass es nicht darum geht, dass du diesen Weg kopieren sollst. Du bist du. Du darfst deinen eigenen Weg finden. Und alles, was ich in diesem Buch geschildert habe, ist als Einladung an dich zu verstehen. Vergleiche dich deshalb nicht mit mir oder irgendwem.

Der koreanische Zen-Buddhist, Lehrer – noch so einer – und Autor Haemin Sunim rät uns: »Sich mit anderen zu vergleichen ist ein Rezept für Unglücklichsein. Du bist einzigartig, mit deinen eigenen Stärken und Schwächen. Nimm dich an, wie du bist, konzentriere dich auf dein eigenes Wachstum und feiere deinen eigenen Weg. Denke daran, dass es niemanden auf der Welt gibt, der genauso ist wie du.«

Wenn es dir also gerade zu viel ist, dann akzeptiere, dass es dir gerade zu viel ist. Akzeptiere, dass du jetzt in diesem Moment noch nicht so weit bist, gerade keine Energie oder – kann ja auch sein – einfach keine Lust hast. Das ist völlig okay. Und wenn du das tust, vor allem, wenn du das tust, ohne mit dir selbst zu hadern, dann hast du, ohne dass du es vielleicht merkst, bereits den ersten Schritt auf deiner Reise gemacht. Erinnere dich: Akzeptanz ist der Schlüssel zum Glücklichsein.

Du hast außerdem eine bewusste Entscheidung getroffen. Du hast in dich hineingehört, ob du gerade Kraft hast oder ob du deine Energie in andere Dinge stecken möchtest. Du hast dein Leben in die Hand genommen. Vielleicht hast du auch entdeckt, dass du einiges von dem, was ich aus meiner Perspektive erzählt habe, irgendwann selbst ausprobieren möchtest, weil du glaubst, dass es sich gut anfühlen würde für dich – nur sind halt erst mal noch andere Dinge in Ordnung zu bringen. Wow. Dann hast du bereits ein bisschen mit dem Lebensrad gearbeitet. Denn du hast gerade überlegt, welche Aspekte deines Lebens ein bisschen Energie und Aufmerksamkeit vertragen. Du hast abgewogen, auch wenn dir das Ergebnis nicht gefällt. Und du hast eine Vorstellung von deinem Future-Self entwickelt. Du siehst, du steckst schon mittendrin.

Balance halten, in dich gehen, reflektieren, wo du hinmöchtest, vielleicht sogar visionieren. All das funktioniert nämlich sowieso, jetzt gerade und in jeder anderen Sekunde erschaffst du dir deine eigene Realität und damit deine Zukunft, ohne dass du es so nennen »musst« und es dadurch mit zusätzlicher Bedeutung auflädst. Präsent sein und den Moment wirklich leben. Liebevolle und wertschätzende Beziehungen leben, die dir und dem anderen wirklich etwas bedeuten. Zu überlegen, was mache ich hier auf dieser Welt und in diesem Leben eigentlich? Und dann den eigenen Zorn ziehen lassen können. Den Dingen immer mehr Raum und Fokus zu geben, die dir Freude machen und in denen du dich verwirklichst. Wenn du diese Inhalte immer weiter für dich integrierst, bist du schon ein gutes Stück auf dem Weg der Persönlichkeitsentwicklung gegangen und auf diesem Stück des Weges liegt bereits so viel Glück, Erfahrung und Erfüllung.

Egal, ob du nun zu denen gehörst, die noch nicht so ganz genau wissen, können oder möchten, oder zu denen, die es jetzt kaum erwarten können, ganz bewusst loszulegen, die eigene Transformation anzustoßen und zu wachsen. Ich wünsche dir viel Erfolg auf DEINEM eigenen Weg, in deiner Geschwindigkeit. Geh weiter, wenn, wann und von wo du losgehen möchtest. Vergiss nicht, dass diese Reise nie zu Ende sein wird und du trotzdem so viele schöne Ziele passieren wirst. Bis dahin entspann dich, habe eine gute Zeit mit deinen Herzmenschen, genieß die Stille oder den Trubel – ganz so wie es sich für euch gut anfühlt. Liebe dich und die anderen für das, was ihr wirklich seid, nicht für das, was ihr habt, kaufen könnt oder vorgebt zu sein. Wirf ein paar Dinge aus deinem Rucksack und mach dir dein Marschgepäck ein bisschen leichter. Erinnere dich an deine Träume, damit sie wahr werden können.

Denn ich weiß, es ist bereits alles in dir.

Erlaube mir einen letzten Gedanken: Lass dich auf deiner Reise auch vom Leben überraschen. So wie ich im Schreibprozess und in der Reflexion eine Überraschung erlebt habe. Nämlich wie viel von meinem Vater in mir steckt. Wie sehr ich unbewusst seinen Spuren folgte und wie sehr ich seine Schwächen, seine Stärken und seine Vision teile. In Gedanken an ihn schließe ich dieses Buch.

DANKSAGUNG

Mit diesen Zeilen endet für mich ein intensiver und erfahrungsreicher (Schreib-)Prozess, der nur dank der Unterstützung vieler Menschen möglich war. Ich möchte mich an dieser Stelle bei Thomas Meyer bedanken, der mir beim Schreiben geholfen hat.

Ich bedanke mich beim Verlag und im Besonderen bei Christian, Georg, Friederike und Manuela. Ihr habt von Anfang an an dieses Projekt geglaubt.

Vielen Dank an alle aktuellen und auch ehemaligen Mitarbeiter von Greator, ohne die dieses Buch hier echt dünn geworden wäre. Ihr seid eine geile Truppe! Ein besonderer Dank gilt den Mitarbeitern, die gemeinsam mit mir ums Kap Horn sind, auf euch ist mehr als Verlass! Auch einen besonderen Dank den Mitarbeitern, die bei diesem Buch mitgewirkt haben. Danke an die vielen Partner, Speaker, Investoren und vor allem an die ganze Greator-Community, die nun seit zehn Jahren wächst, deren Feedback und Liebe uns immer wieder motiviert weiterzumachen.

Ein großer herzlicher Dank geht an meine zahlreichen Mentoren, Coaches und Freunde, mit denen ich teilweise eng zusammenarbeiten durfte und zum Glück noch immer darf: Christina und Walter Hommelsheim, Francisco Medina, Dieter Lange, Robert Betz, Tony Robbins. Ich bin sehr dankbar für eure Unterstützung und dafür, euch als Wegbegleiter an meiner Seite zu haben. Ein besonderer Dank gilt meinem Vater, meiner Mutter und natürlich meinem ersten Coach Hans!

Danke Stefan, dass du mir dein Baby anvertraut hast und ich daraus einen Erwachsenen Burschen machen durfte.

Danke David für deine Unterstützung, du bist die verlässlichste Heuschrecke der Welt. Danke Pablo, dass du in der dunkelsten Stunde an Greator und mich geglaubt hast.

Zum Schluss bedanke ich mich von Herzen bei den wichtigsten Menschen in meinem Leben: meiner FAMILIE. Meinen drei wundervollen Kindern Joshua, Amelie und Noah. Danke Ellen, für deine Unterstützung und dass du uns die drei Kids geschenkt hast. Ich danke Lea von ganzem Herzen für alles. Ich danke meiner Mutter, deren Unterstützung ich bis heute mein ganzes Leben spüren konnte. Ich danke auch meinen Schwestern Yvonne und Julia!

Danke an alle, die ich auf dieser Dankesliste vergessen habe und die in irgendeiner Weise zum Gelingen dieses Buches beigetragen haben. Ich bin stolz und glücklich, dass ich und wir dieses Projekt mit der Unterstützung so vieler großartiger Menschen umsetzen durften.

Vergiss nicht, IT'S IN YOU.

Euer Alexander Müller

Mein erster Coach Hans 2023 als Besucher auf dem Greator-Festival

Registriere dich jetzt kostenfrei zum Online-Kurs dieses Buches.

Entdecke dein persönliches **Lebensrad** und schaue, wo du gerade im Leben stehst, mit dem **Online-Workshop** von Alexander Müller.

Nehme an der **7-Tages Visions-Challenge** mit Christina und Walter Hommelsheim teil und kreiere und erschaffe deine Vision. Mit klarer Schritt-für-Schritt Anleitung, Workbook und Meditationen.

Einfach QR-Code scannen und kostenfrei am Onlinekurs teilnehmen.